主编：曹本冶
编委：萧　梅　刘　红　齐　琨

上海市高校人文社会科学重点研究基地基金资助

第六卷

Ritual Soundscapes

大音

曹本冶　主编

文化艺术出版社
Culture and Art Publishing House

目录

—学术文萃—

—讲座纪要—

—述　评—

—书　评—

—译　文—

学术文萃

蔡宗德

印度尼西亚鲁齐亚（Ruqyah）伊斯兰宗教医疗体系及其经文唱诵

【摘 要】 印度尼西亚两个主要伊斯兰医疗体系，分别为苏非道团习经院医疗系统以及伊斯兰萨拉斐鲁齐亚医疗系统。鲁齐亚一词通常与带有医疗目的的经文念诵、寻求庇护、纪念与祈求有关。鲁齐亚医疗系统大致可以分为建立在《古兰经》与《圣训》基础上的夏理雅鲁齐亚，以及结合伊斯兰、印度教与印度尼西亚传统萨满经文念诵的嘉敦安鲁齐亚。而本文在医疗民族音乐学的基础上，针对印度尼西亚爪哇地区夏理雅鲁齐亚伊斯兰宗教医疗体系为主要研究对象。全文除了针对伊斯兰夏理雅与嘉敦安鲁齐亚宗教医疗做一系统介绍外，也针对鲁齐亚宗教医疗法、鲁齐亚治疗法中的经文念诵以及鲁齐亚临床治疗的实际案例等四个层面，做进一步的探讨与分析。

【关键词】 鲁齐亚宗教医疗；《古兰经》唱诵；伊斯兰医疗系统；印度尼西亚爪哇；医疗民族音乐学

【作者简介】 蔡宗德（1963—），美国马里兰大学民族音乐学博士，现任台南艺术大学民族音乐学研究所教授兼所长，以及该校亚太音乐研究中心主任。

印度尼西亚伊斯兰宗教医疗体系当中，除了以习经院（pesantren）为主轴的苏非道团（Sufi order）医疗体系外，另一个重要医疗体系应该就是伊斯兰鲁齐亚（Ruqyah）宗教医疗系统。

鲁齐亚一字常被翻译为英文的 incantation，中文为“咒文”之意。在伊斯兰教中，指的是《古兰经》(Quran) 经文的念诵 (recitation)，寻求庇护 (refuge)、纪念 (remembrance) 与祈求 (supplication)，达到医疗治病的目的，此种以伊斯兰经文念诵为主的伊斯兰萨拉斐 (Salafi)① 鲁齐亚医疗系统被称为夏理雅鲁齐亚 (Ruqyah Syariyyah)。然而在广义的鲁齐亚概念中，有时也涵盖了伊斯兰以外的经文念诵，而在印度尼西亚甚至可能涵盖了印度教、印度尼西亚传统萨满宗教体系的经文念诵。对于强调正统伊斯兰观念的穆斯林而言，这种结合伊斯兰以外咒文念诵的鲁齐亚医疗系统，当然是无法被正统伊斯兰所接受，因而被称为嘉敦安鲁齐亚 (Ruqyah Gadungan) 医疗系统。

为了了解整体印度尼西亚鲁齐亚宗教医疗，本章结除了根据笔者的田野经验，针对其伊斯兰夏理雅与嘉敦安鲁齐亚宗教医疗系统做一介绍外，也将会针对鲁齐亚宗教医疗法、鲁齐亚治疗法中的经文念诵以及鲁齐亚临床治疗的实际案例等四个层面，来做进一步的探讨与分析。

一、 伊斯兰鲁齐亚 (Ruqyah) 宗教医疗系统

鲁齐亚 (Ruqyah) 一字源自阿拉伯 Ruqyatu，其意为“要求保护”，在阿拉伯文中原意“为了保护恳求施咒” (roqoyarqi, roqyan waruqqiyan wa roqyatan bafatsa fii 'udzatih)。因此，我们也可以说鲁齐亚意指“经文念诵”或“咒语”之意，是一种运用经文念诵以达到治疗病人的医疗方式，鲁齐亚所念诵的经文或咒语往往来自于印度尼西亚文 membacaan 以及爪哇文中的 jampi。而 membacaan 通常意指古兰经文与伊斯兰祈祷文；jampi 是指任何以健康与医疗为目的的宗教念诵，而在爪哇当地 jampi 通常与医疗性巫术咒语念诵有关。(Daniels 2009 : 55)

事实上，在《古兰经》当中也已经提到以经文念诵来达到治病目的的方

① 萨拉斐 (Salafi) 可以说是现代伊斯兰的清教徒改革者，他们坚持所有的争论必须直接回归到《古兰经》、穆罕默德的圣行 (Sunna) 以及穆圣过世之后三代的虔诚圣徒 (salaf) 的生活方式。(Jackson 2005 : 48)

式。《古兰经》26 章《众诗人章》78—82 节："他是创造我，然后引导我的、他是供我食，供我饮的、我害病时，是他使我痊愈的、他将使我死，然后使我复活、我希望他在报应日赦宥我的过失。"既然真主阿拉创造了人类，祂就会引导人们、养育人们，尽管人们会生病、会死亡，但真主阿拉终究有其医治的方式、会赦免人的过失。在《古兰经》17 章《夜行章》82 节中也提到："我降示可以为信士们治疗和给他们以恩惠的《古兰经》，它只会使不信道者更加亏折。"而在 41 章《奉绥莱特章》(Fushshilat) 44 节中也讲到"它(《古兰经》) 是信道者的向导和药方；不信道者听而不闻，视而不见，因为这些人是从远处被喊叫的。"从此一章节中我们可以了解到，这种经文念诵的医疗方式只有对于虔诚的穆斯林才有用，但对于非穆斯林而言，可能毫无用处。而在《圣训》(Hadith) 当中也提到伊斯提卡 (Al - Istirqa) 身为一位施咒者 (Raqi) 曾被祈求念诵保护性质的经文，对阿拉祈祷以得到治疗和祛除身体的一切疾病与干扰。而穆罕默德的妻子阿依莎 (Aisyah) 也曾经说过："当人们生病和生命即将结束之际，穆罕默德曾经使用《古兰经》第 112 章《忠诚章》(Ikhlas) 来治疗，当人们濒临危急，穆罕默德也念诵经文，以及抚摸他的手并将祝福传送至他的体内。"(Akhmad 2005：1—8)

事实上，鲁齐亚此一概念早在穆罕默德之前即已存在于阿拉伯地区，但在伊斯兰产生后，穆罕默德认为鲁齐亚中部分的概念可被伊斯兰允许与接受，但某部分的概念仍是不被伊斯兰所允许的。在鲁齐亚的概念中，可被伊斯兰允许与接受的被称为夏理雅鲁齐亚 (Ruqyah Syar' iyyah)。Syar' iyyah 意指"伊斯兰法"，夏理雅鲁齐亚在治疗的过程中会请求真主阿拉治愈病人；反之，不被伊斯兰所允许的称为嘉敦安鲁齐亚 (Ruqyah Gadungan /Syirkiyyah) 或希尔奇雅鲁齐亚 (Ruqyah Syirkiyyah)。嘉敦安 (Gadungan) 为"模仿"之意，希尔奇雅 (Syirkiyyah) 则是指"异教的"。在嘉敦安鲁齐亚的治疗过程中，不只是会念诵经文、咒语请求真主阿拉治愈病人，甚至会请求祖先、精灵、动物的灵魂、月亮、星星、太阳神等泛灵信仰来治愈病人，而这已经违反了伊斯兰独尊真主阿拉为唯一真神的一神教基本概念。

当笔者在爪哇地区从事 242 田野的过程中，许多的鲁齐亚治疗师都向笔者表示，虽然嘉敦安鲁齐亚也是一种咒文（mantra）的念诵，但这种鲁齐亚医疗却提升了魔鬼的地位，而使得这些虔诚但却愚昧的人们对魔鬼、星辰、天使与一些离经叛道的行为产生敬畏。而这种嘉敦安鲁齐亚却不是穆圣所应允的。在《圣训》中记载："穆罕默德说：事实上，念咒文、符箓（azimat）或驱邪物和巫术都是异教的（syirik）以及被禁止的。"在阿贺玛德（Akhmad 2005）著作 Ruqyah Syar' iyyah V. S Ruqyah Gadungan 一书中也指出，甚至在现今部分的鲁齐亚医疗行为与实践当中，都还有背离伊斯兰的医疗行为。例如：（Ahmad 2005：38—40）

1. 施咒者（可以从事鲁齐亚医疗的人）碰触着某位非家属关系的女性（muhrim，并非自己的妻子，没有家庭，没有任何血缘关系）的身体时，直接碰触而不穿戴厚手套。

2. 他只盯着病人的眼睛，没有念诵伊斯兰经文。

3. 他只按摩病人而没有念诵伊斯兰经文。

4. 他只是痛斥精灵（jinn），而没有念诵 Isti'adzah 的经文。

5. 进行鲁齐亚治疗时会念诵经文，但结合不具有十分明确含义的念诵。

6. 进行鲁齐亚治疗时会念诵经文，但结合巫术。

7. 进行鲁齐亚治疗时会念诵经文，但使用符箓和/或护身符作为治疗的方式。

8. 进行鲁齐亚治疗时会念诵经文，但将章节颠倒着念诵。

9. 使用其他媒介来转移疾病，如使用动物，特殊的植物，等等。

10. 进行鲁齐亚治疗时会念诵经文，但他却认为病人的疾病是来自于神秘的力量，不管病人是否有精灵在病人的体内，就给予判定其病情。

11. 从事鲁齐亚治疗的人自认为，他可以从远处并透过照片的方式治疗病人。

12. 从事鲁齐亚治疗的人自认为他可以看到和捕捉精灵。

13. 进行鲁齐亚治疗时会念诵经文，但却结合内在的能量、武术的动作、功夫等。

14. 进行鲁齐亚治疗时会念诵经文，但他也会借由一个中介者达到入神状态，然后再进行治疗过程。

从以上所列违反伊斯兰的医疗行为，虽然可能有念诵伊斯兰经文，但却几乎都是以结合巫术或其他异教为主轴的医疗方式，尽管这些也都称为鲁齐亚医疗，但却属于嘉敦安鲁齐亚的医疗方式，通常都会被正统的夏理雅鲁齐亚治疗师所抵制。

一般而言，鲁齐亚治疗方式大致上分为两种，分别是科学性的治疗方式与超自然的治疗方式。科学性的治疗方式包含拔罐（bekam）① 与使用营养学的概念来治疗病症，如植物性药草（herbal medicine）与蜂蜜等食用或外用药物；而超自然性的治疗方式，则是包含《古兰经》念诵与祷告词（doa – doa）念诵。事实上，伊斯兰经文的念诵是鲁齐亚治疗的主要方式，而每段《古兰经》与祷告词的经文念诵都可以作为治疗之用，只是不同的鲁齐亚治疗者会选择不同的经文针对不同的症状加以治疗。

根据纳罗塔马师父（Ustadz Narotama）表示，除了药草与拔罐之外，某些教长（Kyai）甚至会使用圣水（Holy water）、按摩、符箓（Azmat）作为治疗的方式，但是对于鲁齐亚治疗师而言，使用符箓的治疗方式，以及“疾病移转”（使病人的疾病移转至动物或其他生物）是被禁止的。因为，这样的概念是结合了爪哇当地民俗的巫术体系，并与伊斯兰教义背离。而上述的这些治疗方式都仅是治疗过程中的媒介，伊斯兰经文的念诵（Quran chant、doa – doa）才是整个医疗过程中最重要的部分。事实上，在整个治疗的过程中，真正的治疗师（healer）是真主安拉，师父始终只是扮演着中介者的角色，透过念诵伊斯兰经文等方式，帮助病人放松，并加强病人对于真主安拉的信念，请求真主

---

① Bekam 即中国的“拔罐”，在阿拉伯文中称为 Al – Hijamah，此种治疗方式可能源自中国，再流传至世界各地，目前在阿拉伯、印度、印度尼西亚等国都有。详细内容参考印度尼西亚文版 Bekam 一书。

安拉治愈病人。

日惹为印度尼西亚伊斯兰宗教团体穆罕默迪亚（Muhamadiyyah）协会①的创始地，该宗教团体强调完全基于《古兰经》的基础之下，进行现代化的改革。整体而言，由于纳罗塔马师父强调夏理雅鲁齐亚以西方医学的检验方式，草药与经文念诵为主要的治疗过程，属于现代与传统的结合、生理与心理兼具的医疗方式，在纳罗塔马师父诊所门口的广告招牌也强调其医疗方式为来自穆圣的医疗体系，符合伊斯兰传统医学，因此其病患大多是穆罕默迪亚协会成员或是认同其概念的穆斯林。（图 1）

图 1　强调其正统性的鲁齐亚诊所广告招牌

在印度尼西亚从事医疗工作的治疗师大至上可以分为四种不同的称呼：就读于一般西方学院式医学科系毕业之医师（Dokter）；从伊斯兰苏非系统习经院（pesantren）毕业或接受专业伊斯兰苏非系统训练的伊斯兰教长（Kyai）；属伊斯兰萨拉斐（Salafi）系统，强调遵循《古兰经》与《圣训规范》，并传承自穆罕默德的伊斯兰现代医疗的鲁齐亚疗法师父（Ustadz）；以及传统巫术医疗系统的巫师（Dukun）。从事鲁齐亚治疗工作的师父，终究跟伊斯兰习经院医疗灵修与传统巫术一样，鲁齐亚并不是西方生物医疗（bio－medical）系统范畴，顶多只能算是被印度尼西亚穆斯林社会大众所普遍接受的另类医疗（alternative medicine）（Daniels 2009：55）。如前所述，鲁齐亚医疗系统最重要的医疗方式是伊斯兰经文念诵，因此想要成为一位专

① 成立于 1912 年的伊斯兰宗教组织穆罕默迪亚主张固守伊斯兰教教义传统，并排除印度尼西亚泛灵崇拜、印度教与佛教神秘主义，强调创发新的宗教价值诠释来适应印度尼西亚现代化。因此，《古兰经》与圣训成为穆罕默迪亚组织唯一奉行的依据。（蔡宗德 2006：177）

业的鲁齐亚医疗师父，除了必须是穆斯林以外，对于伊斯兰经文也必须十分熟悉。根据阿贺玛德（Akhmad 2005：18—19）所言，身为一位鲁齐亚的师父尚必须具备以下的基本条件：

1. 他必须有正直以及好的行为（Aqeedah），他必须公正、廉明、了解真理以及脱离多神论者或异教徒。

2. 他必须在所有言行中理解“独一性”（Tawhid）。

3. 他必须相信《古兰经》以及《圣训》，对于精灵以及恶魔造成的疾病拥有相当大的治愈能力。

4. 他必须了解精灵以及恶魔、来自于他们的干扰以及他们的喜好。

5. 他必须知道恶魔用来侵入人体的具体位置。

6. 他最好是已婚者，如此一来他的配偶才能让他的心灵远离不好的欲望。

7. 他应该远离那些在伊斯兰教诲中被禁止的事情。

8. 他必须永远服从安拉以及穆罕默德的圣谕。

9. 他应该永远履行迪克尔（dhikr）灵修仪式、反省以及悔改。他也必须永远保持真诚与耐心。

10. 他必须如穆罕默德所教导的了解以及履行每日的祷告，例如每天早晨从事灵修、每晚睡前以及起床后的祷告。

11. 他必须了解以及履行只有被穆罕默德所教导的心灵科学（spiritual sciences）。

二、 鲁齐亚宗教医疗法

在印度尼西亚伊斯兰萨拉斐鲁齐亚医疗系统中十分强调其医疗的正统性。尽管鲁齐亚疗法是由医疗师父来执行，但终究真正的治疗者是真主安拉，鲁齐亚只是借由师父之手来执行治疗的工作。也因此所有的鲁齐亚疗法都必须是根基于两个基础之下来执行。（Samahah 2007：44）其一，穆罕默德曾经说过："如果安拉爱着某人，他将会给予他试练。"并言："先知会受到最沉重的试练，再来是虔诚或神圣的人，他们会受到宗教的试练。有人会终身受到考验直到他的人生不再有任何罪恶或错误。"［提尔米吉（Tirmidzi）圣训，编号第2509］如果人们能够服从于安拉的旨意，事实上每个人都有能力从撒旦那边得到解放，但先决条件是人们的行事、为人必须以《古兰经》或《圣训》的教义为基础。其二，基于圣行与《圣训》的基础之上来从事治疗，执行来自安拉所有的旨意，并远离安拉所禁止的事，只要我们能够遵循安拉的话语，人们就可以远离撒旦和不好的精灵。

如前所述，在鲁齐亚疗法中，主要的医疗方式包含植物性药草、拔罐以及经文念诵。根据伊斯兰教长 Hakim Moinuddin Chishti（1991：65）所言，治疗简单的身体不平衡状态，首先建议采用的方式就是改变饮食与药草的使用。事实上，穆圣极为强调自然疗法，而所采用的食物与药草也大多是生活上很容易获取，例如黑豆、芦荟以及各种粗粮。（图2）夏理雅鲁齐亚虽强调不可使用印度尼西亚当地巫术系统的草药，但我们也发现，师父于治疗时却仍然会使用印度尼西亚当地巫术系统的元素，如来自伊理安查雅（Irian Jaya）省的蚂蚁巢以及印度尼西亚当地巫术系统中所使用的莳萝籽、土茴香籽的黑色叶子（阿拉伯文：Habatus Saudah /印度尼西亚文：Daun Jintan Hitam）作为药草使用，事实上这些药草与伊斯兰传统并无直接关系，反而是印度尼西亚当地的巫术医疗系统中习惯使用的药草。（图3）

图2　鲁齐亚医疗所使用的植物性药物

拔罐起源于几世纪前的中国，此疗法主要在于透过吸出身体中的血液（意谓放血）以达到治疗的目的。早期拔罐疗法是应用动物的角作为吸拔工具。在1973年湖南长沙马王堆汉墓出土的帛书《五十二病方》中，就已经有

图3　鲁齐亚医疗使用来自伊理安查雅省黑蚂蚁窝

关于角法治病的记录。根据医史文献，《五十二病方》是中国现存最古的医书，大约成书于春秋战国时期，其中就表明中国医家至少在公元前6世纪至公元2世纪，已经采用拔罐这一治疗方法。东晋人葛洪，在其所撰的《肘后备急方》中提及用牛角从事拔罐治疗。到了隋唐时期，拔罐的工具开始用经过削制加工的竹罐来代替兽角。① 这种拔罐疗法也适用于治疗肺部、脓肿、头痛与胃痛，具有相当的疗效。

希腊“医学之父”希波克拉底（Hippocrates，460 B. C.—370 B. C.）认为，人体中的液体分别为血液（Blood）、黏液（Phlegm）、黄胆汁（Bilious）和黑胆汁（Atrabilious），而人体的健康与平衡取决于此四种体液。事实上，人体中的体液（akhlat）都有其属性，当其属性被干扰、改变时，就会因为属性交错（intemperament）而导致各种疾病的产生。以黏液为例，它原属身体所利用之营养成分剩余物质所形成，其功能多用来作为润滑剂、抵抗细菌等外来物质与内脏保护膜等作用，当黏液变咸、变淡、变稀时，就代表其属性因被干扰、改变导致不平衡产生疾病，而治疗这些疾病最重要的方式就是恢复其身体

---

① 《拔罐疗法的发展历史》http：//www. pharmnet. com. cn/tcm/knowledge/detail/103602. html（上网时间2011/07/15）

要素的自然平衡。（Chishti 1991：45—46）尽管维持体液自然平衡的方式很多，包括药草、食物等方式，但希波克拉底也提到，每一种体液都代表着某种自然元素。通过拔罐疗法可以使人体中的四种液体达到平衡，并借由拔罐疗法也可帮助病人恢复健康。基于此一观点，也使得拔罐疗法有了一个科学性的解释。（Husaini 2005：18）

拔罐已被使用于许多古老国家，特别是东亚，印度、中国、日本等。根据资料，古埃及人也实行拔罐疗法。拔罐疗法事实上也已被广泛使用于阿拉伯与穆斯林社群中，特别是阿拉伯的 Asyurriyyun 部落中使用拔罐疗法最普遍。当伊斯兰诞生之后，拔罐疗法不仅仅只是一种医疗的工具，他已经成为《圣训》中为穆罕默德所支持的疗法，穆罕默德甚至为此疗法建立其医疗的规范。

在许多《圣训》的记载中说明，穆罕默德已经证实了拔罐的效力，并请求他的伙伴使用拔罐治疗作为媒介，同时决定了身体的哪些部位作为拔罐的指南，这些治疗部位是获得安拉允许的。另外，他也决定了哪些时间从事拔罐是最好的，以及从事拔罐之前或之后，都必须获得拔罐医生诊断和治疗。

在圣训中有关拔罐疗法被提到很多次，穆圣曾经提及“拔罐最适合被拿来治疗的”，穆圣也进一步提及：“有三种常用治疗的方法：饮用蜂蜜、拔罐（mihjam）以及热疗法（火灸或火烙）。我禁止人们和追随者使用热疗法。”（引自 Husaini 2005：25—26）而此处穆罕默德所说的 mihjam，意指拔罐放血法，也就是在身体的某一部分，用刀片割破皮肤，再以拔罐的方式将体内污秽的血液吸出身体之外，以达到医疗的目的。（图4）若根据圣训中的描述，“穆圣就曾经因病人头痛缘故而在病人头上使用拔罐放血治疗”、“穆罕默德曾经在咽喉、脖子和背上拔罐”、“穆罕默德曾经在脚背上拔罐”、“穆罕默德曾经在胯部上拔罐，是由于骨折或者伤痕（不构成骨头破裂）缘故”、“穆圣曾在头部和两肩处拔罐放血，他说：这种血，流之无害。不用药物，疾病可除。”虽然拔罐是穆圣所应允的医疗方式，但也不是每一个人都适合以拔罐的方式来治疗，“拔罐对老人、心脏及胃部虚弱的人、怀孕以及/或是月经来的女人是被禁止的，而其适当执行时间则是在每月的 17、19 与 21 日傍晚”、“穆圣禁止聚礼三拔罐放血，他说：此日血旺，有时血流不止”，拔罐时应该要祈祷，以及坚信对安拉的信仰，以确定成功并达到最大的效果。此外，必须吃完那些被穆罕默德所认可的食物。（同上：27—34）

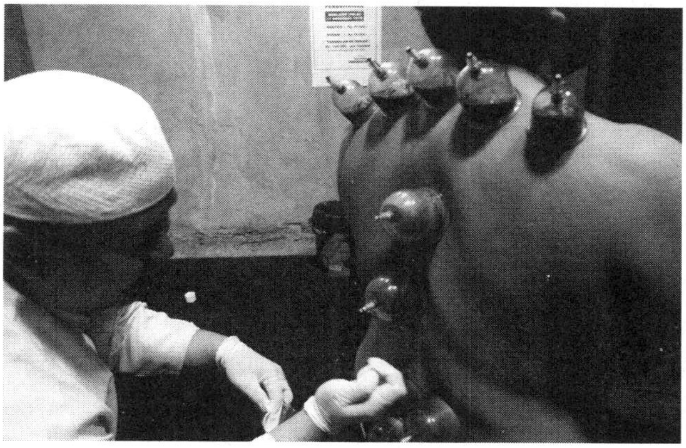

图4　鲁齐亚医疗之拔罐放血疗法

对于鲁齐亚疗法而言，经文念诵才是医疗的主轴，其他的疗法只是辅助的作用罢了。而根据胡珊尼（Husaini 2005：34—37）所言，在鲁齐亚疗法的治疗过程中，经文念诵又大致可分为病患所念诵的经文跟鲁齐亚治疗者（Peruqyah）念诵的经文两种。他建议病患在治疗过程开始进行之前，双手紧握着祈祷，对着手掌心念《忠诚章》（Al－Ikhlas）①、《曙光章》（Al－Falaq）② 与《世人章》（An Naas）③ 三章的《古兰经》经文，然后用手在脸上摩擦，并依照这样的程序连续做三次。其主要目的在于强化病患对于真主安拉的信心，并祈求真主亲自治疗。而在治疗过程中，病患若觉得不舒服的时候，就必须念诵以下祈祷文："世间无主，唯有安拉是最神圣和最可信的，只有真主坐在雄伟的宝座（Arsy），他

---

① 《古兰经》《忠诚章》："你说：他是真主，是独一的主；真主是万物所仰赖的；他没有生产，也没有被生产；没有任何物可以做他的匹敌。"

② 《古兰经》《曙光章》："你说：我求庇于曙光的主，免遭他所创造者的毒害；免遭黑夜笼罩时的毒害；免遭吹破坚决主意者的毒害；免遭忌妒者忌妒时的毒害。"

③ 《古兰经》《世人章》："你说：我求庇于世人的主宰，世人的君王，世人的神明，免遭潜伏的教唆者的毒害，他在世人的胸中教唆，他是属于精灵和人类的。"

是天空与大地，他是最宝贵的。”① 乌斯曼（Ustman bin Abu Ash）在他的《沙林》（Shahih）一书中提及穆斯林，他向穆罕默德询问关于他身体的疾病，穆圣说：“把你的手放在身体疼痛的部位，然后念诵巴斯马拉（basmalah）经文七次：我从上帝的权力和力量寻求庇护，使我得以远离邪恶。”在胡珊尼书中也提及，《古兰经》《黄牛章》（Al－Baqara）第二五五节素有“皇位诗篇”（The Throne Verse，阿拉伯文：آية الكرسي āyatu-l-kursī）② 之称，也是《古兰经》中最有名的诗句。穆罕默德曾说过：“在为他人拔罐时，念诵‘皇位诗篇’，这时拔罐就会产生功效。”

在笔者的田野经验中，笔者发现除了透过伊斯兰的经文念诵（Quran chant、doa－doa）、拔罐与药草外，有时也会使用圣水（holy water）作为治疗的方式之一。圣水只是一种媒介物，使用于甚少祷告与念诵《古兰经》的病人，师父们在病人饮用圣水之前会念诵《古兰经》，在念诵《古兰经》的过程当中，不但可以让病人对伊斯兰更加了解，也可强化其对真主阿拉的信仰，与此同时也可以借由经文念诵使圣水具有更强大的能量，作为医治病人的媒介。此外，根据笔者访谈对象鲁齐亚师父法米（Ustad Fahmi）也表示，他鲜少使用按摩作为治疗的方式。基本上，按摩此种治疗方式是被禁止的，除了因为大部分的师父是男性不方便为女性患者从事按摩治疗外，也因为精灵（jinns）时常由女性身上的11个孔与男性身上的9个孔中进入体内（男性身上的9个孔分别为双眼、鼻子、耳朵、嘴巴的7个孔以及阳具、肛门的两个孔；而女性身上的11个孔则分别为双眼、鼻子、耳朵、嘴巴的7个孔、阴道、肛门以及左右胸部的两个孔），而导致这些按摩点也不适合按摩。因此，鲁齐亚师父们鲜少使用按摩作治疗的方式，而是以指尖碰触病患身上某些特定的部位，并念

① Laa ilaha illallahul ‘adzimul khaliim, Laa ilaha illallahu robbul ‘arsyil ‘adziim, Laa ilaha illallahu robbus samawaati wa robbul ardhi wa robbul ‘arsyil kariim.

② 《古兰经》《黄牛章》（Al－Baqara）第二五五节：“真主，除他外绝无应受崇拜的；他是永生不灭的，是维护万物的；瞌睡不能侵犯他，睡眠不能克服他；天地万物都是他的；不经他的许可，谁能在他那里替人说情呢？他知道他们面前的事，和他们身后的事；除他所启示的外，他们绝不能窥测他的玄妙；他的知觉，包罗天地。天地的维持，不能使他疲倦。他确是至尊的，确是至大的。”

诵经文以达到治疗的效果。

三、 鲁齐亚治疗法中的宗教念诵

美国医师德龙（DeLong 2008：49）在其著作《启动神秘疗愈能量》一书中说道，唱诵（或念诵）有助于平衡内分泌系统，还可以增加心灵与灵性的能力，会使得人们的身、心、灵变得更健康、完整与平衡。根据德龙所言，唱诵会在头部中创造出一种特殊频率使得松果体产生共振，进而深入脑下丘，激发人的能量，使人身体产生喜悦的感受、促进内分泌，而达到疗愈的功能。事实上，对于一个穆斯林而言，经文念诵除了会产生其生理上的影响外，更重要的可能还在于建立与真主阿拉之间的信任关系，而借由这样的关系来达到医疗的目的。

鲁齐亚是基于《古兰经》基础上所建立的一套医疗哲学，因此在鲁齐亚的治疗过程中，宗教经文的念诵一直都是其医疗方式的核心。从事鲁齐亚治疗者（peruqyah）往往会以右手从患者的前额支撑着患者的头部，鲁齐亚治疗者大声且清晰地对着患者的右耳念诵治疗时所使用的伊斯兰宗教经文，如同穆罕默德对于患者的指令。（Samahah 2007：44）

鲁齐亚医疗体系中并没有固定的经文念诵，往往是依照鲁齐亚师父个人的经验来选择念诵经文，但也由于师父与师父之间的互动讨论，我们也从中大致了解其常用的经文段落。根据萨玛哈（Samahah 2007：47—56）Cara Penyembuhan Dengan Al Qur'an（以《古兰经》为基础的医疗方式）一书中提及，在一般的鲁齐亚医疗中最常用的经文念诵内容及次序为：

1. 《古兰经》《开端章》（al – Fatihah）：1—7
2. 《古兰经》《黄牛章》（al – Baqarah）：1—5
3. 《古兰经》《黄牛章》（al – Baqarah）：163—164
4. 《古兰经》《黄牛章》（al – Baqarah）：255 （Ayat Kursi）
5. 《古兰经》《黄牛章》（al – Baqarah）：285 节开始至本章结束
6. 《古兰经》《仪姆兰的家属章》（Ali Imran）：18

7. 《古兰经》《高处章》（al – Araf）：54
8. 《古兰经》《信士章》（al – Mumenoon）：115—118
9. 《古兰经》《列班者章》（Ash – Shaffat）：1—10
10. 《古兰经》《放逐章》（al – Hasyr）：21—24
11. 《古兰经》《精灵章》（al – Jinn）：3
12. 《古兰经》《忠诚章》（Al – Ikhlas）
13. 《古兰经》《曙光章》（Al – Falaq）
14. 《古兰经》《世人章》（An Naas）

然而在阿贺玛德（Akhmad 2005：100 – 115）Ruqyah Syar'iyyah V. S Ruqyah Gadungan（夏理雅鲁齐亚 V. S 嘉敦安鲁齐亚）一书中则提到，夏理雅鲁齐亚念诵的经文都是根据《古兰经》与穆罕默德的祷告词而来的，如果不是特殊疾病，在一般的鲁齐亚医疗中鲁齐亚师父常常会按照顺序完整念诵以下之伊斯兰经文：

1. 《古兰经》《开端章》（al – Fatihah）：1—7
2. 《古兰经》《黄牛章》（al – Baqarah）：102—103
3. 《古兰经》《黄牛章》（al – Baqarah）：255—257
4. 《古兰经》《黄牛章》（al – Baqarah）：284—286
5. 《古兰经》《妇女章》（An Nisa）：56
6. 《古兰经》《高处章》（al – Araf）：117—122（重复念诵）
7. 《古兰经》《优努斯章》（Yunus）：81—12（重复念诵））
8. 《古兰经》《塔哈章》（Thaha）：69—70
9. 《古兰经》《信士章》（al – Mumenoon）：115—118
10. 《古兰经》《列班者章》（Ash – Shaffat）：1—10
11. 《古兰经》《赦宥者章》（al – Ghafir）：1—3
12. 《古兰经》《烟雾章》（Ad Dhukhan）：43—59
13. 《古兰经》《至仁主章》（Ar Rahman）：33—45

14.《古兰经》《放逐章》(al－Hasyr)：21—24

15.《古兰经》《精灵章》(al－Jinn)：1—28

16.《古兰经》《 不信道的人们章》(al－Kafirun)：1—6

17.《古兰经》《忠诚章》(al－Ikhlas)、《曙光章》(al－Falaq) 与《世人章》(An Naas)(每节经文念诵三次)

比较以上两个不同版本的鲁齐亚《古兰经》念诵之共同性与差异性，除了部分内容与顺序有些微不同以外，基本上是大同小异的。其中《开端章》、《信士章》、《列班者章》、《放逐章》、《忠诚章》、《曙光章》与《世人章》等章节，不论其念诵内容与章节次序完全一样，分别放置于起始《开端章》，中段《信士章》、《列班者章》、《放逐章》，与末端《忠诚章》、《曙光章》、《世人章》三章。而《黄牛章》、《高处章》、《精灵章》三章除了念诵章节略有不同，次序大致相同，而其中《黄牛章》第255节“皇位诗篇”在两个版本都被强调。只是在第一版本中增加《仪姆兰的家属章》，而第二版本中增加了《妇女章》、《优努斯章》、《塔哈章》、《赦宥者章》、《烟雾章》、《至仁主章》与《不信道的人们章》等章节。

一般而言，上述所提及之经文已经拥有足够的力量对抗精灵，其中特别是《开端章》被认为是能治百病，包括精神或世俗、外在或内在的病痛，可以说是人人需要的万灵丹，(Chishti 1991：159 中文 205—206) 较虚弱的精灵便有可能因此离开患者体内或变得虚弱。在经文念诵的过程中，患者可能会尖叫、战栗或紧闭双眼甚至想逃离现场。鲁齐亚师父会借由与精灵对话来治疗重症患者，对话的方式如同与犯有恶行者对话。要成为一位鲁齐亚治疗者，必须对于精灵的枝末细节相当了解。首先，必须询问患者的姓名、宗教信仰以及了解精灵是如何进入患者体内的，精灵是否是因为巫师所施行的巫术而进入患者体内，以及患者受到精灵的哪些影响。之后，必须给予患者正面、有用的指示，并借由安拉的大能去除精灵对病患的伤害。

倘若病患得到较为严重的病症与不易医治的病症时，或者确定是受到精灵的干扰所导致疾病者，师父们可能会改念诵以下经文，来达到治疗的目的：

(Samahah 2007：58—144)

1. 《古兰经》《黄牛章》(al – Baqarah)：255“皇位诗篇”(Ayat Kursi)
2. 《古兰经》《雷霆章》(Ar Rad)
3. 《古兰经》《雅辛章》(Yasin)
4. 《古兰经》《列班者章》(Ash – Shaffat)
5. 《古兰经》《烟雾章》(Ad Dhukhan)
6. 《古兰经》《至仁主章》(Ar Rahman)
7. 《古兰经》《大事章》(al – Waqiah)
8. 《古兰经》《放逐章》(al – Hasyr)：21—24
9. 《古兰经》《国权章》(al – Mulk)
10. 《古兰经》《精灵章》(al – Jinn)
11. 《古兰经》《十二宫章》(al – Buruj)
12. 《古兰经》《启明星章》(At – Thariq)
13. 《古兰经》《至尊章》(al – Ala)
14. 《古兰经》《大灾章》(al – Ghasyiyah)
15. 《古兰经》《地震章》(al – Zalzalah)
16. 《古兰经》《大难章》(al – Qariah)
17. 《古兰经》《诽谤者章》(al – Humazah)
18. 《古兰经》《不信道的人们章》(al – Kafirun)
19. 《古兰经》《忠诚章》(al – Ikhlas)
20. 《古兰经》《曙光章》(al – Falaq)
21. 《古兰经》《世人章》(An Naas)
22. 《古兰经》《黄牛章》(al – Baqarah)：255“皇位诗篇”(Ayat Kursi)
23. 《古兰经》《妇女章》(An – Nisa)：167—173
24. 《古兰经》《筵席章》(al – Maidah)：33—34
25. 《古兰经》《战利品章》(al – Anfal)：16
26. 《古兰经》《石谷章》(al – Hijr)：16—18

27. 《古兰经》《夜行章》（al - Isra）：110—111

28. 《古兰经》《众先知章》（al - Anbiya）：70

29. 《古兰经》《朝觐章》（al - Hajj）：19—22

30. 《古兰经》《列班者章》（Ash - Shaffat）：98

31. 《古兰经》《赦宥者章》（al - Ghafir）：78

32. 《古兰经》《奉绥莱特章》（Fushshilat）：44

33. 《古兰经》《烟雾章》（Ad Dhukhan）：43—50

34. 《古兰经》《屈膝章》（al - Jatsiyah）：7—8

35. 《古兰经》《沙丘章》（al - Ahqaf）：29—34

36. 《古兰经》《至仁主章》（Ar - Rahman）：33—36

在鲁齐亚医疗的概念中，人之所以患病除了因为人的身体中的生理与心理产生不平衡的状态导致生病以外，也可能是来自伊斯兰教中所谓的恶魔、易卜劣斯和鬼怪等精灵所造成，或者是来自传统印度尼西亚巫术系统中的害人巫术（sihir 或称黑巫术 black magic）造成的结果。通常黑巫术可以控制易卜劣斯或与易卜劣斯达成协议，并借由易卜劣斯的协助来使人生病或影响人的生活。从事黑巫术者时常是行事为人不端正，或不相信阿拉存在者。根据鲁齐亚师父萨玛哈（Samahah 2007：149—152）的说法，如果患者的病因是由于黑巫术所引发，往往会具有以下的症状：

1. 在某些特殊的地点：呼吸困难、在特殊的地点会特别容易感到沮丧，例如，黑巫术在室内，而患者在室外便不会受到黑巫术影响。

2. 在某些特殊的时间：患者只在某些特殊的时间会感到恐惧、害怕，呼吸困难，等等，如患者只在午夜会出现此症状。

3. 某些特殊情况：如无法成婚、无法就职、夫妻无法与男性/女性从事性行为、难以怀孕，等等。

4. 某些特殊的对象：此种情况，特别常发生在有情爱纠葛的人身上。如某人单恋对方或某人已不爱他的另一半或孩子。此种巫术时常用于使某人相爱，或除去某人对于他人的爱恋。

5. 使某人产生幻觉：如某人对于另一个人原本相当恐惧或觉得对方相当丑陋，但此巫术可以使某人对其另一人产生正面的幻觉。

如果我们发现某人有上述的症状时，此人极有可能是被施了黑巫术。若不是很严重的黑巫术，只要念诵《古兰经》《高处章》（al－Araf）第117—122节以及《古兰经》《塔哈章》（Thaha）第69节，即可消除黑巫术。（Samahah 2007：154—155）一般认为，拥有强大力量的黑巫术可能是直接来自撒旦，用以治疗被施以强大黑巫术的患者，鲁齐亚师父常常会念诵以下的古兰经：（Samahah 2007：158—174）

1. 《古兰经》《开端章》（al－Fatihah）
2. 《古兰经》《黄牛章》（al－Baqarah）：1—5
3. 《古兰经》《黄牛章》（al－Baqarah）：102（七次）
4. 《古兰经》《黄牛章》（al－Baqarah）：163—164
5. 《古兰经》《黄牛章》（al－Baqarah）：255（Ayat Kursi）
6. 《古兰经》《黄牛章》（al－Baqarah）：285—286
7. 《古兰经》《仪姆兰的家属章》（Ali Imran）：18—19
8. 《古兰经》《高处章》（al－Araf）：54—56
9. 《古兰经》《高处章》（al－Araf）：117—122（七次）
10. 《古兰经》《优努斯章》（Yunus）：81—82（七次）
11. 《古兰经》《塔哈章》（Thaha）：69（七次）
12. 《古兰经》《信士章》（al－Mumenoon）：115—118
13. 《古兰经》《列班者章》（Ash－Shaffat）：1—10
14. 《古兰经》《沙丘章》（al－Ahqaf）：29—32
15. 《古兰经》《至仁主章》（Ar Rahman）：33—36
16. 《古兰经》《放逐章》（al Hasyr）：21—24
17. 《古兰经》《精灵章》（al－Jinn）：1—9

18.《古兰经》《忠诚章》(al – Ikhlas)

19.《古兰经》《曙光章》(al – Falaq)

20.《古兰经》《世人章》(An Naas)

如果患者是受到较强黑巫术的诅咒，有些鲁齐亚师父可能会反复念诵以下经文，配合将来自白色 misik 的热油（zafaran）与从香料店买进由鹿血制作而成的红色粉末以 wirid 水混合，将古兰经经文写在纸上成为符箓，并将此符箓浸入水中后喝下并给予患者清洗身体。书写在符箓上的经文如下：(Samahah 2007：156)

1.《古兰经》《开端章》(al – Fatihah)（书写三次）

2.《古兰经》《黄牛章》(al – Baqarah)：255（Ayat Kursi)（书写三次）

3.《古兰经》《高处章》(al – Araf)：117—122

4.《古兰经》《优努斯章》(Yunus)：81—82

5.《古兰经》《塔哈章》(Thaha)：69

6.《古兰经》《准则章》(al – Furqan)

7.《古兰经》《地震章》(al – Zailzalah)（书写两次）

8.《古兰经》《忠诚章》(al – Ikhlas)、《曙光章》(al – Falaq) 与《世人章》(An Naas)（书写三次）

根据法米（Fahmi）师父的看法，此种符箓治疗的方式争议性较大，有些鲁齐亚师父会认为这已经属于传统巫术治疗系统了。

四、鲁齐亚（Ruqyah）临床治疗

鲁齐亚所治疗的范围十分广泛，大致上可以分成生理与精神（涵盖超自然灵体）层面两种。2011 年 1 月 19 日，当笔者来到纳罗塔玛师父（Ustadz Narotama）在日惹市赛拉曼（Sleman）区的诊所，在其诊所门口的招牌上清楚罗列其医疗项目，其中包含了肾脏病（gaga ginjal)、心脏病（Jantung bocor)、

晕眩症（vertigo）、偏头痛（migrain）、中风（stroke）、癌症（kanker）、肿瘤（tumor）、高血压（hipertensi）、糖尿病（diabetes）、前列腺（prostat）、性功能障碍（kesuburan untuk suami istri）、压力与精神疾病（depresi dan penyakit jiwa yang lainnya）、染毒瘾者（korban narkoba）、鬼怪扰乱（gangguan Jin Dan Sihir）等病症。（图5）尽管从纳罗塔玛师父医疗项目来看，大多属于生理现象的问题，但根据诊所位于日惹市班图（Bantul）区的法米师父（Ustadz Fahmi）所言，事实上许多的生理现象并不是单纯的生理现象，而往往与其情绪的变化跟超自然灵体有密切的关系。因此，要治疗其生理的疾病往往必须先治疗其心理的疾病，甚至在许多的情况下必须先驱除其体内的精灵与鬼怪，才有办法彻底地医治其身体的疾病。①

图5　纳罗塔玛师父诊所门口招牌

在印度尼西亚爪哇地区，人们对于鲁齐亚医疗的反映与观点也是十分的多样化，有许多持以反对与忽视的看法，当然也有很多却是对其充满了热情与正面的态度。正如我们所了解大部分的印度尼西亚人都是穆斯林，但是大部分的印度尼西亚穆斯林其实对鲁齐亚是一知半解的，也正因为如此，有时候也会导致一些

---

① 笔者于2011年1月25日下午1点，赴其位于日惹市班图区的诊所，利用法米师父中午休息时间所作的访谈。

离经叛道的行为产生。许多的穆斯林也常表示他们是鲁齐亚医疗下的牺牲者，鲁齐亚医疗师父阿贺玛德（Akhmad 2005：33—38）提到许多负面的案例：

1. 女士的名字叫敏（Min），她说她已经花了数百万印度尼西亚盾给那些巫师（dukun），这些巫师自称是穆罕默德的后代（habib），在治疗过程中巫师要她使用各种符箓，有些藏在床底下、有些拿来饮用，并且跟她要求大量的金钱以作为治病的费用，但却完全无效。之后，她改接受鲁齐亚医疗。而她寻求巫师的治疗，事实上，已经违反伊斯兰教义了。

2. 另一位小姐叫迪纳（Dina），她也曾经接受过鲁齐亚的治疗，医治者声称他是一位专业的鲁齐亚师父，但师父却用手伸入衣服之内碰触她的身体，让她感到极度的不舒服，有被侵害骚扰的感觉。

3. 雅尼斯（Anis）女士是一位住在雅加达的老师，有一天她来到鲁齐亚的诊所询问师父，她的孩子已经两岁，好像是对什么东西的恐惧，每天傍晚都哭闹不停，甚至有一些很奇怪的行为产生。这位鲁齐亚师父敲打了小孩的脚指头，也看了一下孩子的眼睛，但却没有念诵任何的经文，该名鲁齐亚师父只说了一句：“感谢真主安拉，你孩子的病好了。”问题是，这个师父却都没有念诵任何来自《古兰经》或《圣训》的经文。

4. 萨尼（Sani）先生有一天下午从中爪哇家打了电话给我们，他询问了一些有关鲁齐亚的事情，在治疗中配合着呼吸练习与灵修。虽然他根本不知道在念诵什么经文，因为师父念诵得非常的小声，甚至是听不到，但至少在治疗中还是有念诵经文。

5. 有一位年轻人名叫安得鲁（Andre）曾经在西爪哇巴卡西（Bekasi）市的一个伊斯兰会议中发表一篇名为“Karakter Dukun dan Bahayanya dalam Syari’at Islam”（巫师的特性及其在伊斯兰中的危险性）的文章。文章中安得鲁质疑：“如果在治疗中伴随着迪克尔灵修，或者念诵古兰经，之后举行将病人的疾病转移到羊只身上的鲁齐亚念诵仪式，这样的治疗对伊斯兰而言是否能被接受？或适合吗？到底对于一个寻求医治的穆斯林而言，这样的治疗是否符合规范呢？”这个问题的答案其实需要强而有力的原理做后盾，否则很容易造成穆斯林的迷失。

在以上的案例说明中，我们可以了解鲁齐亚医疗系统对于传统爪哇巫术医疗系统的排斥，更禁止假借鲁齐亚之名从事违反伊斯兰规范的医疗行为，他们强调一切的医疗来自真主安拉以及在医疗过程中宗教经文念诵的重要性，同时也为了避免穆斯林对伊斯兰的误解与迷失，禁止将传统宗教系统中的医疗方式融入鲁齐亚的医疗体系当中。

（一）纳罗塔玛（Narotama）师父鲁齐亚医疗案例分析：

2011 年 1 月 20 日笔者来到纳罗塔玛师父位于日惹市赛拉曼（Sleman）区的诊所，诊所共分成三个区域：候诊室、诊疗室与住家。候诊室中摆设了广告立牌、鲁齐亚相关书籍、让等候治疗病患休息的桌椅，以及纳罗塔玛师父的助理负责处理病患挂号与叫号业务。在诊疗室除了一些医疗用医药设备外，并无太多的摆设，当病人就诊时通常都是或坐或躺在地毯上接受师父的治疗。

纳罗塔玛师父是东爪哇甘州市（Nganjuk）人，属于印度尼西亚当地穆罕默迪亚（Muhammadyah）协会成员。根据纳罗塔玛师父所言，他并非像传统巫师一般拥有如此强大的巫术力量，而是借由西方医学体系的概念，如 X 光、抽血等方式，帮助他检验与了解病人的症状，并透过伊斯兰的经文念诵，结合鲁齐亚的治疗方式来达到医疗的目的。在纳罗塔玛师父的诊所中，除了观察数字病患的治疗过程，并在纳罗塔玛师父于晚上十一点结束其诊所的医疗之后，跟随其外诊至两位病患家中看诊至凌晨一点左右结束。以下将就那罗塔玛师父两位病患作为分析说明对象。

阿贡普拉斯提欧（Agung Prasetyo）年龄 32 岁，毕业于日惹格嘉马达大学（Gajah Mada Universtas）管理学系，身为穆罕默迪亚协会的成员，目前任职于电子公司的管理部门。阿贡普拉斯提欧患有胆固醇、高血压与脊椎盘突出病症，由于本身对药物过敏，致使每次吃了西药之后就全身不舒服、头痛等现象，阿贡普拉斯提欧表示：

其实西药本身就是一种毒药，并不见得任何人都适合，再加上我有脊椎盘突出的现象，医生建议我开刀治疗，但因为我又有高血压的问题，因此开刀对我而言是一件很危险的事情，所以我不愿意再到西医院（Rumah Sakit）就诊，而来到师父的诊所来。在经过六次的治疗之后，也的确减轻了脊椎盘突出的疼痛，以及高血压所造成的头疼现象。

整个治疗过程共分成拔罐放血、经文念诵与药物治疗三个层面。为了避免感染，在进行拔罐放血治疗前，纳罗塔玛师父通常会先戴上手套，[①] 以 Zaitun 精油按摩清洗头部以达消毒之功效，消毒之后以小刀片在头部轻轻划破皮肤，并将玻璃罐放置于伤口位置，再以器材将玻璃罐中的空气吸出成真空状态帮助血液的流出，而借此达到放血的目的。根据纳罗塔玛师父的说法，由于阿贡普拉斯提欧患有高血压的病症，拔罐放血不但可以达到血液新陈代谢的功效，也同时可以减轻血压的目的。（图 6）

图 6　阿贡普拉斯提欧的头部拔罐治疗

当完成拔罐放血的治疗后，师父紧接着经文念诵的治疗核心工作。经文念

① 戴手套除了可以避免感染以外，根据纳罗塔玛师父的说法，根据伊斯兰的规范，鲁齐亚师父不能接触没有血缘关系的女性。因此，戴手套也可以避免直接与女病患接触。

诵可以分成祈求真主赐予能力、为病患祈福祷告，以及经文念诵结束前的叫拜文等三个部分。祈求真主安拉赐予能力的经文主要来自《古兰经》中的“清真言”（Shahada）①，根据伊斯兰教的教律，穆斯林平生第一次念清真言为主命，念清真言并且相信清真言所包含的意义是成为穆斯林的必备条件，它也代表着向世人宣布真主的存在与独一性（tawhid），表明穆罕默德是真主特选的使者、是伊斯兰教的倡导者，也是敬主爱人的典范，承认穆罕默德是真主阿拉的使者，就象征着要相信穆罕默德所传达的一切都是真理，也就是相信《古兰经》与《圣训》。也因此，在从事鲁齐亚医疗时念诵清真言，代表着对真主的忠诚并且把自己交给真主阿拉，相信真主能够医治疾病。念完三次清真言之后，即由师父念诵两句祈祷文各三次：“世间唯有阿拉有能量，所有能量来自于祂”（Laa Haula Walaa Quwwata illa billahil' aliyyil' adziim）、“安拉是最好的保护者与管理者”（Hasbullahu wani' mal wakiil ni' mal maula wan—nikmal nasiir），此两句祈祷文意味着鲁齐亚真正的治疗者是真主安拉，师父只是借由真主的力量来帮忙完成医疗的过程。

为病患祈福祷告的经文念诵，可分为前祈福祷文（doa – doa）、古兰经文（Quran）、阿拉圣名（asma'ul husna）、后祈福祷文（doa – doa）等四个部分。除了前、后祈福祷文是由师父个人为病患向真主阿拉祈福外，古兰经文部分包含《开端章》（Al – Fatihah）②、《忠诚章》（Al – Ikhlas）、《曙光章》（Al – Falaq）与《世人章》（An Naas）。古兰经第七章《高处章》（Al – Araf）第一百八十节：“真主有着许多的最美好的圣名，借着祂的圣名㊣呼叫祂，远离那些背离祂的人。”在许多伊斯兰宗教仪式中都有赞念主名，借由不断念诵真主圣名，使人进入专一的精神状态回归真主，到达对神全然的认知，这象征着涤净人们被外界物质诱惑而遭受污染的灵魂，许多的穆斯林深信只要诚心不断反复赞念安拉九十九个圣名的其中一个圣名持之以恒，安拉会赐予修行者相当于圣名的恩赐，也因此

---

① 清真言：“世间无主唯有安拉，穆罕默德是安拉的使者。”

② “奉至仁至慈的真主之名，一切赞颂，全归真主，全世界的主，至仁至慈的主，报应日的主。我们只崇拜你，只求你佑助，求你引导我们上正路，你所佑助者的路，不是受谴怒者的路，也不是迷误者的路。”

在鲁齐亚医疗系统中，赞念安拉九十九圣名也往往成为经文念诵的重要部分。而在纳罗塔玛师父的经文念诵，通常是以念诵叫拜文（adhan）来作为鲁齐亚医疗的结束，并且也会交代病患每天都要聆听古兰经文。

药草也是鲁齐亚医疗系统中重要的媒介，在阿贡普拉斯提欧案例中使用了黑籽油（阿拉伯文 Habatus Saudah；印度尼西亚文 Daun Jintan Hitam，从小茴香叶提炼）作为外用药品；取自于伊理安查雅省的蚂蚁窝（Myrmecodia Pendans）则作为内服药，以四杯含有矿物质的水与蚂蚁窝混合煮沸直到剩下三杯的量，冷却后再给予病患服用。

在纳罗塔玛师父治疗阿贡普拉斯提欧的过程中我们可以发现，每当师父念诵经文之时，阿贡普拉斯提欧表情总是呈现一种痛苦状态，手部与足部也都会紧张、用力，身体也会有抽搐的现象。阿贡普拉斯提欧表示，每当纳罗塔玛师父念诵经文时，身体有呕吐感但却无法吐出来，同时也会有一股能量从脚部至头部流过。纳罗塔玛师父解释，每当念诵经文时，真主会亲自来治疗患者身体的病痛，住在患者身体中的撒旦与各种精灵会随着血液的循环而造成各种的病痛，每当经文念诵时会产生来自真主强大的力量贯穿患者的身体，所以患者才会感受到一股强烈能量的流动，来与撒旦或精灵对抗，也因此造成患者的痛苦，但这种的痛苦会随者患者病情的康复而减低。（图 7）

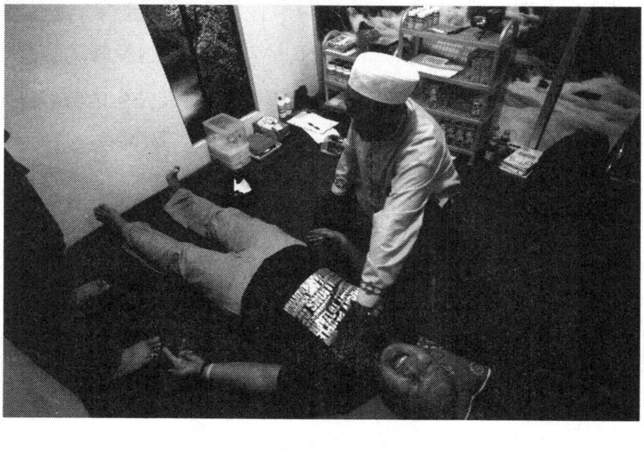

图 7　鲁齐亚医疗经文念诵时的情况

2010年1月20日晚上十一点半左右，随着纳罗塔玛师父开车来到长住日惹赛拉曼区的意大利商人安东尼欧（Antonio）先生家。安东尼欧先生68岁，在2010年6月因腹部疼痛不堪并有血尿的现象，在日惹就诊并检查出有四颗以上肾结石的现象。安东尼欧表示，由于结石过大医生建议开刀取出，但由于安东尼欧认为自己年纪太大，而且对开刀的恐惧而不愿开刀，但却接受了放射治疗（笔者怀疑可能是震波器），但因放射治疗过程中医师错误地使用放射而造成肾脏破裂，十分的疼痛，虽然吃了很多西医的药但一直不见好转，在太太的建议之下勉强接受纳罗塔玛师父的治疗，现在确实疼痛减轻了。

安东尼欧本身是天主教徒，但其夫人是虔诚的印度尼西亚穆斯林，其实安东尼欧对鲁齐亚的治疗刚开始非常反感，总觉得是怪力乱神，但也由于他对异文化的喜爱，他不但收集伊斯兰的文物甚至也收集不少佛教、印度教的雕刻，因此在其夫人的强迫之下也就接受这种治疗。正如安东尼欧所说："唉！算了！管他什么宗教，现在只要能治好我的病就好了。"

图8　纳罗塔玛师父对安东尼欧先生的鲁齐亚治疗

事实上，除了拔罐放血安东尼欧并没有做以外，纳罗塔玛师父对安东尼欧的治疗方式，无论是经文的念诵与药草的使用都与阿贡普拉斯提欧的几乎一模一样。比较大的不同在于，纳罗塔玛师父将双手放在含有矿物质的水与打开包装的药草上方，并念诵古兰经文。（图8）当笔者好奇询问其目的为何时，纳罗塔玛师父回答：

> 药草原本就是鲁齐亚常用的治疗方式，只是因为安东尼欧本身是一位天主教徒，对于伊斯兰原本就不熟悉，对于鲁齐亚医疗方式也比较缺乏信心。因此，我必须借由真主安拉的力量来强化他对安拉医治他病症的信心，同时也祈求真主安拉借由我来医治安东尼欧。这样做的目的是为了结

合鲁齐亚经文念诵作为治疗心灵/心理与药草作为治疗生理的两种治疗方法。其实鲁齐亚的医疗十分强调心理与生理的全面性治疗。

一般而言，纳罗塔玛师父都会要求患者每天都要亲自念诵古兰经文，但因为安东尼欧并非穆斯林，也不懂阿拉伯文，所以纳罗塔玛师父要求安东尼欧的太太为安东尼欧每天在睡前读七次《古兰经》《开端章》。

在访谈的过程中安东尼欧太太提到，除了安东尼欧的病症以外，她的家人也有一个问题。她表示，从前她父亲还在世的时候是一个军人。如我们所知，几乎所有的印度尼西亚军人有特定的心灵科学（spiritual sciences）辅导，心灵知识的目的是为保护他们自己免于火灾、子弹、刀剑等伤害，可以使身体在战争或受到攻击时更有心理的能量，可是：

> 在我父亲过世前，他经常表现出像狮子或老虎般的吼叫与举动。最近，这样的行为似乎转移到了我弟弟的身上。他经常在生气时吼叫以及做出像是老虎或是狮子的举动。然而，他说他从来没有学过那样的精神知识。你能够帮助我解释为什么？我们又该如何治疗呢？

纳罗塔玛师父认为，安东尼欧太太的父亲在世时可能已经做了“灵契”（magical agreement），那是一种黑魔法（sihir）的巫术系统。对穆斯林而言，黑魔法是被禁止的，它会代代流传下去。纳罗塔玛师父并询问安东尼欧太太的弟弟是否有女儿：“小心！这样的情况可能也会在他的女儿身上发生。这样的黑魔法将会从男性遗传到女性、女性到男性，接着男性再回到女性。”纳罗塔玛师父表示，这样的问题是可以透过鲁齐亚而得到解决的。安东尼欧太太也说：“我在这儿经常看见鬼魂，但我并不害怕。但我先生完全不相信鬼魂，你能帮助我清除我房子里的鬼魂吗？”纳罗塔玛师父回答：“我看见这房子里面有许多的雕刻。你知道吗，精灵非常喜欢躲在这些雕刻后面。假如你想要解决这个问题的话，就移除这房子里面的这些雕刻，然后我们再进行鲁齐亚经文念诵吧。”

（二）法米（Fahmi）师父鲁齐亚医疗案例分析：

法米师父从小学至高中皆就读于穆罕默迪亚（Muhammadyah）协会宗教系统的学校，大学就读于私立伊斯兰大学（Sekolah Tinggi Agama Islam）的伊斯兰传播与信息学系。法米师父于大学时期即对鲁齐亚医疗产生浓厚兴趣，其对于鲁齐亚的概念并非来自于教育体系，而是透过参与鲁齐亚医疗团体来学习鲁齐亚医术。① 此后，法米师父开始尝试替人治病，由于其医治的成效斐然，透过口耳相传越来越多的人来请他治病，而成为如今的鲁齐亚师父，他认为成为鲁齐亚师父并非是他自身的选择，而是受到安拉的拣选而成为鲁齐亚师父。

2011 年 1 月 26 日早上九点左右，笔者与研究助理依约来到法米师父位于日惹市班图尔（Bantul）区的诊所，恰巧遇到里岩多（Riyanto）先生在接受法米师父的治疗。里岩多先生高中毕业，现年三十岁，目前任职于日惹的村里办公室，约两年前开始陆续出现头部疼痛的症状。根据他表示，这种疼痛的症状甚至会转移至颈部、胸部等其他部位，而后里岩多在村里办公室的同事们，竟也相继出现类似的症状。里岩多曾尝试寻求印度尼西亚当地西方医疗体系的协助，却始终无法查明病因，进而于一年半前辗转至法米师父所开设之鲁齐亚拔罐诊所（Bekam Ruqyah Center）就诊，经过师父诊断后发现里岩多先生并未罹患任何疾病，而是由于精灵（Jinns）附身于他的身体之中而导致疼痛。

在疗程中，法米师父都会与依附于里岩多先生身上的精灵对话，根据法米师父表示，有一个精灵长期住在里岩多先生的体中，当精灵流窜至他身体中的某个部位时，患者便会感受到疼痛。因此，法米师父也会随着精灵在其身体流窜的部位，移动师父的手抓住里岩多先生身上的精灵及其疼痛的特定部位，念诵《古兰经》或穆圣的九十九个圣名，意图将精灵逼迫出他的体外，但此时精灵便会要求更多其他的精灵进入患者的体内，以共同抵抗法米师父的治疗，

① 此鲁齐亚非正式团体是借由成员间互通电话、聚会或透过电视等方式，相互讨论与学习鲁齐亚，并根据古兰经（Qur'an）、圣训（Hadith）、圣行（sunnah）来选择与决定其内容是否正确。

此时的里岩多先生呈现极度痛苦的表情，并且大声哀号哭泣、口吐白沫，师父也在旁边放了一个小铁桶方便他呕吐，其身体中的精灵也会借由里岩多先生之口请求法米师父放过它。（图 9）根据法米师父表示，依附在患者体内的精灵会借由患者的口与他对话。在对话的过程中精灵告诉法米师父，他不能离开里岩多先生的身体，是因为他和某人有个约定，他必须遵守约定依附在里岩多先生身上，直到患者死去为止。

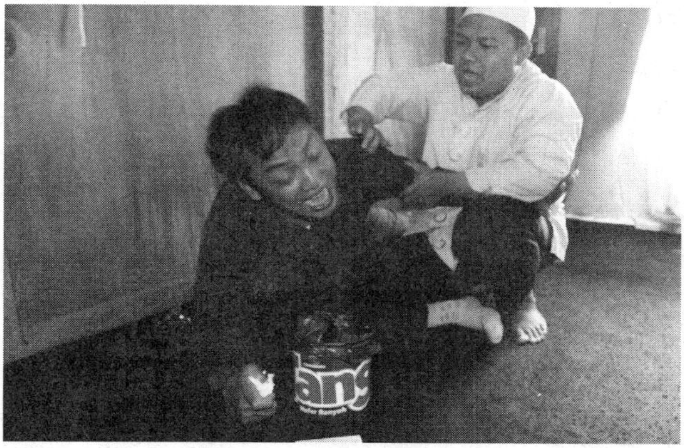

图 9　鲁齐亚师父尝试将病患体内精灵逼出体外

在法米师父将精灵与他的对话告知患者后，经过患者的回想，里岩多先生认为要求精灵依附在他身上的人可能是他以前的一位朋友。他的这位朋友数年前为了能时常与女性交欢而学习巫术，要求精灵给予他力量并让精灵附身于他的身上，但在他和精灵达成协议后，却始终未能如愿以偿，从此和精灵心生芥蒂，于是他想尽办法要将附身于体中的精灵驱赶至他人身上，如此才能使新的精灵重新附身于他的体中。与此同时，里岩多先生和这位朋友同时准备报考公职，里岩多先生如愿考上了，但他的朋友却名落孙山，他的朋友因而怀恨在心，于是便怂恿里岩多先生学习巫术，希望身上的精灵能因此辗转附身于里岩多先生身上，但里岩多先生最终并未因朋友的怂恿而学习巫术。里岩多先生的朋友便对他施以巫术，以裹尸布作成人形加以施咒，并以针扎在人形裹尸布之上，精灵因而辗转附身于里岩多先生体中。自此之后，里岩多先生便时常因不明原因而感到疼痛不已。

法米师父认为要驱赶依附于里岩多先生身上的精灵相当困难，必须借由长期的治疗，才能使精灵的法力消失而离开患者的身体。法米师父建议里岩多先生平时在身体不适时，可以自己借由念诵《古兰经》《开端章》以减轻疼痛感。里岩多先生表示，现在他每天于工作前都会先至法米师父的诊所就诊，平日若感到疼痛时便会依循法米师父的指示念诵古兰经，如果自己念诵古兰经都无法减轻痛苦时，才会紧急来挂急诊请求师父帮他治疗。根据里岩多所言，在师父治疗的过程中，其实他都呈现在一种半清醒、半昏迷的状态，他可以感受到精灵在他身体里窜流，也感受到身体极大的痛苦，及强烈的呕吐感，但当他看到自己影片中的大哭大叫的样子，他却没有什么印象，他认为他精神上是有一点意识的，但身体却没有办法自我控制，也完全听不到、不知道师父跟精灵对话的内容。借由这样的治疗方式，现在里岩多先生身体已经康复许多，甚至很少出现极度疼痛的情况，在经历了这场疾病后，他也因此而更相信安拉治愈的能力，成为虔诚的伊斯兰教徒。（图 10）

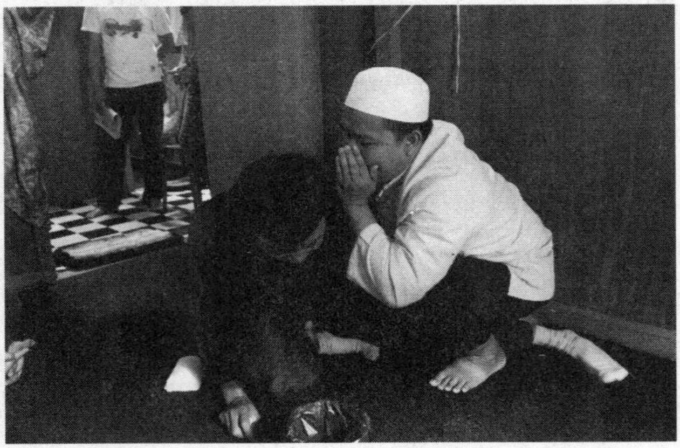

图 10　鲁齐亚师父在病患耳边念诵伊斯兰经文

如前所述，鲁齐亚医疗系统除了强调宗教经文的念诵以外，也常伴以拔罐、药草等作为医疗的方式，然而在里岩多先生的案例中，我们并没有看到法米师父使用经文念诵以外的任何其他医疗方式，更何况法米师父的诊所还特别强调其为“鲁齐亚拔罐诊所”，也因此笔者特别询问其原因为何。法米师父笑笑说，鲁齐亚原意就是经文念诵，当然经文念诵还是最主要的医疗方式，拔罐与药草或许可以说只是一种辅助性质的医疗方式。再者，里岩多先生的病况极为特殊，他完全是因为被精灵所控制才发病，事实上我们也可以说生理上他根本没病，平常时候他身体十分健康，所以也就不需要任何的拔罐与药草的治疗。

五、 结语

“鲁齐亚”此一名词现在已经广泛使用于所谓现代化伊斯兰医疗系统之中，尽管鲁齐亚师父强调鲁齐亚原意是指经文念诵，并分为希尔奇雅鲁齐亚与嘉敦安鲁齐亚，而嘉敦安鲁齐亚则是因为与爪哇传统文化（kejawen）结合，往往被印度尼西亚伊斯兰萨拉斐（Salafi）系统认为具有异教的色彩而被禁止。① 然而在笔者的访谈中，我们也发现对于许多的印度尼西亚老百姓而言，鲁齐亚似乎仍然具有巫术色彩，主要还是在于强调现代化的伊斯兰萨拉斐的鲁齐亚诊所中，也从事巫术系统的治疗，因此鲁齐亚在部分爪哇老百姓概念中还是有着神秘色彩。而在以融合传统文化的“宗教学者协会”所属的习经院（Pensantren）中却不提“鲁齐亚”此一字眼。

事实上，在笔者田野调查的经验中也观察到，伊斯兰萨拉斐鲁齐亚医疗与苏非系统习经院医疗确实在许多的医疗方式与相关的精神追求（related spiritual pursuits）上是有所不同的。（Daniels 2009：79—80）鲁齐亚医疗严格规范在

---

① 根据笔者印度尼西亚籍的研究助理 Tejo Bagus Sunaryo 的说法，若将印度尼西亚当地的巫术系统（Perdukunan）称为 Syirik 是不合适的，因为 Syirik 此词具有负面的意涵，意指“异教的”。具体而言，若鲁齐亚师父于执行鲁齐亚医疗时念诵的经文并非来自于伊斯兰，而是来自属于异教的经文（治疗的力量并非来自于阿拉），这样的行为即是属于被禁止的嘉敦安鲁齐亚（Ruquah Gadungan/Syirkiyyah）。因此，若将印度尼西亚当地的巫术系统称为“异教的”是不合适的，因为事实上，印度尼西亚当地的巫术系统是属于印度尼西亚当地本土的医疗体系，或许它对正统伊斯兰教而言是“异教的”，但它却才是真正属于爪哇这块土地传统的医疗文化系统，或许我们可以称这些巫术医疗系统为“本土的”，但如果把它们称为“异教的”巫术系统，实在不太公允。

以《古兰经》经文念诵为主要精神医疗方式，以及拔罐、药草等生理医疗形式；在印度尼西亚爪哇地区习经院的治疗系统当中，则允许较为宽松的治疗方式，其伊斯兰宗教念诵包含古兰经文、梭拉瓦特（selawat，salawat 或 sholawat）诗歌①、祷告词、tenaga dalam、amalan 等，作为医疗迪克尔（dhikr）的重要媒介之外，也结合了 符箓、按摩、圣水、印度轮穴理论以及印度尼西亚民间传统医疗的观念，其中有许多都是伊斯兰萨拉斐的鲁齐亚诊所中认为是被禁止的嘉敦安鲁齐亚。萨拉斐鲁齐亚医疗视个人内在力量（inner power）修行为禁忌，但这却是习经院医疗系统中极为强调的一环。萨拉斐鲁齐亚医疗认为许多特殊的精神能力（special spiritual powers）是来自精灵（Jinn）掌控，但苏非习经院却将此种能力诠释成是来自真主的恩赐与祝福。萨拉斐鲁齐亚医疗认为所有的医疗都是基于《古兰经》与《圣训》中的方法，由真主阿拉亲自借着鲁齐亚师父来治疗，但苏非习经院认为那是伊斯兰教长在经过长期的灵修而获得来自真主阿拉所赐予个人的医治超自然能力（karamah）。

整体而言，鲁齐亚治疗当中涵盖了放血拔罐的侵入性医疗行为、精神性与宗教性的经文念诵治疗，以及草药的生理治疗，可以说是一个较为全面性，也是一个兼具现代与传统的伊斯兰宗教医疗系统。而这一种医疗系统确实也成为印度尼西亚爪哇地区深入民间的重要医疗系统。

---

① “梭拉瓦特”一词为阿拉伯文礼拜（salah）的复数型，意指每日五次的礼拜，借着礼拜来纯净穆斯林的心。由于在礼拜的过程当中，穆斯林常会祈求真主保佑穆罕默德，因此梭拉瓦特一词在印度尼西亚常被引申为“祈求真主保佑穆罕默德的祷告词”，也因此梭拉瓦特也常被使用在星期五主麻日的礼拜仪式之中，而成为仪式过程的一部分，这种祷告词也常为印度尼西亚伊斯兰诗歌创作者拿来作为诗歌创作的主要内容。此类的祷告词大多为伊斯兰教地位极高的宗教学者（ulama）所撰写，并且多以阿拉伯文撰写，偶尔也有以其他语文撰写，也正由于这种祷告词具有以上的这些特性，梭拉瓦特成为印度尼西亚三种主要伊斯兰诗歌形态中，其内容的宗教性质最强。

梭拉瓦特祷告词的创作来源一般来自伊斯兰圣训（hadith）以及宗教学者所撰写，其中又以圣训中的梭拉瓦特祷告词使用最为广泛。圣训是穆罕默德的弟子及其妻室对穆罕默德言行的记录，因此对伊斯兰教来说，圣训往往被视为《古兰经》之外穆斯林最重要的宗教生活的依据。由于圣训在伊斯兰教中的特殊地位，使得圣训唯一记载的一首梭拉瓦特祷告词，也常被认为是最重要的祷告词，因而成为印度尼西亚主张固守伊斯兰教教义传统，并排除印度尼西亚泛灵崇拜、印度教与佛教神秘主义的印度尼西亚穆罕墨迪亚宗教团体唯一认可的祷告词。

参考文献

中文

道格拉斯·德龙（Douglas De Long）

2008《启动疗愈能量：古代神秘学院进阶疗愈技巧》[M] 台北：生命潜能文化。

蔡宗德

2006《传统与现代性：印度尼西亚伊斯兰宗教音乐文化》 [M] 台北：桂冠图书。

英文

Akhmad, Perdana

2005 *Ruqyah Syar'iyyah V. S Ruqyah Gadungan* (*Syirkiyyah*), Yogyakarta: Quranic Media Pustaka Kelompok Ardi Group.

Chishti, Hakim Moinuddin

1991 *The Book of Sufi Healing*. Rochester, Vermont: Inneer Traditions International.

Daniels, Timothy

2009 *Islamic Spectrum in Java*, Burlington, VT: Ashgate Publishing Company.

Husaini, Aiman

2005 Bekam, *Mukjizat Pengobatan Nabi SAW* (*Bekam/Cupping, Healing Miracle from Prophet Muhammad*) . : Pustaka Azzam.

Jackson, Sherman

2005 *Islam and the Black American*: *Looking toward the Third Resurrection*. Oxford: Oxford University Press.

Roseman, Marina

1993 *Healing Sounds from the Malaysian Rainforest*. Berkeley: University of California Press.

Samahah, Riyadh Muhammad

2007 *Cara Penyembuhan Dengan Al Qur'an* (*The Healing Way with Al Qur' an*) . Irwan Raihan Translated. Mitra Pustaka.

齐琨

乡村音乐景观
——以徽州祭神仪式与音乐为例

【摘要】本文从乡村音乐景观这一综合研究视角，对徽州祭神仪式音乐表演中的权力、乐教、信仰、感官体验、会社组织等方面做出剖析，以此求得对仪式音乐文化含义的整体阐释。文中以局内人口述与笔者的观察记录为叙述主体，辅以历史文献引述。

【关键词】音乐景观；祭神仪式音乐；徽州宗族文化

【作者简介】齐琨（1971—）女，哲学博士，上海高校人文社会科学重点研究基地·上海音乐学院“中国仪式音乐研究中心”兼职研究员，中国艺术研究院音乐研究所研究员。

“景观”（landscape）一词出现在建筑学、地理学、社会学、历史学等领域的研究论述中。在地理学家面前，“景观是文化的镜子，文化地理学家可以通过仔细观察景观更深入地了解一群人。”（Jordan；Domosh and Rowntree 1994：29）因此，他们偏重“文化景观”（cultural landscape）的研究视角。而在法国思想家居伊·德波的论著中，“景观是一种由感性的可观看性建构起来的幻象，它的存在由表象所支撑，以各种不同的影像为其外部显现形式。尤为重要的是，景观在场是对社会本真存在的遮蔽。”（2007［1992］：11）可见，德波更为注意景观在各类社会表象中的意义。

本文所言乡村音乐景观，是指在乡村这一特定物质空间内，由音乐表演营造和表述的景致、气氛和观念。笔者之所以选择景观作为音乐研究的切入点，源于祭神音乐所具有的两个特性，其一，音乐表演与村落建筑、村民生活、经济运作等方面相关联，因此需要将其作为一种景观、整体考察音乐的表象、背景、意义。其二，音乐表演多在开放式环境中进行，在视觉上，伴有音乐的仪式场域遍及村落各个角落；在听觉上，音乐声响与鞭炮的嘈杂、人声的喧闹共同为参与者的感官所体验，从而交织构成祭神仪式特有的景观。

以祭神音乐作为景观，是因为它有看得见的热闹与喧嚣，也包含看不见的权力、教育、信仰、体验等因素。本文将重点描述3个乡村祭神仪式过程，以此观照在祭神仪式及音乐的传承与变迁中，宗族社会制度、礼乐教化观念、乡民感官体验、会社组织结构等所显现的持续有效作用。

一、 音乐景观与村落权力

2000年春节，笔者在祁门县采访舞龙灯，听说历口乡许村龙灯会要到西坑村去。然而，我们在西坑村等到天黑也未见龙灯踪迹。一同前来的汪庆太从亲戚那里打听到事情原委：①

> 今天历口的龙灯没有来，因为西坑村有个小姓（后代），叫姜志根，当初计划盖祠堂，他原来也打算捐钱，真正盖祠堂了，他又没有捐钱。大姓（方氏）也不想他们捐钱。现在祠堂盖好了，姜姓认为解放了，大家平等，祠堂是公共设施，谁都可以来。方姓认为，祠堂是姓方的人盖的，姓姜的是小姓，不能进祠堂。姜志根的几个儿子在乡里还是有出息的，他女儿嫁到许村。今天来的龙灯是历口许村的，进村子要舞到每家每户，因此不可能不去姜家舞，这样又会让姓方的不高兴，所以他们干脆就不来了。现在各个村里的小姓还是和其他村里的小姓通婚，不能和大姓通婚。如果明年西坑村自己舞龙灯，就没有这个问题了。

---

① 2000年2月12日，口述者：祁门县彭龙村汪庆太，男，47岁。

可以说每一个人都是社区景观的制造者。然而，若问谁是社区中的景观代理者和受益者？我们要说拥有社区权力的人才能担当此角色、享有景观带来的祝福。社区景观中伴有权力操控，这并非是当下才有的现象。笔者以1949年前黟县古筑村的“接菩萨”为例，说明作在社区景观中音乐表演与村落权力的关系。

古筑村最后一次祭神在1946年。1999年11月，笔者采访了村中大姓孙氏宗族的后裔，主要有孙哈赤（男，82岁）、孙寿椿（男，76岁）、孙佩初（男，83岁）、孙光瑞（男，79岁）、孙和寿（男，77岁）、孙有为（男，67岁）等，此外还有村中小姓程景荣（男，77岁），希望以他们的口述重构过去村里六月十九日“接菩萨”过程和用乐情况。

我们村子凡遇闰月年的六月十九就接观音菩萨，为了保平安。

古筑村孙姓第一始祖是吴三公，他有三个儿子，分了三支，前门是两个弟兄，伯宽和伯宏，他们的祠堂分别是尚古堂和尚叙堂；里门是伯焕，生了两个儿子，又分两支，分别立尚德堂和尚义堂。接菩萨在前门尚古堂举行。

尚古堂里供观音菩萨，铜的，一米多长，明代造，破四旧时毁了。平常放在祠堂后寝二层楼上，两边供着祖先牌位，左昭右穆。遇闰月年六月十五，就把观音菩萨请到祠堂中厅，放在供菩萨用的龛里。这种龛是卯榫结构，用的时候就装上，不用就拆了收起来。

接菩萨前将祠堂布置一新。从后往前讲，祠堂第三进是两层楼，前面有两个池子，一左一右，用石栏杆围着，上面有天井。第三进和第二进之间有屏风，接菩萨的时候，屏风打开。平时只能走两边。

第二进是中厅，柱子大得两个人都抱不过来，梁上挂着给有功名人的匾额。接菩萨的时候，张灯结彩，大厅里挂着大红木的八角灯，周围挂着2米宽、3米高的4幅大画，旁边还配着各家拿来的古画和古字。画底下放着半圆形的小桌和木椅，陈设着瓷器。中厅里供着的铜观音，两边还要供上纸扎的文殊骑狮和普贤骑象，扎得相当大。铜像前面供着纸扎的观音像。另外有一个游神用的小观音像。观音菩萨前面有一张长台子，摆着40个祭盆，装水果、肉菜祭品，还有一张小香案，供人拜祭。

第一进前厅里也有个供台，摆着五件祭器，我们叫“五什件”。前厅天井两边有雕花长凳，给礼生站的。天井下靠中厅一端，两边摆着猪和羊，不是真的，是纸扎。墙上也挂着字画。前厅靠近门口的两边搭钟鼓楼，也是卯榫结构，用就搭上，不用就拆了。一边钟一边鼓，面积有10平方米左右。接菩萨打锣鼓的时候，我们（大姓）就站在上面。第一进门廊前有一个祭台，响赞宣布“主祭者就位”，主祭就站在这个祭台前。

第一进和仪门之间供着弥勒佛，和它背靠背供的是韦驮菩萨，两边挂着四大金刚的画。大门两边插“执事”，上面写着宗族里做官人的名。门口种两棵桂花树。

院子前面还有一进。孙家有一个子孙，家贫，过继给休宁人家，长大后做官发迹了，回乡认祖，为祠堂又加一进，修了大门楼，写着“富春名宗”，就是现村政府大门。门前有旗杆墩，出了做官人的宗族才能有这样的石墩子。

接菩萨前后有7天，全村斋戒。正日子——六月十九是最后一天。

第一天“通神”。请道士扮“黄灵官”，手持宝剑，到各家各户，前门进后门出，驱鬼除疫保平安。好几副锣鼓跟着“黄灵官”游遍村子，打的就是老人传下工尺谱上的那些牌子、没有特别规定要打哪一段，但是要回到祠堂，一定要打《四下头》。

第二天上午早饭后，还是锣鼓游村。请和尚做“梁西挂斗”。用秤杆插在装着米的斗里，挂在祠堂的梁上不会掉下来，还要祭拜一番。

此后三天是大祭。全村几百个十五岁以上的孙姓“支丁”① 进祠堂行三献礼祭拜。三天中，在祠堂举行仪式的内容基本相同。族长担任主祭人，还有“正通”、“副通”两位主持人，又称“响赞”、“哑赞”，程序

---

① 当地人称家族中的男性子弟为“支丁”。

由“正通”喧唱。另外有十几个“支丁”担任礼生。孙姓“打锣鼓”的子孙站在后厅东西两角搭建起来的高台上。小姓有“粗乐”：唢呐、小钹、大锣、小锣；“细乐”：笛子、二胡、三弦，站立在台下两侧。

“正通”喊“起鼓”，孙姓锣鼓班在台上演奏。曲牌有“大锣鼓”和“小锣鼓”两种，“大锣鼓”就是锣鼓配合，“小锣鼓”用笛子和锣鼓配合。首先用的一定是“大锣鼓”曲牌，《三档》《娘子军》《四下头》都可以。“正通”高喊“主祭者就位”，主祭人来到前厅祭桌前；再喊“执事者各就其位”，先前站在前厅的礼生行至中厅，各司其职。然后行“三献礼”，“小姓”一边吹打一边引礼生进献各种物品，叫“穿堂”，有献祭文、献酒和献帛。献礼后再由孙姓人“打锣鼓”，主祭人在天井下烧帛和祭文。整个过程有两三个小时。一天中的其余时间仍由孙姓各房锣鼓引导，众人抬纸扎观音、文殊、普贤像遍游全村。

第六天晚上到祠堂里吃“诸天粥”，粥里放有8样菜，豆腐、萝卜、豇豆等。

第七天“暖神”。纸扎的菩萨像都要抬出去游遍大街小巷，最后抬回祠堂烧掉。族长拜祭后，请观音菩萨铜像回后寝楼上。晚上，祠堂内大摆宴席，男女老少都可以去。在祠堂里吃菩萨的东西有福了。全村孙姓家还可以带上亲戚，一起凑份子，饮食纳福。

尚古堂“观音会”除上述祭祀外，每年二月十九、六月十九、九月十九均在祠堂中请和尚作法事，祈祷四季平安。

以口述可见，祭神音乐表演之所以能成为大姓的游戏，是因为他们拥有建构人与神关系的权力，小姓只是这场游戏中的仆人或下人。在欢庆与热闹的社区集会背后，徽州乡村祭神仪式处于权力的控制之中。20世纪50年代后，乡村祭神仪式多作为“迷信”活动而受禁足。然自80年代恢复以来，祭神仪式多为大姓组织、操控和受益的状况得以延续，伴随其中的宗族权力制度与姓氏阶层等级仍在现代乡村社会中起作用。由此便不难理解本节开篇所述许村龙灯不敢前往西坑村表演的事例。正如笔者与大姓初遇访谈时，他们多会堂而皇之地说“现在我们都是同志”。交往颇深后，谈及某位村民，年长的大姓会刻意地加一句：“过去他们家是小姓”，鄙视之情溢于言表。

二、 音乐景观与礼乐教化

在古筑村孙氏族人口述中，有关于大姓组织本族少年学习“吹笛子、打锣鼓”以及前往其他村庄“游锣鼓”的回忆：

接菩萨前的几个月，族人聚集商议准备工作。接菩萨时每一房都要组织一班锣鼓，所以在四月份，从各房七岁至十几岁的小孩中挑选俊俏聪颖的学打锣鼓。四月下旬，私塾也停了学，正式学习“打锣鼓”。大一点的孩子学吹笛子，小一点的孩子学锣鼓，一般从小锣学起，再打大锣，再掌鼓。

孙和寿：六月十九前一个多月，我们都来学这个东西（打锣鼓）。孙佩初父亲教我们“锭官”（房份名）的孩子打锣鼓，“五前”（房份名）是另一个人教，都是族里三四十岁的人。

孙寿椿：我第一次去是七岁，打大锣。学锣鼓的孩子还要为乐器作一些装饰，比如学小锣的要为锣片做一个布套，上面绣着花，还有穗子。学大锣的要把锣槌用花线扎好，槌把上也有穗子。掌鼓板的鼓楗子用彩线缠起来，板要用绣花布套起来。这些都是家长出钱做，因为自己的孩子能被选上，是件很光彩的事，父母也愿意为孩子做。

孙佩初：我是先学打锣，再学鼓板。《步步娇》《八宝头》《滴滴金》《娘子军》《三档》《四下头》都打过。接菩萨前一个多月我们不用去上课，在家里练习打锣鼓。晚上出去打给人家听，像彩排一样，有的人家还泡茶、拿点心招待我们。

孙光瑞：小时候我和大勇师傅学过吹笛子。大勇也姓孙，是我们“五前”这一房的人，在外面做生意。清明回村祭祖后，有空时召集本房几个小孩教“打锣鼓”。学吹笛子，给我的是单独的笛子谱，其他学锣鼓的也发单独的锣鼓谱。四月份我们就不用去上学，整天学“打锣鼓”。当时只有我和大一些的孙熙元学吹笛子。

到了五月底六月初“游锣鼓”。那时候，小孩子们也都会一些了。晚上，挑着锣鼓架，到村子、田野到处游。那是初夏时节，锣鼓架上扎着灯，锣上扎个凤凰，鼓上扎个仙鹤，别的孩子也拿着金鱼、兔子灯笼跟着一起玩。在田野转过后，又转到村里，街上开店铺人家见了都很喜欢，拉着孩子们到铺子里，拿出好吃的招待，让他们坐下来打一通锣鼓。

大姓为何将祭神奏乐表演控制在宗族内部传承？这还要从传承自先秦的礼乐教化说起。

先秦时期倡导礼乐教育思想，《乐记》“乐论篇”言：“知礼乐之情者能作，识礼乐之文者能述。”（转引自《中国古代乐论选集》1962：29）周代礼乐制度重视音乐教育功能，有专门机构和优秀乐师对“胄子”施以乐教。汉以后文献中，亦有对贵族、良家子弟施以“乐教”的记述，如《唐会要》载：“自唐虞迄三代，舞用国子，乐用瞽师。汉魏后皆以贱隶为之，惟雅乐尚选良家子。”（1955：611）《明史》亦载：“乃考四庙雅乐，命谦较定音律及编钟、编磬等器，遂定乐舞之制。乐生仍用道童，舞生改用军民俊秀子弟。”（1974：1500）

宋代以降，宗族制度在民间得以推广与维系，这是国家政治变化和经济发展的表现，也是宋明理学家为建立正统国家秩序，在地方上推行礼仪教化的结果。（［英］科大卫、刘志伟 2000：3）“礼不下庶人”的观念逐渐得以改变，民间亦提倡礼乐相教。明清时期，徽州属宗族文化发达地区之一，村落礼俗大都与等级、权力和信仰相关，以维持宗族秩序、维系血缘关系。长期发展中，宗族内形成整套礼俗规范，宗族成员自幼在各种礼俗场合熟悉、习学，借此领悟萦绕于他们头脑的格言训诫，最终形成行为准则和心理定式，所谓知进退、识礼仪。礼俗音乐由此起到上述潜移默化的作用。黟县乡村宗族借祭神仪式培养族中俊秀子弟演乐、吹打应是继承了始自先秦的乐教思想。

在徽州，黟县古筑村以音乐表演教化子弟的方式不是孤例，祁门县滩下村倪氏族人在游春时表演的“打五样”，也有类似乐教功能：

春节正月初三到祖坟去拜祖、交春时游春都要“打五样”（鼓、大锣、铛子、大钹、小钹），配小铤（小唢呐）、笛子。每个人都有自己的谱子，现在我们这帮年老的还能配得来。吹的人已经不在了。我们把这个称作“十番跳”，听掌鼓人指挥，把不同段落组合在一起。现在掌鼓的叫倪永根，70多岁，今天不在家。现在过年，也要让他来一下，热闹热闹。原来（业余剧团时期）我们这里演黄梅戏，他也是掌鼓的师傅。①

笔者采录了祁门历口乡许村许氏族人②演奏的《十番锣鼓》。一番吹打后，他们③回忆了当年学锣鼓、打锣鼓的情形：

这个锣鼓是我们祖上一代代传下来的。我（许克勤）是在14岁时学锣鼓，族里60—70岁的人教。那个时候有庙会，我们经常打。接菩萨、舞龙灯也用这个。每年三月到九华山拜菩萨、正月里玩灯、求雨都打锣鼓。拜菩萨凡是路过村里的庙堂、祠堂都要打锣鼓。

我们祖上说，这个锣鼓从明朝就传下来了。现在会打锣鼓的，一般都是六七十岁的人。年轻人没有学这个的。我们有教年轻人的打算，但他们不愿意学，他们喜欢打麻将、看电视。打这个东西没有钱，他们也不干。今后就要失传了。我们都是十几岁学的，不吃一番苦是学不来的。今天你也看到了，这个也会打一下，那个也会打一下，真正合在一起打，就忘记了。

过去小姓没有这些东西。我（许培坤）家里有谱，是过去的老谱子。

---

① 1999年11月28日，口述者：祁门县滩下村倪永美，男，64岁。

② 2002年5月12日，演奏者：许时顺，50岁，笛；许克勤，70岁，扁鼓；许才根，75岁，大钹；许培坤，76岁，大锣；许金玖，75岁，小锣；许祁元，59岁，鼓；许根深，57岁，小云锣。

③ 2002年5月12日，口述者：祁门县历口乡许村许克勤，男，70岁；许培坤，男，76岁；许时顺，男，50岁。

我们学会了以后，就记下来。过去（20 世纪 50—60 年代）这里有个剧团，村里演戏我们也打锣鼓。

概括而言，徽州宗族承袭了自古以来的“乐教”思想，在体现重视儒礼的仪式程序中，寓教于乐。虽然当地大姓轻视小姓为谋生而演奏乐器，但在祭神前有计划、按步骤地教授本族儿童学习演奏器乐，在祭神仪式上代表各自房份，配合繁杂仪节演奏一番。大姓子孙演奏乐器当然不是为谋生，而是为了在演乐中习礼，以演奏各类乐器培养子弟协调一致的心理，了解何时该奏乐、何时该停止、如何配合等。此类演乐亦寓含宗族礼治规范：个体行为需要符合整个宗族的利益，尤其当个人和宗族利益发生冲突时，需要牺牲个人保全宗族发展。比如，作为大姓子孙，即使家境贫寒，也不能以“吹喇叭”或唱戏挣钱糊口，否则势必辱没整个宗族名声。可以说，大姓对祭神音乐表演的组织与操控源自对教育的重视，小姓无权享有音乐的教育功能，这如同小姓被排斥在读书入仕之外。音乐表演因具有教化子弟的作用而成为大姓独享的社区景观。

作为村落中的大姓后代，一些老年人仍怀念当年打锣鼓对年轻人的教育作用。记得 2000 年在祁门县彭龙村，当时已有 87 岁高龄的汪庭英领着笔者来到村口，一块立于乾隆年间的禁赌碑跃入眼帘。庭英老人说，过去族规有惩治赌博恶习的详细办法：发现赌博后，族长在祠堂中责打参与者 30 大板，重奖举报者。村中子弟多恪守无违。为了使年轻人不至闲散，平时各房有擅长吹打者教授本房子弟《十番锣鼓》。祭龙神或春节迎神赛会上，各房锣鼓还要比试一番。言及至此，老人家不免欷歔感叹一番，认为如今子孙沾染赌博恶习，多因闲散时没人教授他们打《十番锣鼓》。春节期间，村中会打锣鼓的汪姓长者想趁着年轻人外出打工回家之际，组织迎神赛会，希望年轻人参加舞龙灯，而非聚集于赌桌前。然而，现在村里多数年轻人对打《十番锣鼓》失去兴趣，即使有学习者也多迫于家长压力。面对年轻人的冷淡，村里中、老年人仍乐此不疲。村民汪淼修请人将过去的工尺谱翻译成简谱，抄写数份，分发到个人手中练习，再将本房子弟集中于祠堂，练习奏乐的配合，他们仍相信本族子弟如将精力用于学习音乐，就可以远离赌博等恶习。

从彭龙村这些老人的言行里可以感觉到，“移风易俗，莫善于乐”的礼乐思想仍具现实意义。虽然，目前村落中多已无过去那种有组织地培养打锣鼓，然而笔者在彭龙村灯会上看到，在舞龙灯后半段，桶鼓、小钹、小锣这3件乐器暂时由村里儿童演奏，孩子们对这些乐器亦颇有兴趣，你击一阵子，我打一会儿，虽无章法，但仍在积极模仿成年人表演。在灯会将要结束的高潮时才转由成年人演奏。汪氏宗族灯会以本族儿童作为临时替换，参加乐器演奏的方式，可以视为礼俗音乐“乐教”功能在现代村落礼俗中的延续。

三、 音乐景观与民间信仰

在徽州人记忆中，村落附近的庙观庵堂曾是乡村景观的重要组成部分。2000年春节，笔者与汪森修同往西坑村，在彭龙村水口林附近，他指着茂密的树林说道：①

> 原来这里有很多寺庙。以前是三光殿，供二郎神，后面是关公、文孝的庙，旁边是汪公菩萨的庙，还有观音庙和一个两层的亭子。水口林前面是五猖老爷庙，小小的，因为玉皇大帝赐给它的是一箭之地。过去天黑后，庙里和尚在亭子里点上灯，给行人照明。这里也是举办庙会，风景很好看。
>
> 彭龙村也有接菩萨的风俗，接汪公菩萨。越国公汪华是彭龙供的始祖。庙里有两个汪公菩萨像，大的供在庙里，小的在用时抬到祠堂里。正月里和八月十五有两个专门的轿子把小汪公菩萨像抬到我们祠堂去。作春秋二祭也要把菩萨抬去，接汪公和文孝。七月份，道士要抬着小汪公菩萨像在稻田里游，每一处都要游到。接菩萨和游菩萨，有像皇帝出巡的仪仗，大姓自己人打锣鼓，走路打《十番锣鼓》，还有别的调子。小姓也跟着吹喇叭，调子和祭祖吹的差不多，具体记不清了。

---

① 2000年2月11日，口述者：祁门县彭龙村汪森修，男，63岁。

从汪淼修口述可以想象到，旧时不仅村庙繁多，伴有民间信仰的活动也颇为繁盛，其中鼓乐与鞭炮同是乡村祭祀景观的重要组成部分。随着信仰政策宽松，在坍塌损毁的老庙遗址上，乡民们筹划盖新庙。2002 年春天，笔者意外发现祁门杨村村头新建了一座九相公庙。杨村以汪姓为主，除了几户招亲而至的杂姓外，多为彭龙村迁居此地的汪氏族人。过去杨村就有九相公庙，后不堪日晒雨淋倒毁了。建庙筹划人之一汪淼修讲述了庙宇开光过程①：

> 去年4、5月份，他们（杨村村民）决定要立九相公庙，请我刻了木制的九相公像。本来打算端午送到杨村，后来农忙，改成农历十月十六日。是看皇历选的这个日子。十月十五日我和汪明盛去准备、布置了一下，竖了旗杆、贴上对联。十六日早上9点钟，彭龙村人打着锣鼓、吹着喇叭将九相公像送到杨村庙里。我主持做开光，点了眼睛，还请8个礼生装祭②，请菩萨入座。行三献礼，读“入座祭文”，就扶它（九相公）上座了。到下午结束。庙里现在还贴着办装祭的唱文。
>
> 从去年庙搞起来，到现在没有接过菩萨。庙里香火还比较旺，其他不收钱，抽签收1块钱。管庙人是杨村的，有收入就归他自己，庙也是他盖的。

在现代乡村社区庙宇开光中，锣鼓吹打仍是不可缺少的内容。为进一步说明音乐对于民间信仰传承的能动作用，笔者以2000 年祁门彭龙村舞龙灯为例，叙述由音乐营造的灯会景观与民间信仰的关系。

彭龙村有旧俗，每年春节迎神赛会上，由汪氏宗族 3 个房份轮流祭祀“龙神”，将龙灯舞到各个祠堂、各家各户。不同房份舞“龙灯”的颜色各异，宗顺支祠舞黄龙，宗政支祠舞白龙，宗起支祠舞青龙。村民们看到龙灯颜色，就知晓本年度由哪个房份在承担舞龙灯义务。2000 年春节，轮到宗起房份舞

---

① 2002 年 5 月 14 日，口述者：祁门县彭龙村汪淼修，男，63 岁。

② 当地人将祭神仪式称为“装祭”。

青龙，笔者参与观察了正月初二（2 月 6 日）、初五（9 日）、初七（11 日）、十五（19 日）4 次舞龙灯活动，描述如下。

正月初二晚上 8∶30 左右，属宗起房份的族人陆续来到本房支祠——起俊堂。早已扎好的龙灯停放在祠堂一侧。大家点燃牌位前蜡烛，准备舞龙灯。舞之前，汪森修领着负责吹打的族人练习了一遍《十番锣鼓》，然后“驮龙脚”① 的 11 个男丁②抬着龙灯，龙尾朝外倒着走祠堂。一行人安静地来到村尾文溪桥边五猖祠前，焚纸燃香祭拜一番后，龙身亮起灯来，此过程称为“发灯”。

龙灯从村尾起舞。第一阶段以舞龙灯的形式在村中各祠堂内祭拜祖先。首先来到汪氏宗祠，在门口翻舞一阵后，从正门进祠堂，此时音乐节奏突然加紧，龙灯队围着天井逆时针舞 3 圈。出来后依次到宗顺支祠、宗政支祠、宗起支祠，同样围着天井逆时针舞 3 圈。

第二阶段龙灯舞到各家正堂前和店铺里。③ 龙灯进门时，主人燃放鞭炮、拿出一条被面披在龙头上，称“披红”，还用红纸包上钱给“龙灯会”，送上香烟、糕点、果品等礼物。

最后龙灯回到宗起支祠，狂舞一番后结束，仍安放于祠堂一侧。整个灯会持续约 3 小时 30 分钟。依旧俗，龙灯翻舞时汪氏大姓演奏《十番锣鼓》，今年只演奏了该套曲中“明中”一段，由汪森修的徒弟汪建义（29 岁）一人吹唢呐。

正月初五，晚上 7∶00 左右，彭龙村龙灯会应杨村邀请，前往舞龙灯。杨村没有祠堂，经过商议后，龙灯会决定从乡政府大院“发灯”，值班人员应照风俗燃放鞭炮“接龙”。随后龙灯来到各个乡政府机关大院献舞。接着，前往杨村各家店铺，店主人放鞭炮接灯，为龙头“披红”。最后龙灯舞进村中一些富裕家户，主人奉上“红包”。直到晚上 11∶00 多钟，灯会结束。此过程中，

---

① 舞龙灯时，担任“舞”的角色，当地人称为“驮龙脚”。

② 过去由小姓担任。

③ 据汪济养介绍：“有的人家虽然没有捐钱，（但是）为了团结，龙灯也要舞到这些人家去。”

伴随龙灯飞舞的鼓乐仍是《十番锣鼓》，由汪森修吹奏唢呐。

正月初七约8：30，彭龙村龙灯为本村村民出灯。初七称为“人日”。按祁门习俗，初一到初十是天地间各种事物的诞生时间，初一为鸡、初二为犬、初三为猪、初四为羊、初五为牛、初六为马、初七为人、初八为谷、初九为小米、初十为麦。初七用以纪念人生命的诞生，因此舞龙灯成为这一天村中不可缺少的仪式。

过程与正月初二相似，仍在村尾五猖祠“发灯”，先去各祠堂为祖先舞蹈，不同的是，此次龙灯进入村里莫氏祠堂，舞了3圈。过去莫氏也是大姓，现已衰败，仅有存1户。随后进入各家和商铺舞蹈。龙灯会特意前往初二时未来得及去的几户人家中舞了一番，接着又去了十几户较富裕的家庭和店铺。最后龙灯仍回俊堂，逆时针方向舞了5圈。进祠堂时，锣鼓节奏加快，气氛也很喧闹。最后龙灯在香案前盘了起来，靠东墙灭灯停放。结束后，龙灯会聚集香案前，由管理财务者主持清算当日所得财物。由于当天没有去村中不富裕的家户，活动历时仅2个小时左右。

正月十五龙灯同样在文溪桥边五猖祠“发灯”，依次在各祠堂舞完后，不再去家户，直接来到文溪河滩上把灯灭掉，点燃龙头，烧香焚纸祭拜一番，称“休灯”，以宣告正月舞龙灯完满结束。

那年正月初八傍晚，笔者与汪庆太前往西坑看许村龙灯。路上聊起彭龙村的灯会，庆太谈了舞龙灯的缺憾①：

> 今年舞龙灯缺了一个步骤，龙头扎好后，要杀一只公鸡，用鸡血祭龙头。我叔爷爷（汪庭英，87岁）认为不这样做是少了一个重要环节。我们都劝他这么大年纪了，这些事就不要管了。

第二天笔者采访了汪庭英老人，他讲述了以往灯会的详细过程：②

---

① 2000年2月12日，口述者：祁门县彭龙村汪庆太，男，47岁。

② 2000年2月13日，口述者：祁门县彭龙村汪庭英，男，87岁。

过去我们村有一个规矩，舞龙灯前要选黄道吉日在祠堂里吃“龙肉”。全村汪姓男丁汇集祠堂，将一只号叫的猪拖进来，当场杀死，开膛烫毛。将肉煮熟，按照汪姓男丁人数，平均分配，关上祠堂大门，集体享用，不许把肉带回家去。这叫“吃龙肉”，不能让女人看见，偷看的女人要被族长打板子。等龙灯做好，画龙点睛前，杀一只公鸡祭龙头。然后，才将扎好的龙灯舞到各家各户。

以往灯会的完整过程由吃龙肉、祭龙头、发灯、在祠堂舞龙灯、在各家各户舞龙灯、休灯 7 个部分组成。仪式行为中包含龙神信仰、祖先崇拜成分。2000 年彭龙村灯会中仅保留了发灯、在祠堂舞龙灯、在各家各户舞龙灯、休灯 4 个环节。值得注意的是，此 4 个环节都有音乐伴奏，而另外未被传承下来的 3 个仪节中无音乐伴奏。由此可进一步设问，音乐表演对信仰—仪式的传承是否具有能动作用?

如果我们从社会记忆的角度看，则不难发现音乐是延续社会记忆的重要手段。没有音乐的仪式环节，仅依靠行为本身传载信仰，而有音乐的仪式环节，则在声音符号与行为符号的共同作用下延续信仰的存在。对于世代居住乡间的徽州百姓来说，音乐景观蕴涵了他们对生活的感官体验，音乐表演也因此形成对信仰—仪式传承的能动作用。

四、 音乐景观与感官体验

音乐景观包含情感与体验。在现代城市人的耳朵里，锣鼓喧天、响彻十里的乡村祭神音乐近乎噪声。笔者曾与熟悉小提琴、铜管乐音色的同学前往河北采访冀中笙管乐，在震天撼地的大锣大鼓面前，他们捂上了耳朵。这是因为人们若用今天业已改变的情感系统去倾听乡村祭神音乐，那么这些与现代人生活已无瓜葛的声响成为不被理解和接受的噪声。

乡村祭神音乐表述的是人与人之间、人与神的关系，是村民的生活方式以及对神圣世界的理解。置身于音乐景观的乡民记忆着他们对生活的感官体验。从文献记载中可以看到①，祭神音乐曾在徽州乡村构成“稠密的声音网络”②。自正月至腊月的12个月，六邑大小村落中每月都有数量不等的祭神仪式，概括如下。

农历正月以灯会为主。其中有为祭祀越国公汪华、忠壮公程灵洗而举办的舞龙灯，为崇拜社神、傩神而上演的徽剧、傩戏、目连戏。吹打游龙、锣鼓演剧是祭祀仪式的核心内容。元宵节将正月灯会推至高潮，彩龙舞遍村落、花灯照亮街衢、社戏唱响山野。人们用彩灯的颜色、锣鼓的声音、香烛的气味表述欢腾的场景与喜悦的心情。随着音乐的进行，乡民们还加入了求子的期盼、获得祖先祝福的渴望、取悦地方神的信仰。

二月至三月为春社和赛花朝时节。傩人所行角抵之戏以及击鼓迎神后的分胙肉，都是春社祭祀内容。绩溪登源独有的赛花朝，以场面奢华为同乡共里的村民称道。这一奢华的场面尤以打锣鼓、抬会猪、赛琼碗、庙前演剧、燃香迎

---

① 此类文献中，地方谱志有休宁县茗洲《吴氏宗谱》（明刻本）；《徽州府志》（清康熙版）；《徽州府志》（清道光版）；《歙县志》（清康熙二十九年刻本）；《歙县志》（清乾隆二十六年刻本）；《婺源县志》（清康熙版）；《绩溪县志》（清嘉庆版）；《祁门县志》（清同治十二年刻本）；《黟县三志》（同治九年刊本）；《黟县四志》（民国十二年刊本）；《橙阳散志》（乾隆刊本）；《黟县志》（1989）；《休宁县志》（1990）；《祁门县志》（1990）；《婺源县志》（1993）；《歙县志》（1995）；《绩溪县志》（1998）等。论著有清·赵吉士《休宁碎事》、《寄园寄所寄》；清·刘汝骥《陶瓷公犊》；清·詹元相《畏斋日记》；清·俞鸿渐《印雪轩随笔》；［日］牧野巽《明代同族的社祭记录之一例》（1940）；胡朴安《中华全国风俗志》（1988）；黄山市旅游杂志社编《徽州民俗杂记》（1988）；吴建之《太阳祭与傩仆制——祁门社景村傩舞〈游太阳〉考察报告》（1994）；刘淼《清代徽州的“会”与“会祭”：以祁门善和里程氏为中心》（1995）；赵华富《徽州宗族族规家法》（1996）；郑力民《徽州社屋的诸侧面——以歙南孝女会田野个案为例》（1996）；茆耕茹、曹芷生《皖南歙县三阳乡叶村元宵“打罗汉”》（1998）；陈长文《歙县郑村镇堨田端午嬉钟馗》（1998）；曹尚荣《昔日旺川的“六月会”》（1999）；余大铎《黟县傩神嗒》（1999）；倪国华《梦落黄山》（2000）；张学文、陈长文、戴光照《绩溪县杨溪镇傩舞〈破寒酸〉》（2000）；曹芷生《黟县〈城隍会〉试析》（2000）；赵华富《祁门县渚口、伊坑、滩下、花城里倪氏宗族调查研究报告》（2001）；陈长文《浅谈古徽州的“庙会文化”》（2001）；齐琨《村落仪式和象征中的音乐》（2002）；陈琪、张小平、章望南《徽州祠堂》（2002）；王振忠《徽州社会文化史探微——新发现的16—20世纪民间档案文书研究》（2002）；卞利《徽州民俗》（2005）；董建《自然与艺术的辉映：西溪南》（2005）；夏爱军《明清时期民间迎神赛会个案研究》（2006）等。

② 这一概念由［法］阿兰·科尔班在其著作《大地的钟声》（2003［1994］：4）中提出。

神、儿童“打狪”、花灯游行等诸事项构成。在歙县和祁门，三月三是一个特殊的日子。歙县有游驱瘟大元帅僧仆演奏锣鼓“嬉咚咚”之俗，祁门则有祭祀关公祈福、常年接祖师菩萨、闰年接观音菩萨之风。三月更是黟县西递村“接观音菩萨”的重要日子，地戏、台阁、花船前后呼应、层出不穷，其间设有“锣鼓棚”，令本族子弟竞技表演。

四月至六月是拜观音、过端午、游太阳、六月会的时间。俗以农历四月初八和六月十九为观音诞辰，接菩萨、拜菩萨、游菩萨是祭神主要内容，打锣鼓、演徽剧、舞旗幡、献台阁则是娱神重要手段。端午节里，吃粽子、饮雄黄、赛龙舟，一样不可少。在黟县还要请傩神老爷送瘟神，振动乡里的锣鼓声与绵延不断的鞭炮声同为傩神助威。歙县端午节，以锣鼓相伴的“嬉钟馗”意在为村民驱疫祈福，走家串户后还要演地戏。在丝竹与锣鼓声中，村民再一次观赏那早已熟知的故事。祁门与黟县交界的游太阳以降童跳神。在请神、游神、童子降神附身、开天门、赤手入沸油锅中捞豆腐等仪节中，唢呐、锣鼓声不绝于耳。绩溪旺川举办的六月会祭祀张巡、许远、雷万春、南霁云4位地方神，锣鼓自然也是仪式中少不了的物件，此外还有本村儿童演剧娱神。而在歙县许村和休宁汪村的六月祭祀上，延请名班俊角搭台演戏是村民取悦神灵的一贯方式。农历四五月份，休宁县城及周边村落举办祭祀五猖神、龙神和关羽的迎神赛会上，“得胜鼓”是诸神出行的仪仗鼓乐，庙会上的连台本戏更让十里八乡的村民过足了戏瘾。

七月至八月为当地最炎热的季节，然而佛神道仙、孤魂野鬼与村民们都没有闲着。七月十五中元节的施食、做道场、放河灯中，乐器也成了道士们的法器，起着祭鬼祛秽的作用。百姓们在敲锣打鼓、吹箫鼓笙中收服了恶鬼、超度了孤魂，人、鬼、神共处的天下又重返太平与和谐。八月十五中秋节，徽人不仅吃月饼，还要舞草龙，以锣鼓、鞭炮开路，俗称“打火龙”。此外七八月间的祭张巡、祭九相公、游太子、破寒酸中，当地“黎阳仗鼓”、“得胜鼓”都是各路神仙出行必备的鼓乐。

九月至腊月，各地村民们收获着果实，准备迎接中国人最隆重的节日——春节。为感谢好的收成和祈求来年的平安，各村落定期举行“秋报”仪式，锣鼓、唢呐伴奏的道场，是村民用来回报和祈福方式。九月初九为道教名川休宁县齐云山祭奠玄武大帝的吉日，各地香客云集此处参加与观看道士们设坛打醮。一时间，修盖在山叠之间的道观宝刹内，蔓延出钟鸣鼓语，唱颂之声萦梁绕柱。九月初九也是休宁临溪举行周王庙会的日子，在4面大锣、16副仗鼓、左右力士护卫下，周王老爷行至村中，接受信徒顶礼膜拜，三天三夜的大戏是不可缺少的娱神节目。在接近一年尾声的十月份中，有的村落还要再一次捉鬼、收鬼，肃清仍流窜乡野作祟的乱魂鬼怪。黟县县城的"城隍会"锣鼓吹打、钢叉地戏的表演中，将妖魔鬼怪统统收至阴曹地府。十月十五下元节，绩溪各地的"三元会"设水路道场赈孤祭鬼，每年必演目连戏，在娱神同时祛秽禳灾。此外，各地还有五猖神开光、祭关羽、出地方等仪式，也大都在年关将近的时节，以祭祀酬神、演戏娱神的方式，祈求神灵保一方平安。

鞭炮声中，徽州的男丁女眷们执香拜祭祖宗，阖家共享年夜饭后守岁至清晨。新一轮祭神仪式将在六邑山村中再次循环上演。而这些与乡民百姓生活紧密相连的拜祭、游行、吹打、喧闹、唱颂、演剧等行为与声音，记忆着村民这一年的欢喜、忧虑、平静、波折、祈盼、失望、冲动、压抑等复杂心情。在错综复杂的情感交织中，徽州人又度过了属于自己的一年。

文献为我们留出对祭神音乐景观想象的空间。2009年中秋节，笔者前往婺源诸村落考察"舞草龙"时体验到，当今徽州人的情感需求中，祭神音乐景观仍有举足轻重的地位。

2009年10月3日农历八月十五，婺源县俞氏宗族聚居的汪口村计划组织舞草龙活动。晚上19：00，我如约来到俞氏宗祠前大桥边，已有上百人聚集在一条60多米长的草龙周围，争着往上插点燃的香。草龙在香火的闪烁中，渐渐显出了轮廓，成为一条火龙。负责打锣鼓、吹唢呐的俞氏族人也早早来到桥头，俞树标和俞家生手持唢呐等待舞龙开始。随着锣鼓声响起，插满香火的草龙在60位多位青壮年男丁的操控下舞动起来。霎时间，鞭炮齐鸣、礼花飞腾，打破了山野寂静、照亮了村落上空。有手持火把的村民，将松香抛撒其上，形成一个个火球，好像是草龙喷出的火焰。

19：05众人簇拥下，满身点点香火红光的草龙越过长桥，首先来到俞氏宗祠前。龙头翻滚一周后，龙身回旋，向村中小巷走去。在插满线香的龙珠引领下，草龙缓缓行进着，经过的人家都燃放鞭炮“接龙”。汪口村的规矩，舞龙头者听到接龙的鞭炮声，要在门户前将龙头绕颈一周，俗称“翻西瓜皮”。鞭炮声此起彼伏，却未能掩盖更为喧闹的锣鼓声。

19:30 走过长长街巷，草龙来到村子的另一个桥头，锣鼓声在短暂停止后，再次响起，细听是转换了一个锣鼓点，节奏更为紧凑、热闹。此时，舞草龙队伍却停了下来。虽为半个小时的表演，负责抬龙脚的男丁已感疲惫。歇息片刻后，草龙再次舞动起来。

19:40 众人越过石桥来到旅游公司门口的广场上。处于这较为空旷的地带，草龙显得更加壮观。在焰火与火把的照耀中，俞树标与俞家生吹着唢呐，另有 4 位打锣鼓者站在龙头附近，龙头由一位力大身高的壮年上下舞动，长长的龙身香火通明，龙尾由十几位壮汉拉扯着，以撑开 60 多米长、以草圈和草绳捆扎编织的龙身。龙尾附近亦有一堂锣鼓，5 位俞氏族人配合演奏着。旅游公司值班人员在门口放鞭炮、焰火接龙，锣鼓声、鞭炮声夹杂着人们兴奋的说话声、儿童的嬉闹声，构成了活动的一个高潮。

19:50 离开了旅游公司，队伍突然失去了方向。不知谁带错了路，队伍误走向村边公路。短暂调整后，草龙掉头走向村中街道，在巷口处停下，众人为草龙换香，锣鼓声也随之停下。打鼓者趁此休息，将鼓面在火把上烤干，以便下一轮鼓声更加响亮。人们不分老幼，主动上前将龙头、龙身上快熄灭的香取下，拿出带来的备用香，点燃后插在龙身上。据说能在草龙上插香且不掉落者有福了。然而，为草龙换香不是一件容易事。草绳编得很紧，细细的香还未插上就快要折断了。浓烈的烟雾中，插香者还要忍耐不慎碰到旁边燃烧的香头被烫疼手的苦楚。在众人装扮下，草龙又恢复了香火通明的龙身。事先做好的备用龙珠也由专人点燃，一串鞭炮后，锣鼓、唢呐再次响起，大家抹着被烟熏出的眼泪，簇拥着神采奕奕的草龙出发了。

20:00 经过商量，草龙队伍决定顺着公路走。街巷两边住户在草龙路过自家门口时燃放鞭炮。草龙又回到旅游公司门口，震耳欲聋的鞭炮再次响起，队伍很快走过行至公路。在没有住家的公路上，龙头由专人扛着，不再费劲地舞动，龙身行进速度也加快了。不久便到了由公路入村口的商铺前，龙头再次上下舞动。由于舞龙头是力气活，需不时换人，有几位壮汉在周围等待着替换上去。在一户燃放鞭炮的商铺前，一位没有经验的舞龙头者未“翻西瓜皮”就要走过，另一位舞龙头者赶紧接过，在龙珠引导下让龙头绕颈项一周，以示对接龙的商铺主人还礼。

20∶20走过商铺，草龙又回到俞氏宗祠门口。原计划再换一次香舞到村中其他家户，但村书记决定就此结束，招呼大家将草龙送上桥，放到河里。大家扛着草龙站在桥一侧，取下支撑龙身的竹竿，让草龙滚落河中，锣鼓亦在《急急风》中结束。草龙尾巴拴在桥栏杆上，据说要等草绳烂了，才由草龙自行漂走。

此时已近20∶30，舞龙灯者来到一家店铺前领取此次舞龙的劳酬——两斤月饼。笔者路过一户人家，见堂屋上还摆着一挂未放的鞭炮。打听后得知这些人家按原计划准备好接龙鞭炮，然而临时的变动使这些村民们备感失望，对村支书的决定颇有怨言。

此次舞草龙活动中，虽没有相关信仰的祭拜仪式，但那未曾改变的锣鼓、吹打、喧闹延续了收获季节酬神、娱神的传统。祠堂前，俞氏族人以上下翻舞的草龙求得祖先佑护；家户门前，又以回旋翻转的龙头向众人施福。鞭炮声、锣鼓声、喧闹声中，汪口村民再次体验了天、地、人和谐共处的氛围。

五、音乐景观与会社组织

无论在文献中抑或现代乡村的实践中，祭神仪式都是宗族集体行为，由此产生承办仪式活动、担负各项费用的会社组织。良好的会社组织是保障乡民聚集一起的前提，祭神音乐景观的繁盛与衰落也与会社运作机制的优劣密切相关。

1949年前，会社运作的经济资助源于族田收入。徽州旧有“穷乡村、富祠堂”的俗谚。“民国时期徽州宗族的族产在耕地总数之中所占比例之大，在全国其他地区还是仅见的。据统计，土地改革以前，徽州耕地为1183477.46亩，其中宗族拥有耕地169431.49亩，占耕地总数的14.32%。”（赵华富2004：268）这些族田名目繁多，如用于周济孤鳏、贫困的义田；用于资助教育的学田等。其中也不乏祭田、祀田、会田、社田，田地收入多用于祭神祀祖的活动。

1949年后族田成为公有财产，在土地改革中重新分配给集体或个人耕种。原有会社组织一方面在消除封建迷信的政策中禁足，另一方面也因失去族田的经济支撑而不再活动。曾遍及乡野的祭神仪式一度消失泯灭。

20世纪80年代后，随着国家相关信仰政策的宽松，祁门、婺源乡村社区首先恢复了正月十五舞龙灯和八月十五舞草龙旧俗。在无族田收益前提下，社区集资成为维持会社活动首选方式。以往为大姓、男性、成人垄断的会社，目前也呈现多样组织形式。

1. 大姓后代负责人

在大姓后代组织的龙灯会中，多由本族子弟共同集资，待舞龙灯结束后还可分红。每年是否组织龙灯，则由本族族人当年经济状况决定。按当地人所言：“搞活动要老百姓集资，所以老百姓富裕就搞，不富裕就不搞。”① 此外，在本村舞龙灯多以为村民祈福为主，龙灯会主要收益源自去外村舞灯所得红包。

以2000年春节彭龙村汪氏宗族宗起房份舞龙灯为例。腊月里即由宗起房份族人汪普华（男，62岁）、汪济养（男，72岁）牵头组织本支族人捐钱，筹得744元。汪济养言，“今年乡政府、大队都没有为舞龙灯的事出钱，村子里各家各户，自愿筹集资金，最多是50元，一般2—30元，5块、10块的也有。有的家庭困难没有出钱，初二我们也舞到他家里去，不这么做会影响团结。正月里舞龙灯大约总共需要一千元，有四五十人参加。”正月初二（2月6日）、初七（11日）、十五（19日）3次舞龙灯活动，所得红包仅有200多元，而初五（9日）去杨村舞龙灯，一晚即有470元收益。春节期间龙灯会共得679元。此外，村民为龙头披红所用的被面、赠给龙灯会的香烟、糕点等

① 1999年11月29日，口述者：祁门县闪里乡桃源村陈则友，男，66岁。

物，都会折成人民币纳为收入。[①] 灯会结束后，还要将让龙灯亮起来的电瓶处理掉，[②] 至此龙灯会的总收入为1669元。

正月十五以后，龙灯会将所筹744元返还给捐款的家户。舞龙灯中消耗了193元的鞭炮，还有赔偿锣鼓费15元，每次出会担任舞龙灯、打锣鼓、吹唢呐者可得3—6元报酬等。[③] 支付完各类费用后，剩余148元作为红利，按捐款比例分给大家，剩69.8元作为对负责人汪普华、汪济养的奖励。

2. 小姓后代负责人

2009年10月3日（农历八月十五日），笔者为了解婺源其他村落舞草龙的组织状况，于清晨前往下晓起村。村中汪姓者占70%，为大姓。余姓曾为汪姓庄仆，亦唤小姓。此外还有后迁来的江姓、孙姓等。负责八月十五舞草龙的余志标（男，55岁）为小姓后代，由于他从部队转业后多年在政府部门工作，得到村里人信任，诸如舞草龙一类公众事宜都由他出面组织协调。余志标言：

> 我们村舞龙灯在80年代改革开放后恢复，从1999年搞旅游，每年不间断。旅游搞得好，大家都富裕了，现在大家干事也不能都图自己利益，还是要为村子，你出一点、我出一点，这样可以搞得隆重一些。晓起是个旅游村，游客很多。老百姓比较淳朴，他们对这个也比较喜欢。我们这里还有板凳龙，但稻草龙都是中秋节舞。

谈及舞草龙过程时，余志标强调继承传统、和谐乡里是核心：

> 我们在古井插香，历来都是在那里插香。然后向东顺着马路走，只要有店铺、有电灯、人能过去的地方，我们都要舞到，人家也要图个吉利。

---

① 其中收被面33床，折合112元，收精装迎客松一条，折合52元。

② 其中大电瓶9个，得72元；小电瓶2个，得10元。

③ 此外还有墨汁、龙灯绳子、胶水、红绿纸、灯泡、电瓶、灯烛、龙头花、毛笔、彩纸、毛巾、油漆胶布、三轮车等费用，修理宗起祠后屋后门费30元。

然后到漂流中心舞一下，从石碾往上到小学，再从中间一直下来到停车场换香，老百姓都在这里等着。再从村子里面一条路进去，从外面一条路出来，最后把龙灯抬到河边送走。

今年舞草龙的经费筹集中，晓起村委会承担了一半费用，旅游公司与商铺承担了另一半资金，而舞龙剩余钱不返还商铺，而是作为村中公共基金支付公益事业：

搞一次龙灯起码要一万多块钱。我们今年是这样分配的，村委会负责焰火、爆竹、维持秩序，焰火大约要5000块钱。旅游公司负责相关资金，拿了2000元。还要到商铺集资一些钱，数目不一定，都是自愿的。也有村民拿5块10块的，但我们这里起价就是20块钱。昨天有专门人去筹款，舞完龙后要张榜公布，到哪些人家筹了多少款，用在哪些方面，有剩余的用在明年舞龙灯。我们没有会计和出纳，但账目也很清楚。这个账不搞清楚不公开，会失去信用的，明年别人怎么信任你做这个事呢？我们这些组织人也不会自己贪了。最后剩的钱放在村委会出纳那里，村里有需要花钱的地方，比如修水井，经过我们同意可以用这个钱。

龙灯会能提供给舞龙灯者的报酬是一斤月饼和“接龙珠”人家的酒席招待，可见晓起村组织的舞草龙意在服务社区，而不似彭龙村龙灯会那样重在集资分红：

舞草龙结束后，村里面有要生小孩的人家，我们就把龙头送到他们家去，意思是生龙子。只能送一家，村里现在有好几户人家都有怀孩子的，我们要看这家生活条件怎么样，是不是热心。舞好龙后，吹吹打打把龙头送到家里，他们家要摆几桌酒席招待大家，最后把龙灯送到河里漂走。舞龙的给一斤月饼，舞龙头比较累，要给一包烟。龙上插香都是老百姓自己准备的。吹喇叭的如果是本村的不给钱。今天晚上是从岭下请来的，要给

50块钱，另外还有月饼、香烟。

晓起村舞草龙中，余志标刻意培养年轻人参与传统节庆活动的意识，希望在仪式进行中，让年轻人身体力行地现场了解与感受传统文化传承的意义：

今年人员是这样安排的，几个舞龙头的是40岁左右，要有力气和经验，安排了4个人一组轮流舞。龙身用的都是30岁以下年轻人。我是有意这样安排的，也让年轻人锻炼一下，这样才能后继有人。我们就是起到承前启后的作用，维持这个事情，否则都是60多岁的老年人懂这些事情啦。今年我把二儿子（余凌军，26岁）叫回来，他比较有力气，也让他回来学学舞龙灯。

然而，晓起村的年轻人已不安分于参与者的角色，而要成为组织者。余志标颇费了一些口舌才平息此事：

村里原来有一帮十几岁的小孩子，今年打算扎一条小龙自己舞。昨天我和他们谈好了，让他们加入大龙灯，在龙头为两位吹喇叭的老人伴奏锣鼓。晓起就这么大，不像其他村，多几条龙也可以。今年龙又搞得比较大，我就劝小孩子们今年不要搞，本来巷距就这么窄，怕搅乱了。他们也有十几个小孩，到各家商铺集资了800多块钱。我就和他们商量，这些钱退回去也可以，交到我这里也可以，反正小孩子们也是一片热心，不能泼冷水，就让他们学锣鼓。让他们在龙头打锣鼓是因为大家主要注意龙头，比较少注意锣鼓，再加上有两个老人吹喇叭领着，不会出乱子。

3. 少年负责人

虽然晓起村少年们未能组织起自己的龙灯会，笔者在当天中午重访晓起附近岭下村的老朋友时，在村头意外遇见有几位少年正忙着扎草龙。笔者问及谁是龙灯会负责人？有人指着旁边一位穿着颇为时尚的少年说，他就是。

问：你多大了？

答：十六岁，上高一。

问：你今年打算怎么组织这个龙灯会？

答：就是把几个人组织起来嘛，搞一个活动。

问：他们会听你的吗？

答：会呀。

问：舞龙灯需要有一些经费，你怎么去筹这个经费呢？

答：经费是每家每户筹来的。由我管理，买一些鞭炮、香烛。

问：你们筹了多少钱？

答：我找了40多户人家，凑了200多元。

问：够用了吗？

答：够了吧。

问：你会记一个账目吗？

答：会呀，舞完了还要上榜的。

问：要是有用不完的钱怎么办？

答：存在村委会那里嘛，下次再用。

问：你会找几个人来舞龙灯？

答：20多个吧。

问：都是多大年纪的人？

答：像我算是年纪大的，还有更小的。

问：那你们打锣鼓的事怎么办？

答：请人呀，请了4个村里老一辈的人帮我们打锣鼓。

问：你们有乐器吗？

答：队长那里有。

问：晚上两位吹唢呐的老先生去别的村，你们没有人吹唢呐怎么办？

答：那就不用吹喇叭了，打一下锣鼓就行了。

问：你知道舞龙灯的过程吗？从哪里发灯，再如何布置？

答：从桥头发灯，再转到庙里打个圈，再从那条路过来转到桥上，过来打个圈往上走，舞到各家各户，最后回到桥头，把龙灯放到河里，顺水漂走，龙珠也放到水里漂走。我们这里的传统就是这样。

问：你估计今天晚上会舞多长时间？

答：半个小时吧，因为我们村子比较小。

问：明年你还打算组织龙灯会吗？

答：我还在读高中，不知道学校放不放假。放假就接着做。

当这位名叫周文强的少年说出“我们这里的传统就是这样”时，笔者颇为感动。可见，在这些十几岁孩子的内心中也体会到，对尊重和遵循传统的舞龙灯行为，是他们得到村里人承认的保证。

4. 女性负责人

下午，笔者又前往婺源李坑村，访谈了龙灯会的组织者林介女（女，62岁）：

组织这个龙灯会是我一个人。我把大家叫到家里来开个会，商量一下怎么搞。去年旅游公司不出钱，我到家家户户去集资，还是把这个事情做成了，很热闹。舞到家家户户的时候，还得了红包，去年余下3000块钱。今年又要搞龙灯，我又到旅游公司去，让他们拿3000块钱，他们不肯，人家说他们这么做没有道理，后来只出了2000块钱，村政府、镇政府各给了2000块钱，一共6000块钱，加上去年的，勉强也够用了。我们这里的龙灯是不能出村的，镇政府也知道这个规矩，也不要求我们去为他们舞。今年钱还是不太够，舞龙灯后的夜宵就不吃肉了，吃菜吧。

林介女曾当过生产队长，也是党员，具有组织经验的她成为当地并不多见的女性龙灯负责人。在现代乡村中，女人办事似乎比男人更难些。由于恪守“龙灯不出村”的传统，李坑龙灯会在本村的经济收益有限，但林介女仍然坚持让打锣鼓、舞龙灯这样的社区景观再现于村落巷衢中，而不惜亏待自己和龙灯会的成员。

通过对上述4类负责人的考察可见，1万多元可以风风光光办一次舞龙灯活动，200多元也能热热闹闹地让各家各户接龙纳福。金钱多少不重要，有无人愿意组织会社是祭神活动得以延续的关键。在一些打破以往仅由大姓男丁承办祭神的开放村落中，小姓后代、少年、女性都可能成为负责人，传统仪式得以延续的概率增大。由此不难理解，在中国越是开放、富裕的地区越多恢复传统的现象。

结语

音乐具有类似语言的权力，谁掌握了音乐演奏，便掌握了一种类似言说的话语权。然而谁在说以及为谁说，决定了社区成员社会地位的高低贵贱。大姓人在演奏——言说时，是为神说，因此是景观的代理者，是神的仆人；小姓人在演奏——言说时，是在为大姓人说，因此是景观的服务者，是人的仆人。1949年后政府以行政力量颠覆了旧有的宗族姓氏阶层等级，小姓后代不再为大姓的婚丧祭仪式服务。当今一些较为僻塞的乡野村落中，祭神仪式的组织者与音乐的表演者主要由大姓后代承担，仪式的受益者自然也是大姓自己。然而，现代祭神仪式逐步成为社区每一个成员都期望共享的集体公益活动。一些较为开放的乡村中，会社组织与表演的权力不再为大姓成年男丁垄断，组织者身份在姓氏阶层、年龄、性别方面均有拓展，小姓后代、未成年者、女性亦可成为祭神景观的代理者与受益者，传统音乐也由此得到复兴与延续。

音乐若用于雅集娱乐，便有了教育作用。音乐若用于挣钱养家，表演者在收益金钱同时也放弃了享用音乐教化权力。徽州大姓精心组织子弟习乐，正是看到“移风易俗，莫善于乐”的乐教功能。江南地区曾普遍存在、富裕家族提倡子弟雅集演乐，以此作为与读诗书、习礼仪同等重要的修身、进取之手段。现今徽州村落的中老年人曾受益于此，希望将演乐带来益处传给下一代。然而，年轻人已无法体会乐教育人进取的意义，多期望通过追求经济收益实现出人头地的梦想。

音乐表演是延续民间信仰的载体。当民间信仰不再被当做封建迷信而禁止时，在祁门乡村首先恢复了那些有音乐相伴的祭神仪节。这是因为作为乡村景观的组成部分，祭神音乐表演以作用于听觉的声响符号和作用于视觉的行为符号，综合传承了包含民间信仰的仪式。因此可以说，在民间信仰的延续过程中，仪式音乐起到积极的能动作用。

音乐是一门听觉艺术。人们在感官接触中体验、接受、传承与其生活息息相关的祭神音乐。在徽州大小乡村的上空，一年四季循环回响着祭神音乐的声响，丝竹、锣鼓、演剧交错迭起，交织为稠密的声音网络，覆盖于山野村巷每一个角落，构成乡村中不可或缺的音乐景观。长者在如此音乐景观中终老，孩童在如此音乐景观中成长。日月交辉，人们在吹拉弹打、唱念韵诵的声响里记忆了自己的一生。

音乐在会社组织中得以延续。历经社会制度变迁、政治风云变幻、经济体制改革后，当今徽州会社组织的具体运作方式不同以往。然而，无论如何生存，会社存在的核心目的在于延续。延续那属于徽州人的一段记忆、一份感受、一幅弦歌鼓吹的乡村音乐景观。

附言：本文为2007年度国家社会科学基金资助课题之节选。

参考文献

中文

王溥

1955《〈唐会要〉卷三十三“清乐”》［M］北京：中华书局点校本。

中央音乐学院中国音乐研究所编

1962《中国古代乐论选集》［Z］内部参考资料134号。

张廷玉等编纂

1974《〈明史〉卷六十一“志第三十七·乐一”》［M］北京：中华书局点校本。

［英］科大卫、刘志伟

2000《宗族与地方社会的国家认同》［J］《历史研究》Ⅲ：1—13。

汤亚汀

2001《音乐的流动景观与家门口的民族音乐学》［J］《音乐艺术》IV：91—94 页。

［法］阿兰·科尔班

2003［1994］：《大地的钟声》［M］王斌译，桂林：广西师范大学出版社。

赵华富

2004：《徽州宗族研究》［M］合肥：安徽大学出版社。

［法］居伊·德波

2007［1992］：《景观社会》［M］王昭凤译，南京：南京大学出版社。

英文

Jordan, T. G. Donosh, M. & Rowntree. L.

1994: *The Human Mosaic, A Thematic Intruduction to Cultural Geography*, Harper Collins College Publishers.

齐 易、刘 佳

河北范庄“龙牌会”的唱经

【内容提要】 河北省赵县范庄龙牌会的唱经作为当地百姓民间信仰的重要表征，与龙牌会的各种类宗教仪式活动紧密结合，成为通神、娱神的重要手段和营造信仰氛围的重要方式。它以与当地民歌有紧密联系的音调、朴素的唱词内容，寄托了当地百姓真诚善良的各种美好愿望。中国传统社会的礼乐——礼俗文化之血脉，在今天就是这样以其顽强的生命力在民间连绵不断地延续发展着。对唱经的研究，有助于我们更深入、更全面地认识这种民俗文化及其价值，从而更好地保护文化生态的多样性。

【关键词】 龙牌会；唱经；词曲特点；演唱方式；伴奏；传承

【作者简介】 齐 易（1956—），河北大学艺术学院教授。
刘 佳（1985—），河北大学音乐学硕士研究生。

“龙牌会”是河北省石家庄市赵县范庄村民自发的一个类宗教性质的组织，其核心是19户“会头”村民（这19户村民的男女主人都被称为“会头”），他们过去每年由各家轮流供奉一个被称为“龙牌”的木制牌位，上写有“天地三界十方真宰龙之神位”。信奉这个龙牌的当地人习惯上将其称为“龙牌爷”、“龙牌老人家”等（但“龙牌”究竟是否代表了龙神、是否属于“龙文化”，人们对此是有争议的）。每年的二月初一至初六，范庄都要举行庙会性质的“龙牌会”活动，这时会有神前唱经等一系列的仪式活动和热闹的民间花会展演。在平时每月的初一、十五也有上香、唱经等祭拜活动。

目前学界将赵县范庄龙牌会作为民俗活动进行研究的成果不少，但对唱经等音乐文化内容，至今尚未有人做专题性研究。本文将对龙牌会的唱经进行专题探讨，以求更深入、更全面地认识和理解这种民俗文化及其价值。

一、何为“唱经”

龙牌会的“唱经”亦称“念经”，是在各种仪式活动中歌颂诸位神灵、诉求美好愿望的类宗教性歌曲的演唱活动，人们以这种方式来表达虔诚的信仰情怀，其功能类似于西方基督教中的唱诗班。唱经是龙牌会宗教仪式活动中通神、娱神的重要手段，也是营造宗教氛围的重要方式。

在每年的二月初一至初六“龙牌会”的会期里，唱经活动格外引人注目，成为这一地方类宗教仪式活动的一大特色。除了范庄龙牌会的唱经班之外，还有临近各村不同的庙会组织前来贺会的唱经班（同样，其他村举行庙会时，范庄人也要赶去唱经，因此这一地区的唱经的词曲往往是通用的，非范庄“龙牌会”独有），虔诚地分别在挂满了各种不同名目神像的醮棚里唱经，一些来拜神的村民往往也自动加入演唱。

在平时，龙牌会在每月的初一、十五都要有例行的上香仪式，还有在不特定的日子接待求神者的“看香”（根据香燃烧的状况判断吉凶）、“扫堂”（由于孩子体弱或者长辈担心孩子难养而在幼时“寄”在龙牌、由龙牌爷保佑的男孩子，长到十二虚岁时来向龙牌致谢，类似于一种成年礼）等活动，这些活动也都有唱经伴随仪式进行。

二、唱经的词曲特点

唱经所使用的曲调，大多与当地的民歌小调有密切的联系。如“扫堂”仪式上唱的《扫堂》经，其曲调框架与冀南地区的小调《放风筝》基本一样：

谱例1：

《扫堂》：米秋改演唱，刘佳记谱。
《放风筝》：选自《中国民间歌曲集成·河北卷》第425页，齐峻岭演唱，呼中汉、翟维城记谱。

每首经一般都是由许多个人一起唱的，但其中总有一个人是主唱者，其他人是顺口跟随演唱的。每个主唱者往往有其习惯使用的一些曲调，局内人将这些曲调称为“韵”。根据曲调适宜容纳每句唱词的字数，可以分为“七字韵”、“十字韵”等。谱例1《扫堂》就是一首“七字韵”的曲调，而后面的谱例3

《十炷烧香》则是一首“十字韵”的曲调。

如果是“七字韵”的曲调，在使用时，七字一句的所有经文（唱词）都可以往里套，“十字韵”亦然。因此，一个相对固定的“韵”（曲调）往往可以套唱不同的唱词。如谱例1《扫堂》的曲调，换唱另一首七字句的唱词，还可以唱成《请财神》等，形成“同曲不同词”的现象。

由于每个主唱者所掌握及习惯使用的“韵”往往不太一样，因此对于同一套经文，不同的主唱者可能使用不同的“韵”来唱，形成“同词不同曲”的现象。我们在考察时所听到的《安财神》、《十炷烧香》等经文，都有不同的主唱者用不同曲调来演唱同一经文的情况。

无论是“同曲不同词”还是“同词不同曲”，词曲之间的在结构、句式上必须有一种“同构”关系，才可以自由变换套用。但也有时可以通过重复或省略某些乐句，或增减衬词的方式，来达到经文和曲调相互适应的。民间曲调在高明的唱经人那里，伸缩变化、自由套用，显示出极大的灵活性。

各种经的唱词，在内容上往往神圣性、乡土性兼具，通俗易懂，直白诙谐，中间掺有当地的方言土语，但同时又体现出对崇拜对象的真诚敬仰、颂扬、感恩与恳求。许多唱词还以生动的语言劝人积德行善，并以善恶有报的事例来警示乡民，发挥其道德教育功能。

在整个社会发生巨大变化的今天，龙牌会的唱经也在发生着变化，成为被现代“加工”的音乐。如下面的一首《十二月烧香》，明显是套用了迟志强的歌曲《愁啊愁》的音调。笔者询问这位“行好的”（当地对虔诚信仰神灵的人、热心帮助庙会组织做事的人及上香纳供的人的称呼），她说老的曲调太烦琐拗口不容易学习，便换成了通俗易唱的曲调。这种以当代歌曲为“经”的情况，体现了民间信仰的包容性：只要心诚，什么都可以为经。它还显示了在城市音乐的影响下，唱经这类民间音乐所发生的向城市音乐靠拢的变化。

对于范庄龙牌会的文化内涵究竟是否属于龙文化？当另著文探讨。但是，一般来说，任何一种宗教性歌唱，其内容往往要体现出对崇拜对象的歌谱例 2：

十二月烧香

张同改演唱
齐　易记谱

颂，或与崇拜对象有紧密联系。但是龙牌会的各种仪式上演唱的“经”，在内容上没有什么龙图腾崇拜的内容，这是本人不认同龙牌会与龙文化有直接联系的原因之一。“龙牌”是华北农村常见的神牌，往往以龙纹图样做装饰，但其神格未必就是龙，我们不能由此就望文生义地给它戴上一顶“龙文化”的帽子。

三、演唱方式

唱经活动往往结合龙牌会的各种仪式，站在龙牌或神像前进行有简单打击乐器伴奏的演唱。演唱时，往往由一人引导主唱，先是她一人念几句“偈语”（局内人称之为“穗儿”），一般是四句五言或七言的齐言句，合辙押韵，类似于定场诗，然后全体附和一起演唱。念偈语及演唱时有简单的打击乐伴奏（伴奏者也同时参与演唱）。

如在请龙牌仪式时，要在抬龙牌之前唱《开门》经，意为让龙牌爷把门打开，接受众信徒的祭拜。《开门》结束后，接唱《十炷烧香》和《请龙牌》，然后才可以把龙牌请到龙轿上；会期里龙牌会提供的第一顿免费斋饭开始前，要在“开锅”仪式时念唱《开锅》和《开馍馍》两首经；在会期及平时的扫堂仪式上，要唱《扫堂经》；在初四下午“落棚”前，要唱《送神》经。

谱例 3：

十 炷 烧 香

米秋改演唱
刘　佳记谱

♩= 110

偈语：烧香心诚净，两手捧香火，真香烧十炷，奉敬与佛家。

（第2、4、5、7段词：

2. 三炷香烧灵山，灵山渡虎。四炷香四神咒，各显神灵。
4. 七炷香烧空泉，男女入道。八炷香烧八卦，八卦前程。
5. 九炷香烧西方，西方大陆。十炷香普天下，烧满前程。
7. 龙祖见香心欢喜，保佑闺会善人得平安。）

神前唱经是人们表达信仰的重要方式，在龙牌会的会期里，唱经的声音此起彼伏，不同的唱经声音构成了一个充满神圣氛围的信仰空间。这时在醮棚里站在哪个神像前，就要唱与这个神相关的经：在五圣母像前，要唱《五圣母经》；在财神像前，要唱《安财神经》。

谱例4：

安财神

刘道德演唱
刘　佳记谱

平时的龙牌会，逢每月的初一、十五也是要有上香上供仪式的，只是这样的仪式，在规模上要小于二月二的会期。龙牌会中的女性会头，在初一、十五

两天供上供品后，便开始唱经，所用的经文也多是常用的《挂号》、《十炷烧香》等。

颇为有意思的是，毛主席也已经被龙牌会奉为神灵，但他的像是挂在醮棚外面。颇为动听的《毛主席佛》一类的经要在毛主席像前唱，这首经的唱词历数了毛主席一生的主要功绩，表现了普通百姓发自内心的感恩之情。但为了使唱词经文化，这首经也像其他经一样，将“南无阿弥陀佛”结合了进去：

谱例 5：

毛 主 席 佛

佚名（一个男性老者）演唱
齐　　　　易记谱

将对人民有贡献的历史人物神化或仙化，是民间信仰造神时一种比较普遍的现象。许多历史上真实存在的人物如关羽、华佗等，都被老百姓当做神供了起来。范庄人认为，只要是为百姓作过贡献的，在范庄龙牌会都可以奉为神。毛主席领导人民推翻了三座大山，使老百姓翻身做了主人，当然也可以供他，这体现了范庄人的一种朴素感恩情结。但据说是因为县文化局派人指示说不许挂毛主席的画像，2007 年和 2008 年就没有再挂。到了 2009 年，村民们又将毛主席像挂出来了，看到没有人干涉，2010 年接着又挂。只是这时人们除了《毛主席佛》一类的经外，还用《大海航行靠舵手》之类的歌曲及刘和刚所唱的《父亲》等歌曲，来作为唱给毛主席的经。

对于龙牌会在唱经活动中出现的用当代歌曲的曲调填上旧经词来演唱、直接使用当代歌曲作为唱给毛主席的经等情况，我们应该怎样看？笔者认为，受时代发展的影响，传统文化在新的社会背景下必然要有所发展和变化，只要这种发展和变化是局内人的一种主动选择，我们就应该尊重。

四、 唱经的伴奏

龙牌会原本是由道士主持打醮以求风调雨顺、五谷丰登、祛灾辟邪除魔的“醮会”发展而来的。龙牌会的唱经，在 1991 年以前请道士主持打醮时，曾经使用过“细乐”（笙管乐，由管、笛、笙、龙头胡、小鼓、小镲、云锣等乐器组成的道观乐队）做伴奏，迎送龙牌的仪式也都有“细乐”前导演奏。从不再请道士以后，只由会里人的及“行好的”自己来唱经，就只有打击乐器的伴奏了，属于干板徒歌、锣鼓击节的歌唱形态。

现在使用的伴奏乐器有鼓、镲、铛铛、头钹、二钹、小钹等，大都是一些小型的打击乐器。在这些乐器里，铛铛常用于起首，起引子的作用；鼓，起到掌控速度、节拍的作用；镲、头钹、二钹、小钹一起用来烘托气氛。每种乐器的件数不太固定，一般是人多时乐器的件数就稍多些。

伴奏用的乐器由参加唱经的人来演奏，她们既是歌者，又是伴奏者。唱经的人多为“全能”，每个人都会使用所有的乐器，唱经时拿起哪件乐器就用哪件，不固定哪个人专用哪件乐器。但在这些乐器中，小钹可算是初级入门的乐器，一般新加入的演唱者都会从打小钹开始学习。主要演唱者，多选用铛铛或者鼓，以便于唱经时控制整体的起止、速度和节拍。

一般来说，在唱经时，领唱者在念完偈语（穗儿）后，随即击打一段前奏；在唱完一段后，再击打一段与前奏基本一样的间奏，唱经结束时，要在最后一个唱句结束后击打一段尾声。前奏、间奏与尾声的长短，往往不同的唱经班有不同的习惯，但每个唱经班使用的“鼓点”相对地比较固定，且不太复杂，常人都能掌握。

在人声演唱时，有的唱经班不击节，有的唱经班以鼓、铛铛和小钹轻击简单间奏做伴奏。

一些以当代歌曲为献给神灵的经的唱经班，则未见有打击乐的伴奏。如石家庄市东五女村（石市的一个城中村）以离退休女性组成的唱经班，只是将她们在城市公园里聚唱“红歌”时的曲目，选一些来唱给神灵听（有的被重新填入了颂神的词），未见有什么伴奏。

五、 唱经的参与者与传承方式

参加唱经的人，多为女性，她们有一部分是龙牌会的女会头。作为龙牌会的主人，她们身兼仪式的组织者、执行者和“祭司”于一身，不管唱得好与不好，每当有这种活动的时候，她们是必须要出现的，因为她们在一定意义上代表了龙牌会。

还有一部分人是本村及外村的“帮会的”（帮助庙会组织做事的人）、“行好的”，以中老年女性为主，只有极少数老年男性参加。这些人往往相互熟悉，形成几个相对固定的组织。这些人有的是出于对龙牌会虔诚的信仰，有的是抱着治病，或病好后还愿的心态来参与，还有的是出于一种演唱的爱好而来。这些唱经的成员，平时也会受邀去别的村参加庙会，尤其是演唱声音好、唱得动听的人，在庙会上更是受欢迎。

除了表达信仰外，唱经无疑还是一种有益于身心的活动。这些参与唱经的中老年人通过这样一种群体活动来联络感情、增进友谊、相互认同，使她们有了团体的归属感。同时，唱经时有众多的人来观看和欣赏，也使这些人获得一种展示自我、显示才能的机会，实现精神上的自我满足。

唱经的学习和传承，是以口传心授的方式进行的，与传统民歌的传承方式基本一样。往往在有闲暇的时间里，爱好唱经的人聚拢在某个唱得较好、资历较老的人家里传唱学习。一些初入道者常常是在不同场合的唱经实践中不断提高的。早先一些妇女不识字，就全凭脑子记经文，后来一些较年轻的识字的人加入进来，为了便于自己学习，就将“经文”（唱词）用文字记录下来。据女会头刘改改说，除了世袭的龙牌会女会头们，和因为有病来许愿为龙牌念经的这类人，其他妇女也只有当了婆婆，没有家务的负担了才会有时间来学学念经，目的是业余娱乐。年轻人因为要忙碌家中的农活或是外出打工，所以较少参与进来。

在龙牌会对龙牌的供奉及唱经、民间花会的表演等活动中，女性的参与度非常高。对于这个问题，有学者认为这仍然是女性从属于男性的社会地位和在父权文化下的一种男尊女卑格局的体现。（刁统菊 2003：107—108）但就我们考察时看到的实际情况来看，恐怕问题不是这样简单，要具体问题具体分析。女性在会期及平时主持上香、扫堂和与之伴随的唱经，是由于男女在家庭事务上的分工不同所派生的。在农村男性作为家庭的主要劳动力，要下田耕种或外出打工，女性则是守家的人，对于随时都有可能上门来上香的那些“行好的”人，自然是由在家的女性来接待更合适。平时初一、十五对龙牌的日常供奉和唱经，也顺理成章地由日常在家的女性来承担。

总之，河北省赵县范庄龙牌会的唱经作为当地人信仰情怀的一种表达形式，以与当地民歌有紧密联系的音调、朴素的唱词内容，寄托了当地百姓真诚善良的各种美好愿望。它与龙牌会的各种类宗教仪式活动紧密结合，作为民间信仰的重要表征，成为通神、娱神的重要手段和营造信仰氛围的重要方式。在社会急剧迅速地向现代化转型的今天，中国传统社会历史悠久的礼乐——礼俗文化之血脉，就是这样以其顽强的生命力在民间连绵不断地延续发展着。对于龙牌会中唱经的研究，有助于我们更深入、更全面地认识和理解这种民俗文化及其价值，从而更好地保护这种与社会主流意识形态不同的非物质文化遗产，保护文化生态的多样性。

参考文献

刁统菊

2003《女性与龙牌：汉族父系社会文化在民俗宗教上的一种实践》［J］《民族艺术》Ⅳ：107—108。

陈燕婷

“嗦啰嗹”仪式音乐研究

【摘 要】“嗦啰嗹”又称采莲，是泉州地区于端午举行的一特定民俗活动的名称，也是该活动所唱歌曲名。原本盛行于泉州各地，如今只剩安海小镇还在举行这一活动。“嗦啰嗹”之名有何深意，众说纷纭。本文搜集了8首相关谱例，通过对比分析，指出“嗦啰嗹”与“啰嗹哩”原为一家，具驱邪纳福之意，只是在社会变迁中逐渐失其原意。在“嗦啰嗹”歌声笼罩下，人们利用符号与象征，以游戏性的方式，构成了狂欢的基调；对象征的消解和戏谑，则掀起了阵阵狂欢高潮。正是中原文化、移民文化、海洋文化、挡境文化、信仰文化，以及审丑偏好文化心理，多方关联，多方互动，才使“嗦啰嗹”得以产生并延续。

【关键词】嗦啰嗹　采莲　啰嗹哩

【作者简介】陈燕婷（1975—），硕士，中国艺术研究院音乐研究所助理研究员。

“嗦啰嗹”又称采莲，前为俗称，后为正名。① 既是泉州地区端午举行的一特定民俗活动的名称，也是该活动所唱歌曲名。近半个世纪以来，“嗦啰嗹”之称渐渐盖过了“采莲”之名：1957年人们将“采莲”民俗搬上舞台，准备进京参加第二届民间音乐舞蹈汇演，在地方选拔汇演时都以“采莲舞”

① 关于“嗦啰嗹”和“采莲”的关系，笔者在另一文章中已有详细梳理和分析，在此不赘，详见陈燕婷《“嗦啰嗹”、采莲关系辩》（2010：48—57）。

为名，进京时则改名“嗦啰嗹舞”；2008 年以“嗦啰嗹”为名成功申报了国家级非物质文化遗产。

“嗦啰嗹”在泉州这片土地上流传了不知多少年，谁也不知道其源自何时，如何源起。早在明代，泉州惠安人黄克晦的《咏采莲斗龙舟诗》就提到了“采莲”二字，但具体情况不详。（黄克晦 2000：349）目前公认最早记录这一风俗的文献为清代的《泉州府志》。

据清乾隆版《泉州府志》卷二十“风俗”：五月初一日采莲城中，神庙及乡村之人以木刻龙头击鼓锣迎于人家，唱歌谣，劳以钱或酒米。（怀荫布、黄任、郭赓武 1870：22）

有关文献原本就少得可怜，而这少有的文献用字又如此吝惜。不过，这句话高度概括，包含了大量信息。时间：五月初一；名称：采莲；地点：城中；人物：神庙及乡村之人；游街神灵：木刻龙头；采莲方式：沿路击锣鼓，唱歌谣，迎于人家；报酬：人家劳以钱或酒米。

与现在的采莲活动相比，除了时间有所变更外，其他方面都高度一致。只是，以前泉州各地“嗦啰嗹”活动极为普遍，如今只剩晋江的安海小镇还在坚持这一活动。

“嗦啰嗹”队伍构成大致如下：（1）表明队伍身份的前导旗。（2）铺兵、家婆、旗手 3 个主要角色，丑角打扮，全都涂脂抹粉，装扮古怪滑稽。其中铺兵肩扛扁担，前挂铜锣，后挂一只生猪蹄、一双草鞋以及一个装着酒的瓷制夜壶。家婆男扮女装，与铺兵打闹，制造喜剧效果。旗手手扛竹枝幡旗，负责入户拂扫，象征驱赶邪恶污秽。（3）必备的锣鼓队。（4）花姑，收取红包，做一些杂务。（5）龙王座驾。（6）外请的公背婆队、骑驴探亲队、乐队、舞狮队等民俗演出队，扩大队伍的声势。

据笔者考证，“嗦啰嗹”是与龙舟竞渡相关的民俗活动，以龙王崇拜为核心，（陈燕婷 2010：94—97）其实质是一种端午驱疫傩。（陈燕婷 2010：48—57）主题就是“借助龙王威力，驱逐邪恶”。队伍的核心角色家婆、铺兵和旗手，使用的道具夜壶、竹枝幡旗、锣和鼓，歌曲中反复诵唱的“嗦啰嗹”，等等，都与傩有关，都具有驱邪的力量。

一、“嗦啰嗹”实录

安海镇每年端午上街采莲的队伍大约有4支，来自不同的境铺。其中，规模最大的当数霁云殿“嗦啰嗹”队。元代时将晋江县划分为十七个都，安海属八都。由于霁云殿供奉的主神北极玄天大帝为镇守四方之神，被尊为八都都主。因此，殿内供奉的龙王势力范围也大，其“嗦啰嗹”队为“通街采莲队”。

“霁云殿嗦啰嗹”于每年农历五月初三，就将龙王头请出来，放置于相对宽敞的场所，供善男信女祭拜。请龙王当天一大早，负责人黄素珠、颜为民等人就开始忙碌起来。龙王供奉在黄素珠家的四楼，负责人先后向龙王燃香祷告。6点整，龙王起驾，两个年轻力壮的小伙子将龙王扛下楼，放置在一楼布置好的祭桌上。之后，绑上绣有龙头的桌裙，将龙王旗和观音神像放置在两个龙头中间，“武当玄武金印”、香炉、酒杯、五果、糕饼等祭品一一摆上祭桌。前导旗和彩旗也竖立在祭桌两旁。最后，黄素珠先后向土地公、龙王虔诚祷告，请龙王仪式结束。

2008年6月8日，农历五月初五端午当日，天刚蒙蒙亮。铺兵打扮的队员提着铜锣，沿路边跑边敲打铜锣，同时不断大喊：“龙王要来了”，叫醒大家。于是参与采莲的人就都起来了，陆续来到素珠家。录音机反复播放着“嗦啰嗹”曲，营造出浓厚的“采莲”氛围。自此时起到活动结束，此曲始终不断。

图1　龙王

7点，队伍成员装扮妥当，几个旗手开始喝酒，积蓄醉意，甚至还当街演练起来。7点42分，两辆卡车装载着队员和龙王，开始了采莲之行。

第一户接受采莲的人家称为头莲，一般都是生意人，因为要付出丰厚的红包。7点58分，采莲队伍来到头莲颜其威家，众人纷纷下车，整理队伍，"嗦啰嗹"歌声响彻云霄，锣鼓队和着节奏卖力敲打，锣鼓吹乐队则奏出了喜庆热闹的音乐。众人热闹欢腾地进入院中。主人已在院里摆好了椅子，供队伍休息。铺兵首当其冲，对户主说了句"龙王入户，合家平安"，然后用醉步颠上台阶，来到入户的大门前，在门口一边和着歌声敲锣，一边招呼大家，颠来倒去，故作姿态，但是并不进屋，因为时候未到。紧随其后是旗手，踏着节奏冲入大院，来到门口，挥舞着手中的旗杆，用扭捏滑稽的姿态做出各种动作。最后，大部队人马涌入，在院中一字排开。5个旗手和铺兵在院子中央一边哼唱"嗦啰嗹"曲，一边表演起来。黄素珠等人帮助主人摆放祭桌：在入户门口摆上一张桌子，将龙王抬至桌子上，上置祭拜用的果品，龙王车放置在台阶下。8点02分，布置妥当，家婆站在大门口，挥动手中的蒲扇，向旗手招手，示意他们时机已到，可以入户采莲。在他的带领下，铺兵一边敲锣，一边口呼"钱银哗哗来，年年赚年年剩"，颠着醉步进入屋内。3个旗手将旗持平，旗头在前，直冲屋内，同时还念念有词："合家平安财银来"、"添丁进财，生意兴旺"。看他们进屋，主人家也跟着进去，引导他们采莲，生怕哪个房间没采到。家婆挥动手中蒲扇，跟在旗手左右，口中念念有词："龙王入家中，让你们财源兴旺。"旗手非常尽职，扫遍了每个房间、每个角落。与此同时，院子里，女主人在龙王座前焚香许愿，将香插入香炉后，开始折金箔纸，几个花姑过来帮忙；舞狮队在院内卖力地表演，表演结束，锣鼓吹队立刻接上，不留一点空隙，二者衔接默契，院内始终锣鼓喧天。

8点06分，采完房间，家婆、旗手退出，回到大院中。家婆叫来主人，示意采莲完成，主人将折好的金箔纸投入金桶中焚烧，在龙王车前焚香跪拜，叩谢龙王。主人起身，递给家婆一红包，家婆回赠玉兰花，并祝语"让你发财啊!"同时将龙王旗交给主人，主人将龙王旗插在家中，寓意龙王保佑。众人将龙王扛回龙王车上，五彩旗手、狮队和锣鼓吹乐队已整好队伍。8点08分，一行人敲敲打打，热热闹闹地离开了大院。队伍离开之时，主人在门口大放鞭炮，表示欢送。

下一站，是头莲家的工厂。8点15分，队伍到达时，祭桌已准备妥当，队员将龙王车从卡车上抬下来，推到祭桌后面，焚上香，插上龙王旗。做这些准备时，铺兵、家婆和旗手一点也不闲着，在院里唱着歌，嬉笑逗乐，做各种表演，锣鼓吹乐队继续卖力吹奏。8点16分，主人开始焚香祭拜时，说明时机已到，于是旗手在工厂门口先摆出各种蓄势待发的姿势，然后冲入工厂，到处拂扫。院内，狮队和锣鼓吹乐队轮番演出。8点19分，采莲结束，院内演出也随之结束，只剩龙王车下的录音带还在不断地重复着那首采莲歌谣。此时，4个花姑帮忙主人折金箔纸，众人休息之时，旗手、铺兵和家婆还在院内做各种随性表演。烧过金箔纸，主人叩谢龙王。8点20分，主人在门口放鞭炮欢送，队伍则锣鼓喧天，热热闹闹地离去。

10点22分，预约的几家工厂全部采莲完毕，队伍来到镇政府附近的广源街，沿街采莲。几乎各个商户都早已备好祭桌。由于商铺密集，店面也都不大，旗手冲入一个店铺不到一分钟便可出来，再加上几个旗手分头行动，一条不长的街很快就采完了。但是由于许多商铺要求将龙王推至祭桌旁祭拜，因此，时间花得比较多。“嗦啰嗹”歌声引来了众多围观者。在等候商铺祭拜的闲暇时间，旗手与街上行人逗乐。其中一旗手前举大旗，趁观众不备，突然冲向他们，吓得众人四处逃散，引来一阵阵哄笑。

短暂的午饭以及午间休息后，下午队伍继续沿街采莲，4点半结束收队。

回到黄素珠家，众人将龙王抬回到祭桌上。素珠燃香，叩谢龙王，并祈求龙王保佑弟子信女身体健康，出入平安。之后，还不断有民众前来烧香祭拜。许多人拿着小凳围坐在素珠家周围，忙了一整天，大家都累坏了，但是又舍不得离去，有点意犹未尽。

最后，一行人聚在一起，打开专门存放红包的铁皮箱，一起清点采莲所得，并由专人记录并公布各项收入和支出。直至笔者离开，“嗦啰嗹”的歌声还在不断回响。

图2 狂欢

总结起来，“雩云殿嗦啰嗹”队在活动之前需要做各种准备工作，包括联系队伍成员，联系头莲、二莲，确定采莲路线，添置道具等。端午节前几天要将龙王请出，供信众祭拜。端午当日，早早播放“嗦啰嗹”曲，营造采莲氛围。队伍准备妥当，先采事先约定好的头莲、二莲等。具体程序都是到了主人家后，队伍大吹大擂进入，工作人员帮助主人布置祭桌，其他人员卖力地表演，费时1—5分钟。祭桌布置好，龙王放置在祭桌前后，或直接抬到祭桌上。等到主人燃香祭拜后，旗手入户采莲，此时，狮队开始表演，费时1—4分钟，视房子大小而定。旗手采莲归来，狮队也表演结束，锣鼓继续演奏，主人焚金箔叩谢龙王，给红包，家婆回赠玉兰花，众人收队离去，费时1—2分钟。主人家早就将祭桌准备好的，屋子小点的，花费时间就短。队伍到了才开始准备祭桌的，屋子大的相应花费时间多些。但是，不管怎样，整个采莲过程费时最长的也不过11分钟，快的4分钟即可采完。街头采莲速度更快。队伍缓慢行走在大街上，有多人招呼时，旗手分头行动，同一时间可采多家。而且街头店面都不大，旗手还只采一楼，谢绝上楼，采莲花费时间都不长。

二、“嗦啰嗹”曲引发的思考

（一）由“嗦啰嗹”到“啰哩嗹”

据当地当年申报国家级非物质文化遗产名录项目资料，《嗦啰嗹》曲谱如下：

谱例1：申遗版五月令《嗦啰嗹》（申报国家级非物质文化遗产名录项目所用乐谱）

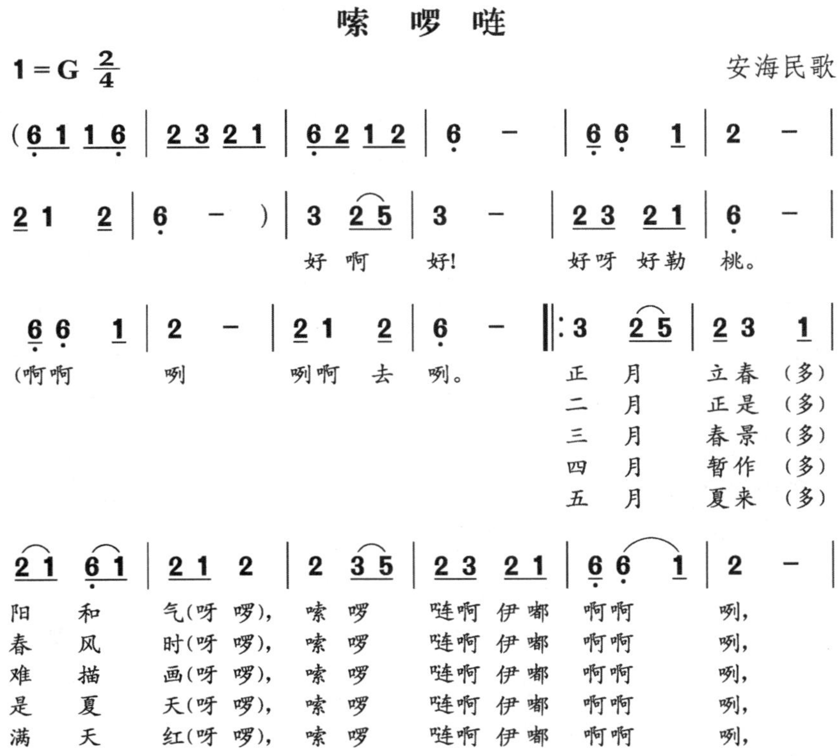

歌曲很简单，一个引子加上两个乐句，两个乐句都是前为7字句主体，后为衬词。奇怪的是两句的规模不同，第一句共10小节，衬词就有6小节，第二句共8小节，主体、衬词各4小节。其中，“嗦啰嗹啊伊嘟啊啊咧，咧啊去咧”句中的“嗦啰嗹”3字，普遍被认为是有实在意义的词，而非衬词。

“嗦啰嗹”之意虽有多种解释，（陈燕婷2010：48—57）但更多的人将它与“啰哩嗹”联系起来，认为它是驱邪神咒。热衷于“嗦啰嗹”活动的当地退休教师许书合说，“嗦啰嗹”就是“啰哩嗹”，起禳灾纳福之意；当地的道人以及木偶剧团工作人员也认为“嗦啰嗹”就是“啰哩嗹”，是驱邪神咒；学者蓝雪霏（2003：22）和孙星群（2008：106）也有类似看法。

“啰哩嗹”是一个历史悠久而且应用广泛的词，诸多学者对其进行了深入研究，如饶宗颐（1993：209—222）、康保成（2000：60—67）、孙星群（2008：102—110）、孟凡玉（2007：45—53）等。“啰哩嗹”也可写成“路里连”、“鲁里连”、“柳里连”之类的同音或音近字，多数学者认为这是一个记音词。“啰哩嗹”三字还经常翻来覆去地变换位置，可以是“啰嗹哩”、“哩啰嗹”、“嗹啰哩”，等等。所以，“嗦啰嗹”真的有可能就是“啰哩嗹”，而且用在龙王巡街的仪式中，作为驱邪神咒顺理成章。只是“嗦”字与“哩”字音差得有点远，会不会有其他可能性？因此，笔者始终不敢草率确定二者的关系。

之后，笔者开始搜集资料，寻找答案。然而，各为阵营的文字资料令笔者愁眉不展，于是，放下书刊，开始搜集歌谱，正是这一转变给了笔者柳暗花明又一村之感。因为，在几首“嗦啰嗹”的同宗民歌中，衬词“嗦啰嗹”之后紧接的是翻来覆去的“啰哩嗹”三字，证明了二者原为一个整体，只因世事变迁而失其原样。

（二）“嗦啰哩”曲中的“啰哩嗹”

笔者实地考察时，许多热心人主动提供歌谱，全为上述申遗版五月令歌词，或是在五月令基础上增加 7 段歌词，从一月一直唱到十二月的十二月令歌词。每年端午，由不同人马各自录制的两个磁带版本的“嗦啰嗹”曲，响彻安海街头，同样用相同的旋律唱着月令鲜花歌词。不同队伍用的歌谱如此高度规范和统一，曾让笔者感到惊讶：这是民间传承的特点吗？难道就没有丝毫流变吗？对民歌来说，在流传中产生变异是再正常不过的事了，没有变异反而有点奇怪。

后来，笔者搜集到了另外 7 首歌曲。包括（2）陈增瑞辑录《晋江民谣百首》中的民歌《唆啰嗹》（陈增瑞 内部资料：34）；4 首从中央音乐学院网上图书馆的《中国歌曲库》中搜到的民歌，分别为（3）由福建省民歌组记录，陈玉英等演唱的《唆啰嗹》；（4）泉州市文化馆记录，蔡宗泽等唱的《唆罗连》；（中国民间歌曲集成福建卷编辑委员会 1996：577—578）（5）泉州市文化馆记谱，凌叙郁演唱的《采莲歌》；（中国民间歌曲集成福建卷编辑委员会 1996：575—576）（6）福建省民歌组记录，陈玉美等演唱的《众人扛山山会动》；最后是（7）“妈祖宫嗦啰嗹队”负责人黄荣科提供的乐谱；（8）《中国民族民间舞蹈集成（福建卷）》汉族舞蹈类中的《唆罗莲》舞所附乐谱。（中国民族民间舞蹈集成编辑部 1996：759—760）

连同前文列举的（1）申遗版谱例 1，这 8 首谱例可以被划入 3 个不同阵营。3 个阵营的歌曲互有异同，明显为同宗民歌，属不同变体。这样看来，《“嗦啰嗹”（采莲）》曲在流传过程中确实产生了变体。详述如下。

阵营一：月令版。包括（1）、（2）、（3）、（4）。虽由不同人演唱，不同人记谱，但其旋律与歌词都高度一致。只是（1）为“5月令”歌词，后3者都使用12月令歌词。由于基本一致，谱例略。

阵营二：“啰哩嗹”版。包括（5）、（6）。

前者有注如下：“……《采莲歌》是采莲过程中所唱的歌曲。歌词内容有吊祭屈原，祈求平安、歌唱自然景物等。目前所流传的基本曲调仅有一首，歌唱时，常有变化。因唱词中，多有出现‘唆罗连啊’等衬词，所以，也有称《采莲歌》为《唆罗连》的。”该曲所用曲调和歌词与阵营一有较大差异：曲调方面，没有引子，两个乐句规模相同，都为8小节；10段歌词，内容为凭吊屈原；演唱方式为一领众和；尤其值得注意的是上句的衬词为“唆罗连啊哩啊路里连罗”。在这里，“唆罗连”与“路里连”连成一气，同时出现。

谱例2：泉州市文化馆记谱，凌叙郁演唱《采莲歌》

采莲歌

1=♭A $\frac{2}{4}$ 泉州市

中速稍快

《众人扛山山会动》，副题“采莲歌”，有注如下：“采莲歌，每年端午节演唱的风俗歌。”该曲曲调又与前几首都不同，但相比之下，更接近谱例2。同样没有引子，每句的后半句先重复前半句的后两小节，然后演唱衬词部分的4小节，每句共10小节，比前几曲扩大。歌词方面，只有两段，内容为歌唱共产党，歌唱土改。第一句后半部分的衬词为“唆啰嗹啊啰嗹哩啰嗹啊”，又是一首“唆啰嗹”与“啰嗹哩”、“哩啰嗹”同时出现的例子。

谱例3：《众人扛山山会动》

众人扛山山会动

（采莲歌）

福建泉州
汉　　族

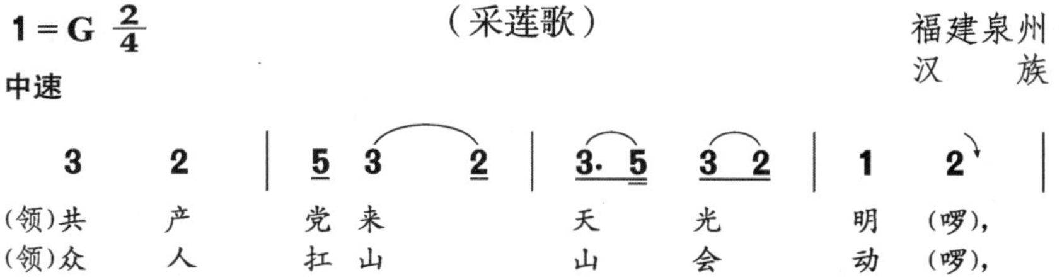

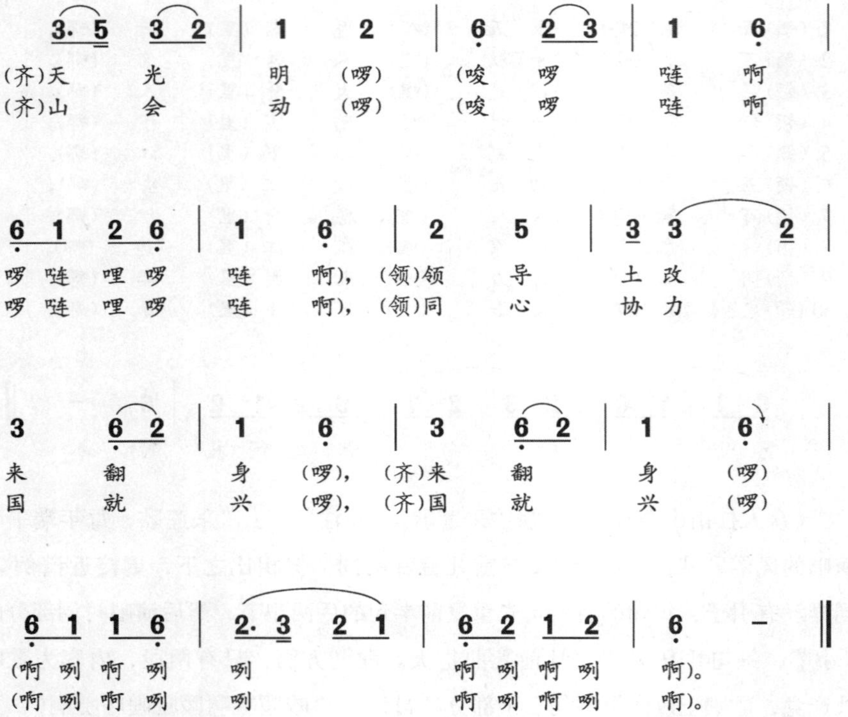

阵营三：综合版。包括：(7)、(8)。这两首“嗦啰哇”可以说是集大成者，将阵营一和阵营二拼凑在一起，形成了二段体结构，为引子 + 第一部分 + 第二部分。先是与阵营一相同的引子。紧接着的第一部分曲调与阵营二的谱例3相近，只有少数几个音有差异。歌词只一段，唱的是端午节的内容。前者上句衬词为“唆啰连啊啰连里啰连啊”，“唆啰哇”与“啰哇哩”、“哩啰哇”同时出现。后者则有意隐去了两处“啰连”字样。接下来的第二部分，与阵营一相同。

谱例 4：妈祖宫嗦啰嗹谱

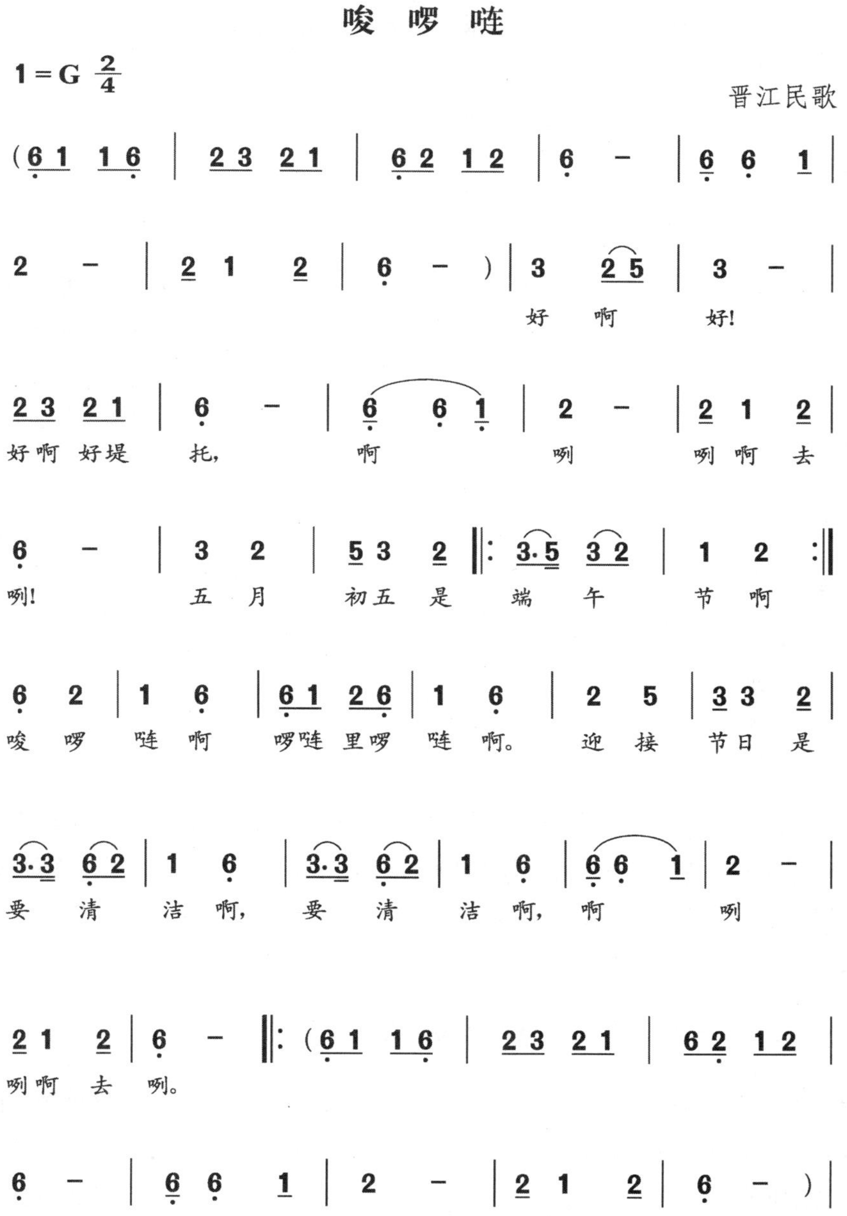
嗦 啰 嗹
1＝G 2/4
晋江民歌
好 啊 好!
好啊 好堤 托, 啊 咧 咧 啊 去
咧! 五 月 初五 是 端 午 节 啊
嗦 啰 嗹 啊 啰嗹 里啰 嗹 啊。 迎 接 节日 是
要 清 洁 啊, 要 清 洁 啊, 啊 咧
咧啊 去 咧。

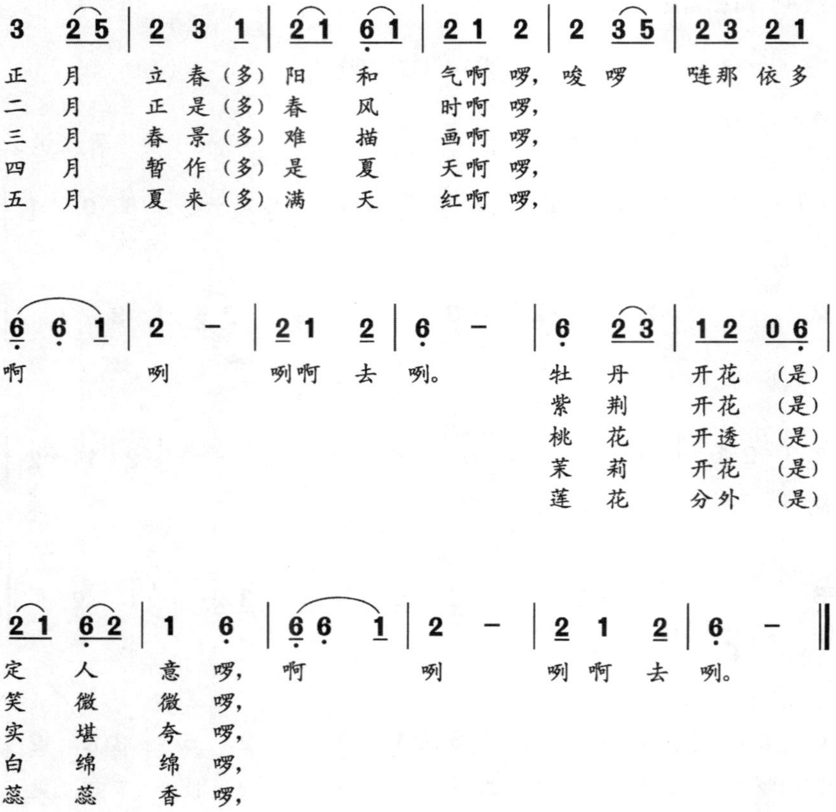

总而言之，阵营一以歌唱各个月令的节气和时令花为内容，都没有“啰哩唓”字样；阵营二歌词内容各不相同，衬词中有“啰哩唓”字样；阵营三，拼凑了阵营一和阵营二，是集大成者，但是前者有“啰哩唓”字样，后者没有。

（三）“嗦啰唓”、“啰哩唓”原为一家

上述几个版本的“嗦啰唓”曲，无论是演唱者、记录者还是提供者，都说不出其曲调、歌词的来源，只知民间就是这么传唱的。只有《中国民族民间舞蹈集成（福建卷）》说明了曲调来源：“我们这次整理该舞，从舞蹈到音乐，都保存着民间原来的风貌，唯独歌词，则根据1954年参加全国民间舞蹈会演时由尤金满先生加工修改的。”（中国民族民间舞蹈集成编辑部1996：758）这段资料会演时间记录有误，应为1957年，但透露出一个重要信息，即歌词由尤金满加工修改，而且，该曲谱应该就是会演时所用之曲。借助这一线索，田野考察时当地民众所说的原本显得支离破碎的话语变得格外清晰：原安海文化站站长颜昌瑞说，当时将《“嗦啰嗹”（采莲）》搬上舞台时，许多人参与了歌词的整理工作；家婆扮演者陈再来说，尤金满当时很辛苦，四处问懂行的人哪个月开什么花；颜昌瑞还说，以前的“嗦啰嗹”（采莲）歌词很简单，否则群众怎么能记得住；高翔云的家中，保留着一张其父高铭网于1956年12月获得的《采莲舞》优秀音乐奖状……

因此，可以肯定地说，月令版歌词肇始于“嗦啰嗹”舞台化。1956年，尤金满、高铭网等一批文艺工作者为第二届全国民间音乐舞蹈汇演编排节目时，将民俗“嗦啰嗹”加以提炼，搬上舞台。该舞蹈题材新颖，受到众人一致称赞，经过层层选拔，最终于1957年赴京演出，并一炮打响。据上述零散资料可以推测，尤金满等人在曲调和歌词方面颇费苦心，将原曲改成了适合舞台演出的月令歌词版：将原始“嗦啰嗹”曲歌词去掉“啰嗹”二字后作为全曲的第一部分，然后加上引子，以及歌唱各月鲜花的第二部分。第二部分与第一部分结构相同，曲调相近，是为变体。从此，舞台月令版的“嗦啰嗹”曲广为流传。

由此看来，阵营三是供舞蹈使用的新旧结合版，既保留了原始曲调，又增加了新的月令部分。阵营一晚于阵营三，属于简化后的月令版。去掉了较为原始的第一部分，保留了引子和月令歌词部分。

阵营二中的2首歌曲编唱年代应该也不太久远，但由于曲调有诸多差异，应属不同的流传版本。谱例2的10段歌词都在讲述屈原的故事，词句文雅，应为文人创编，具体年代不详。谱例3的2段歌词都在歌颂共产党，歌颂土改。共产党领导的全国土地改革工作于1950年冬季开始，至1952年基本完成。所以可以推断，谱例3创编年代应在1950年至1952年间，早于阵营一和阵营三。

所以，早期的“嗦啰嗹”曲应是有“啰嗹哩”字样的，只是在搬上舞台时，被改编而隐去。另有两个证据可以证明这一点。

据蔡湘江回忆：“‘采莲’古俗又称‘嗦啰嗹’，主要原因在于‘采莲’过程中众人始终和唱不停的方言褒歌，总是翻来覆去地反复出现‘嗦啰嗹，啰嗹哩啰嗹’这句和声歌词。”（蔡湘江 2001：52）

陈增瑞辑录的《晋江民谣百首》同时还收录了民歌《龙船歌》。（陈增瑞内部资料：35）这首歌曲从曲调和歌词结构上都与阵营二相近，有“啰嗹哩”歌词。笔者在另一篇文章中讨论过民俗“嗦啰嗹”源自龙舟竞渡，（陈燕婷 2010：94—97）因此这首《龙船歌》应该是比较原样、古老的。

谱例 5：《龙船歌》

龙 船 歌

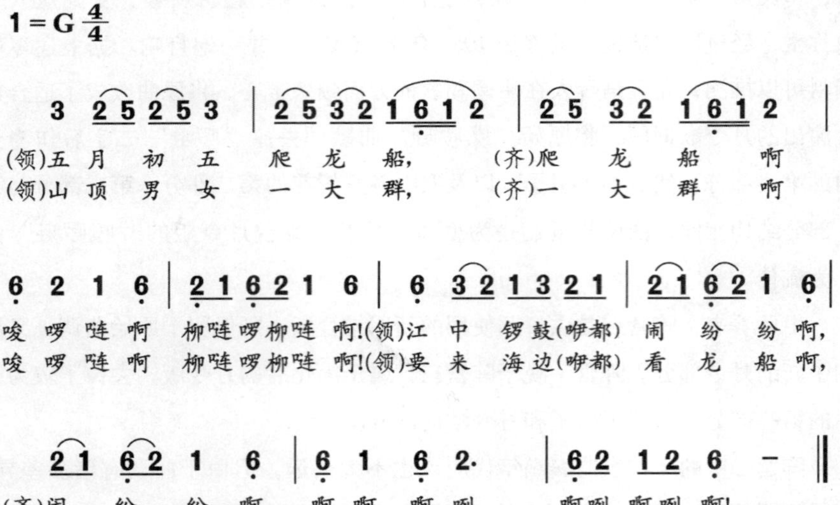

总结起来，上述各曲大致为我们展现了这样一个流变过程：

1. 原来，不同版本并存，各自为政，歌词不同，但衬词中都有“啰嗹哩”字样；

2. 1956年，为适应舞台演出，新文艺工作者对之进行改编创作，加上引子；将原始曲谱用于第一部分，民间流传的仍保留“啰嗹哩”字样，如曲（7），面向官方时则隐去“啰嗹”二字，如曲（8）；之后加上改编的第二部分，演唱月令歌词，没有“啰嗹哩”字样；

3. 后来，民俗活动采用月令歌词，但只使用引子和月令歌词部分，造成简化版月令歌词的流行，如今安海传唱的，以及“申遗”所用乐谱都是简化月令版，歌词中没有“啰嗹哩”字样。

（四）社会变迁中“啰哩嗹”的流失

民歌在长期的流传过程中，在不同地区，由不同的人演唱经常会有一些变异，出现许多不同版本是很正常的。但是，如今，阵营一的月令版以一种强大的态势传播，因而覆盖了其他版本，几乎形成唯我独尊的局面。那么，是什么原因使得月令版本如此强势，影响如此之大？要回答这个问题，还得从民间寻找答案。

首先，以“嗦啰嗹”民俗活动为题材的舞蹈，能够从层层选拔中脱颖而出最终远赴北京参加汇演，无疑就是得到最高层次专家的认可，得到国家的认可，这是一种至高无上的殊荣，因而影响深远。借助全国文艺汇演的影响力，打上了“国家认可”的标记，“嗦啰嗹”从众多民间文艺中脱颖而出，从此不同于一般的乡间俚曲，而具有了非同一般的地位和身份。同样，汇演所用“嗦啰嗹”曲版本，也因而有了一圈其他版本所没有的光环，这就是它能得到强势传播的原因。

那么，舞台版的“嗦啰嗹”曲是何时以及如何取代其他版本，在“嗦啰嗹”民俗活动中唯我独尊的呢？上述所说有“国家认可”标记的“嗦啰嗹”曲更为人瞩目，只是原因之一，起决定性作用的则是更为重要、更为深刻的社会原因。

安海人陈增荣发表于1959年的短文《端午采莲》说："采莲歌"的曲词具有比较浓厚的民歌风味。歌词大部分是"保平安，添福寿"之类的吉祥语句。解放后，人民觉悟提高了，"采莲"活动的内容也变了。去年端午节，晋江安海镇由民间艺人组成"采莲队"，不抬龙王头，"采莲歌"也换上了歌唱闽南五月好风光的内容。"端午采莲"成为了群众欢度民间节日的文艺活动。

陈增荣的这篇短文白纸黑字地印在1959年6月10日的《福建日报》"海潮副刊"上，有力地说明了月令歌词在民间的滥觞始于1958年。而歌词改变的原因被美其名曰"人民觉悟提高了"，实际上是因为"嗦啰嗹"之类的民俗在当时备受打压，如果不加以改变，根本无法生存。

当时，政治运动一个接着一个，没有人敢铤而走险出面组织民俗活动。时任安海文化站长的颜昌瑞年轻气盛，于1956年组织了"嗦啰嗹"活动，之后就有人张贴大字报，说他是"封建迷信的复辟人"。为了使活动能顺利举办，他想出了"旧瓶装新酒"的方法，将歌词改成了"总路线光辉照四方，红旗插遍安海镇"等迎合政治运动的话语，入户拂扫说的吉祥语也成了"总路线万岁"、"大跃进万岁"，等等。因此，"嗦啰嗹"民俗敢于顶着政治强风坚持活动，就是因为大胆改编歌词，以变求生存。以陈增荣的文章来看，当时的歌词除了改成上述迎合政治运动的话语外，也使用舞台版的月令歌词。

从此以后，月令版歌词被广泛使用。因为，政治运动一个接一个，年年不同，老要改歌词，而月令版歌词既没有了所谓封建迷信的糟粕，又曾进京汇演过，得到众人尤其是领导的认可，于是，唱着月令版"嗦啰嗹"的民俗活动在那样特殊的年代中反到显得无可非议。

因此，月令版"嗦啰嗹"曲因其迎合时代需要，成了社会的宠儿，同时也保全了它赖以生存的"嗦啰嗹"民俗，使之不至于像其他地方一样销声匿迹。其功劳是巨大的。然而，也正因为它的光辉过于夺目，其他版本的"嗦啰嗹"曲立刻黯然失色，并逐渐被人淡忘。而且，在民俗活动中，人们仅使用舞台版的引子和第二部分，造成简化月令版在如今的盛行。

20世纪中期之前，真正在安海街头传唱的"嗦啰嗹"曲到底情况如何，我们已无法详知，只知曲调大致相同，歌词比较简单，以歌颂龙王，"保平安，添福寿”为主。也许并无固定歌词，可以即兴编创。

月令版《嗦啰嗹》去掉了衬句中的“啰嗹哩”组合，应该是有意为之，因为“啰嗹哩”带有过于明显的宗教意蕴，在那样的年代中就是封建迷信的糟粕，是应该坚决予以铲除的，更何况汇演经过层层选拔，要面对市级、省级，甚至国家级的专家和领导，这样的内容更是不合时宜。因此，去掉这3个字，应该是经过了深思熟虑的，在今天看来，仍是极为明智的决断，否则，一个好节目有可能因这3字断送。更为明智的是，当时的文艺工作者们保留了衬句开头的“嗦啰嗹”3字。此3字似乎不只是简单的衬词，但是又没有确切的含义。而且当地民众喜好以此3字来称呼该民俗活动，所以，保留这3个字更凸显其传统文化的底蕴。同时，这3个字也成为后人追索歌曲源流的线索。

总而言之，月令版的《嗦啰嗹》曲虽然借助政府之力，扩大了“嗦啰嗹”的知名度和影响力，保护了活动，使之顺利传承，但是覆盖并取代了其他版本；没有“啰嗹哩”3字的《嗦啰嗹》曲虽然成功地进京汇演，得到社会文化主流的认可，但是却掩盖了原来具有的宗教意蕴，像是淳朴清新的普通民歌，造成了文化变迁。这种变迁随着时间流逝，变得特别自然，似乎原本如此。而且，传统的“嗦啰嗹”活动为迎合政府意志，编创成舞蹈，有意提炼出一些踩街动作，美化服装道具，扩大队伍阵容，等等。于是，“嗦啰嗹”民俗便离它的出发点越来越远，越来越难以辨认。这，也许是许多民俗活动的共同历程。

（五）质疑“啰嗹哩”的用场

康保成认为“啰哩嗹”用于祭祀戏神所唱的咒语、用于与婚恋有关的喜庆场合、乞儿所唱莲花落中，或作为衬字、帮腔使用。（康保成2000：60—67）孙星群认为“嗦啰嗹”主要有净台、驱魔；敬奉田都元帅；木偶戏酬神演出开场唱“啰哩嗹”；为主人求愿、还愿、求平安；用于祭祀；高兴顺口唱；和声；调情、合欢隐语等8个用场。（孙星群2008：102—110）

从谱例3《众人扛山山会动》，笔者认为，对“啰嗹哩”的用场和内涵不可轻易下结论。

笔者认为，不管“啰哩嗹”用于何处，都可以区分2种情况，其一，意义明确，如木偶剧团演出前举行的献棚仪式《唠哩嗹》，具有驱邪、净台的作用，所唱乐曲之歌词由“唠哩嗹”3字翻来覆去构成。梨园戏、莆仙戏中的“懒旦”或“喊棚”与木偶中的“献棚”仪式类似，也具有驱邪祈福之功用。

其二，意义不明。在木偶音乐、梨园戏音乐、高甲戏音乐以及南音中，都有许多带“嗹尾”或“嗹中”帮腔的例子，民歌中也常有“啰哩嗹”衬词，一般人都从感性角度，将之解释为渲染感情之用，或认为是和声。然而，笔者认为，这些“嗹尾”或“嗹中”，以及许多学者提及的作为“和声”、“高兴顺口唱”的“啰哩嗹”，应该别有深意，只是因为年代久远，后人不辨其意；或者因为种种变迁，失去了与原始功用的内在联系。再者，这些帮腔插在乐曲中，其意义被歌词所掩盖，人们容易望文生义，而将之简单化为“渲染感情”、“和声”等。

例如，“嗦啰嗹”活动中的“啰哩嗹”，属于意义明确者，虽然众人不知其来源，但用于“嗦啰嗹”仪式中，其驱邪祈福的性质不言自明。然而，借用“嗦啰嗹”曲调，配以其他歌词的曲子，则容易演变为意义不明者。如，谱例3将“嗦啰嗹”曲中有意义的歌词改为歌颂土改，歌颂共产党，但是不改衬词，“啰哩嗹”一句原样照搬。不知其曲调来源者肯定不解其意，因为歌颂共产党明显与驱邪祈福没有什么联系，因而容易简单地认为“啰哩嗹”只是“和声”，用于“渲染感情”。

南曲《直入花园》也是一例。这是一首简短易唱的曲子，常作为初学者的入门曲。自1990年泉州推广南音进课堂始，该曲即被编入小学南音教材中，作为必唱曲目。该曲由10个乐句组成，其后9句都由第1句发展而来，旋律框架大致相同，只是细节处理有些不同。其中第9句特别短小，只有4个小节，唱词为“连啊柳来啰，柳连来罗”。整首歌曲旋律欢快，歌词中尽是花园、酒店、美蝶、六角亭、茉莉之类的景物描述，尤其儿童演唱起来充满了童趣，不知情者肯定会认为这是一首普通的借景抒情的儿歌，其中的“柳连罗”衬词也好像起渲染情绪之作用。

然而，《直入花园》原为南音指套《弟子坛》中的一首，后来因为简单好唱也好听，受到众人欢迎，因而被抽出来，作为独立曲目演唱。《弟子坛》为道教请月姑时演唱的套曲，由4部分组成：一为“弟子坛”，念请神咒，请来各路神灵；二仍为“弟子坛”，唱此曲请来“田都元帅”，曲后接吹法螺。三为“请月姑”，请月姑来问卦；四即《直入花园》，描写月姑一路游玩过暝阳岭。

月姑又称三姑，民间对她的信仰很普遍，除了福建外，山东、广东、杭州、湖北、陕西等地也都有迎请“月姑”的民间信仰活动，主要目的是占卜农事或吉凶。

由此看来，《直入花园》并不像其旋律听起来那么轻松自在，曲中的“连啊柳来啰，柳连来罗”也绝不仅仅是为渲染情绪，而应别有深意。既然该曲为道教法事活动所用，那么，“连啊柳来啰，柳连来罗”应为道教驱邪祈福用语。

在“唠啰嗹”曲中追寻“啰哩嗹”，原出于偶然，开始时甚至有点不着边际。然而，通过这一过程，笔者为《唠啰嗹》曲找回了丢失的“啰哩嗹”，并对“啰哩嗹”有了新的认识，收获颇丰。

三、 歌声笼罩下的狂欢：在象征与消解中

“唠啰嗹”曲非常简单易唱，但在“唠啰嗹”民俗活动及其传承中却具有非同一般的重要作用。没有“唠啰嗹”歌声笼罩的“唠啰嗹”活动是不可想象的。

传统“唠啰嗹”的演唱由队伍成员唱主体歌词，群众齐唱衬词，反复不断，极具感染力。“唠啰嗹”歌声所到之处，人们进入了一个不同寻常的狂欢情境之中。铺兵可能会旁若无人地颠着醉步，低声哼着歌，但是突然发出一声重音，直冲向某个人，把人们吓一大跳；围观者可能会附和着高声歌唱，然后开铺兵、家婆的玩笑，例如突然拍一下他们的头、抢铺兵的酒喝等。围观者既是观众也是参与者。虽然只是很简单的一首歌，但却赐予人们释放自己的力量，哼着歌的人们伴着节奏随机做出各种可笑滑稽的动作和姿态，打逗笑骂。平时正经八百，此时可以搞笑逗乐，因为这是“唠啰嗹”。

“嗦啰嗹”的歌声如此重要，于是，霁云殿“嗦啰嗹”队以及颜昌瑞不约而同地请来艺人，分别将它录制成磁带，这样，在活动开始前先播放歌曲营造氛围；在队伍休息时保证歌声不断；在活动结束时延续“嗦啰嗹”氛围。

在这种氛围笼罩下，小镇人家进入了一年一次的狂欢状态。

明·黄克晦《咏采莲斗龙舟诗》，“乍采芙蓉制水衣，蒲觞复傍钓鱼矶。歌边百鹢浮空转，镜里双龙夹浪飞。倚棹中流风澹荡，四扰极浦雨霏微。为承清醴耽佳赏，自怪猖狂醉不归”，描绘的是一幅不折不扣的采莲斗龙舟的狂欢场面。尤其现在，原本驱邪祈福的主旨渐趋消隐，娱乐狂欢的性质更显突出。全民狂欢是“嗦啰嗹”深得人心的重要原因。这种场面最少不了的就是歌声。在“嗦啰嗹”歌声笼罩下，人们进入狂欢的情境之中。

巴赫金指出，狂欢节诙谐而有着复杂的本性：“它首先是节日的诙谐……狂欢节诙谐第一是全民的（上面我们已经说过，全民性是狂欢节的本质特征），大家都笑，‘普天同庆’；第二，它是包罗万象的，它以万事万物取笑（包括以参加狂欢节的人们自己取笑），整个世界都以可笑的姿态出现……最后，这种诙谐是正反同体的：它是欢快狂喜的，同时也是冷嘲热讽的，它既肯定又否定，既埋葬又再生。这就是狂欢节的诙谐。”（M·巴赫金 1996：108）

安海“嗦啰嗹”活动与巴赫金所说的欧洲文艺复兴时期民间狂欢节完全是两条路跑车，各走各的，互不相干。但是二者在上述狂欢、诙谐的本性上却有着惊人的一致性。“嗦啰嗹”也是全民性的集体狂欢活动，大家都笑。在安海，没有其他哪个节日能像端午节这样全民参与。春节，人人走亲戚、聚会，各自狂欢；中秋，家家团聚，博饼娱乐，各自狂欢；每逢重要节日，政府组织大型踩街活动，队伍所到之处，掀起狂欢热潮，但这仍只是局部狂欢。而“采莲”活动，遍及家家户户、大街小巷，家家狂欢，处处狂欢。活动中，人物和道具都被作为笑柄，以可笑的姿态出现：队伍成员将自己打扮得丑陋滑稽，故意做出一些可笑的动作；便溺用的夜壶拿来装酒用，队员还当众喝下壶中之酒；家婆与铺兵时不时互相打逗，家婆手持蒲扇轻打铺兵的头，铺兵假装晕头转向歪歪倒倒；行进过程中假装没看见互相碰撞，作踉跄跌扑状，引人发笑。同时，这也是对多事讨人嫌的家婆和穷困邋遢的铺兵、旗手的嘲笑。

在狂欢节中经常出现的假面“是民间文化的一个最复杂也最意味深长的主题……假面同过渡、蜕变、打破自然界限相联系，也同讥笑、绰号（别名）相联系；假面体现着生活的游戏原则，它的基础是古老的仪式和演出形式所特有的那种完全特殊的现实与形象的相互关系。假面的象征性是多值多义的……像戏仿、漫画、脸部夸张、装腔作势、扭捏作态等等，就其本质而言，都是假面的衍生物”。假面具有“民间狂欢节本性；这种本性在假面中是不可消除的”。（M·巴赫金 1996：140—141）

无论中国还是西方，假面的衍生和发展过程都是非常复杂和漫长的。但可以肯定的是，它们都与“古老的仪式”相关而且具有“多值多义”的“象征性”。然而，无论假面来自何方，如何而来，它的“民间狂欢节本性”显露无遗。为达到狂欢气氛需要装扮，通过各种装扮有助于与现实生活产生一定的距离感，从而营造狂欢的氛围。中国式的狂欢，如庙会、社火、迎神赛事，泉州地区的踩街、“嗦啰嗹”等，都要穿上不同于日常的服装，涂脂抹粉，使用各种道具，装扮故事中的人物。“嗦啰嗹”活动中，队伍成员从始至终的“脸部夸张、装腔作势、扭捏作态”，全是营造狂欢氛围的“假面衍生物”。

这种狂欢，一方面借助种种象征营造了一个不同寻常的信仰世界。在这个信仰的世界中，“仪式给人以一定的自由和不拘形迹的权利，即打破日常相处规范的权利。”（M·巴赫金 1996：168）人们以神之名，扮演角色，高唱乐曲，敲锣打鼓，横冲直撞，游遍街市人家；另一方面，又通过对日常生活的种种象征的消解和戏谑，制造狂欢的高潮。

格尔茨认为文化系统是“一种透过象征符号在历史上代代相传的意义模式，一种将传承的观念表达于象征性形式的系统；通过它们人与人相互沟通、绵延传续，并发展出他们对生命的知识和对生命的态度”。（夏建中 1997：341）在“采莲”民俗中，虽然很多时候，人们并不太清楚象征之意，但是他们学着父辈的样子，将其符号原样传承。

这是一个以龙王头为核心的想象世界中的符号系统。龙王头是一个符号，象征着神力和威严，是驱逐邪恶，赐予福祉的力量源泉。以之为核心，“采莲”活动在它的神威笼罩之下，发展出一系列符号化的行为：主人摆祭品，燃香祭祀，祈求龙王赐福；旗手执旗拂扫，象征龙王驱赶邪秽；家婆赠与主人鲜花、龙王旗，象征把福祉留在人家；采莲队伍沿门逐户，走街串巷，象征着整个街市的平安洁净……没有这些象征意义，"采莲"活动便如同儿戏。因为，这些符号与象征，以一种近乎游戏的方式呈现：载歌载舞，遍游街市。

这种以符号与象征为依托的游戏性方式，构成了狂欢的基调。在此基础上，对象征的消解和戏谑，增加了狂欢的浓度。

神灵一般供奉于固定场所，接受民众的顶礼膜拜，而"采莲"活动中的龙王，却亲临人家，四处巡视，这是对高高在上的神权象征的消解。龙王变得平易近人，主动将福祉带到百姓家中，形成人神同乐的场面。另外，旗手、家婆、铺兵的主要步法是趺趺撞撞，一进三退，这种看似狂乱的步法，助长了狂欢的气氛，更重要的是，与巫、道中使用的"禹步"很相似。传说"禹步"源自大禹制水，能驱邪，能制龙。"采莲"活动使用"禹步"，同样是对神权象征的消解，此时，人与龙的关系是平等的，人不再只是俯首跪拜的姿态，而具有了一定的主动权和控制权。

活动中使用的道具"夜壶"也是一种符号。它象征着脏，因为是男性夜晚排溺专用器具。将夜壶用来装酒，而且当众喝下，确实让人很不自在，觉得很脏。道格拉斯在她的日常仪式象征研究中指出："脏是事物分类系统的产物……假如我们新买了个痰盂，我们知道它同我们新买的锅、脸盆一样，都是未曾用过的容器，但是，如果将这个新痰盂当锅或脸盆用，放在桌上或厨房中，就会不自在，感到它'脏'。考虑这些例子，就会明白，并不是菜叶、鞋子本身，而是这些东西的'位置'导致被认为是'脏'的。由此观点看来，肮脏是相对的。菜叶本身并不脏，只是落在衣服上才变成脏的……鞋子本身并不脏，只是放在桌子上就变成脏的。干净与肮脏取决于分类体系以及事物在该体系中的位置。"（夏建中 1997：298—299）

仔细想来，夜壶原本是不脏的，它与我们用的碗一样都是瓷制的，都是从瓷窑中千度左右高温烧制而成。刚买回来的夜壶并不比刚买回来的瓷碗脏。问题是，在我们日常用具的分类中，前者是用于盛放赃物的，后者是用于盛放干净的食物的，混淆了它们的用途，就会让人感到别扭，感到不舒服。

但是在活动中，“嗦啰嗹”队伍却一直在消解这种“脏”的象征，消解人们的日常分类体系，用自己的行动告诉大家，夜壶其实并不脏。他们利用人们的惯性思维，有意制造脏器盛放食物的别扭，而且试图通过种种行动来强化它。与日常生活中的别扭不同，人人都知道“嗦啰嗹”队员制造的别扭是一种表演，是为了活跃气氛，制造滑稽的效果而做的精心设计，因此，往往一笑了之。有的人甚至还会主动配合，张嘴喝下铺兵递过来的夜壶中的酒，众人更是哄堂大笑，开心释怀。通过这种互动，“嗦啰嗹”活动暂时消解了日常生活的分类和规矩，掀起狂欢的高潮。

此外，竹枝、榕枝、锣鼓等也都是一种符号，象征着驱邪的力量。因此，这不是一个纯粹的狂欢活动，而是象征驱邪祈福的狂欢活动，因而一呼百应。

于是，在“嗦啰嗹”民俗活动中，人们敲锣打鼓，同唱一首歌，在歌声营造的非凡空间中，利用象征以及对象征的消解戏谑，一次次地掀起狂欢热潮。

结语：文化中的“嗦啰嗹”

我们现在能看到这样的“嗦啰嗹”，是因为有泉州这样一个独特的环境滋生它、包容它、繁衍它。

首先，南下移民带来的中原文化是滋生“沿门逐疫”之“乡傩”的土壤。“傩”文化“发端于上古的夏商，形成于周而规范于‘礼’”（曲六乙、钱茀2006：1），之后如蒲公英种子般遍地开花，行踪遍布整个中国。泉州自古就是移民社会。来自中原的移民，带来了“形成于周而规范于‘礼’”的傩文化，于是，便有了以“沿门逐疫”为主要活动方式和内容的“嗦啰嗹”。

其次，临海而居产生的海洋文化，构成了“嗦啰嗹”龙王崇拜的精神。“傩”最原始的目的是驱鬼，需要强有力的神祇担当此重任。最早是“黄金四目”的方相氏，在各地的流变过程中则由各种俗神担任，有钟馗、判官，等等，在“嗦啰嗹”中则是龙王。“嗦啰嗹”以龙王为活动中的驱邪神灵，源自泉州广泛的龙神信仰。

泉州是著名的海上丝绸之路的起点，海上贸易繁盛，许多人靠海吃海，以海为生。因此，祈求风调雨顺，航海平安，成了事关人命的头等大事，近海地区发展出了一系列的信仰习俗。

从造船开始，就有各种讲究。人们视船为龙的化身，船造得好，日后航行平安，没造好，预示日后有危险。船造好后，要择吉日试水，举行隆重的仪式。每艘船要出海时，船主都要到妈祖庙烧香，祈求航海平安。此外，还有新年“开海门”、每年的“补船运”、“过油”、“大发利市”等意在消灾纳吉，祈求平安顺利的仪式。所有这些仪式都要敬奉水神，祈求神灵庇佑。

晋江一代敬奉的水神主要有妈祖、玄天上帝、龙王等。如安海妈祖宫“嗦啰嗹”队敬奉主神“妈祖”，霁云殿“嗦啰嗹”队敬奉主神“玄天上帝”，二者还同时供奉龙王。

在这种奉祀水神极为普遍的社会环境中，“嗦啰嗹”以龙王而不是其他水神为游街神灵，首先因为它与龙舟文化密切相关，二者信奉同一神灵；其次还因为端午前后为梅雨季节，气候恶劣，俗称“恶月”，人们认为龙王掌管风雨。“嗦啰嗹”民俗除祈求平安外，还祈求风调雨顺，五谷丰登。

因此，“嗦啰嗹”民俗的龙神信仰与沿海人们的居住环境和生存方式是分不开的。

再次，挡境文化和信仰文化保证“嗦啰嗹”传承不辍。安海古时按地域划分为 24 境，这种划分一直留存到现在。“境”既包含了地理范畴，又包含了神权疆界，是以民间信仰为纽带的地域划分。以境为单位，以供奉挡境神的小庙为统筹、聚集地，各境都有年复一年、循环往复的种种民间信仰活动。至今为此，各境的信仰活动仍然名目繁多，而且往往发动全境，搞得热闹非凡。在各境的周期性信仰活动中，“嗦啰嗹”作为其中一员，与其他活动同为挡境文化的有机组成部分，共荣共生，因而始终拥有广泛的群众基础。至今仍然充满勃勃生机的挡境文化是“嗦啰嗹”等民俗活动衍展不息的重要保障。

当然，挡境文化的生机由信仰维持。安海人始终不变的信仰强有力地支撑着“嗦啰嗹”等民俗。这种信仰随处可见：活动中，旗手必须等户主拜过龙王，才能入户采莲，以示得到龙王许可；当兴境曾有一年停止采莲，结果境里不太平，众人都认为是没采莲，境里不干净，从此年年采莲不辍。

境中人家，有的还住在年代久远的老房子中，有的已搬进现代化的小楼或高楼大厦中，但他们支持民俗活动的心没有变。如格尔茨分析的那样，“就社会角度而言，卡蓬人（该镇居民）是城市居民；就文化角度言，他们依然是乡民。”（夏建中 1997：333）在现代化的过程中，安海人成了城市居民，但是，他们仍然守护着自祖辈一直传沿下来的习俗，在积极参与中显现出对传统的热爱。

最后，审丑偏好文化心理使人们对“嗦啰嗹”情有独钟。“嗦啰嗹”队伍的主角家婆、铺兵、旗手都是丑角形象。这些形象的打扮与表演吸收了很多高甲戏中丑角的特点。高甲戏在闽南至今仍有广大、坚实的群众基础，它的特点是“无丑不成戏”，丑角表演特别为人们喜闻乐见，有长衫丑、短衫丑、公子丑、破衫丑、官袍丑、师爷丑、媒婆丑等分类。其中，媒婆丑，或称家婆丑，尤其受欢迎。许多高甲戏演员因为成功地塑造家婆一角而享誉闽南，如柯贤溪、赖宗卯等红极一时。“嗦啰嗹”队伍中除了家婆丑外，铺兵、旗手相当于高甲戏中的破衫丑。这 3 位丑角通过滑稽的装扮、逗乐的表演引发众人哄笑，是制造节日气氛的高手。与高甲戏不同的是，这 3 位丑角的嬉笑怒骂，并非在舞台上，而是在人们的现实生活中进行，群众通过齐唱歌曲集体参与，与 3 位丑角形成了互动关系。因此，“嗦啰嗹”深入人心。

总之，中原文化、移民文化、海洋文化、挡境文化、信仰文化，以及审丑偏好文化心理，多方关联，多方互动，才使“嗦啰嗹”得以产生并延续。

参考文献

安海乡土史料编辑委员会

2000《安平志·校注本》[M] 北京：中国文联出版社。

蔡湘江

2001《〈嗦啰嗹〉舞探微》[J]《闽台文化》Ⅴ：51—60。

陈燕婷

2010《“采莲（嗦啰嗹）”与龙舟竞渡》[J]《艺苑》Ⅲ：94—97。

2010《“嗦啰嗹”、采莲关系辩》[J]《中国音乐学》Ⅱ：48—57。
陈增荣
1959《端午采莲》[N]《福建日报》“海潮”副刊第二三四期，1959年6月10日（五月初五日）。
陈增瑞
2001《晋江民谣百首》[Z] 内部资料：菲律宾安海公会。
丁世良　赵放主编
1995《中国地方志民俗资料汇编·华东卷（下）》[M] 北京：书目文献出版社。
怀荫布、黄任、郭赓武
清同治九年［1870］（据清乾隆二十八年（1763）刻版重修）《泉州府志》[M] 泉州：泉州学署藏版。
（明）黄克晦
2000《咏采莲斗龙舟诗》《安平志·校注本》[M] 北京：中国文联出版社。
康保成
2000《梵曲“啰哩嗹”与中国戏曲的传播》[J]《中山大学学报》（社会科学版）Ⅱ：60—67。
蓝雪霏
2003《闽台闽南语民歌研究》[M] 福州：福建人民出版社。
[俄] M. 巴赫金，佟景韩译
1996《巴赫金文论选》[M] 北京：中国社会科学出版社。
孟凡玉
2007《论傩歌“啰哩嗹”的生殖崇拜内涵》[J]《音乐研究》Ⅳ：45—53。
曲六乙、钱茀
2006《东方傩文化概论》[M] 太原：山西教育出版社。
饶宗颐
1993《南戏戏神咒“啰哩嗹”之谜》[A]《梵学集》[C] 上海：上海古籍出版社。
孙星群
2008《佛经与传统音乐中的“啰哩嗹”》[J]《中国音乐》Ⅳ：106。

夏建中

1997《文化人类学理论学派》［M］北京：中国人民大学出版社。

中国民间歌曲集成福建卷编辑委员会

1996《中国民间歌曲集成·福建卷》（上）［M］北京：人民音乐出版社。

中国民族民间舞蹈集成编辑部

1996《中国民族民间舞蹈集成（福建卷）》［M］北京：中国 ISBN 中心。

关意宁

“陕北说书”中“平安书”仪式音声研究

【摘要】本文讨论陕北说书用乐与功能的关系。陕北说书总是依托于仪式存在，共有三种常见的场合，通过对家书、社书、会书三种典型场景的描述和分析，分别说明不同场合中说书用乐的不同，并对用乐和仪式功能的内在联系进行阐释。

【关键词】陕北说书；平安书；仪式；音声

【作者简介】关意宁（1979—），沈阳音乐学院音乐学系讲师。

郭：子洲就说书，唱戏的价大，说书的价小，有时候子洲的庙会来20个书匠，“乱阵”了，到处说。我只见过一回。

关：那时候说书是人家请的，还是自己走的？

郭：请的，大部分是平安书和社书，有时候村里，有个事务，人家找的。

关：那时候怎么找到您？

郭：能找到，一乡一土的，都知道。

吴：他家早许下书了，去年就该请，没请。他家是口愿书，前年他家抽屉里有条蛇，就许下的书，去年没说，一开抽屉又一条蛇，今年这才请的。这样的人家不好。

吴妻：心坏着。

从陕北说书存在的实际情况来看，在民间自然生存的状态下，陕北说书总是与信仰仪式结合在一起的，可以说，民间活态的陕北说书完全依附于信仰仪式而存在。陕北说书所依托的仪式称为平安书，传统的平安书共有三种形式，即家书、社书和会书，在此笔者将对这三种不同层次的说书仪式进行解读。

一、家书——“玲妈家”的平安书

1. “玲妈家”平安书现场情况简介

时间：2009 年 8 月 9 日下午本村庙会后

地点：陕西省绥德县韭圆沟乡西雁沟村村庙

村庙平面图：

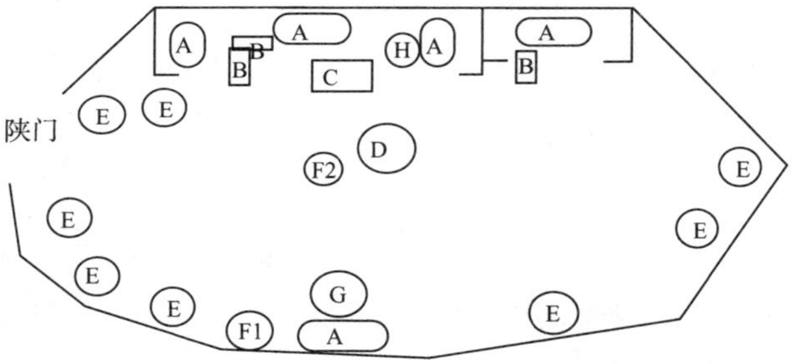

A：神位
B：碑
C：香炉
D：说书位
E：观众位
F1：摄像位
F2：录音位
G：香炉
H：钟

图 1　家书场地图

说书人：绥德县艺人吴文有

所用乐器：三弦、耍板、叫麻渣渣

事主：村民刘建山

仪式用具：神位（属于村庙）、香炉（属于村庙）、钟（属于村庙）、鞭炮、烧纸。

仪式过程：

16 点 40 分艺人给乐器调弦，事主上香、准备鞭炮和烧纸等。

16 点 50 分事主放一挂鞭炮后，开始请神。请神的程序为，事主在大庙中间的神位前跪拜、上香、烧纸，艺人在事主左侧下蹲姿势唱《请神调》接《安神调》，请神期间有人敲村庙的钟，敲钟人非事主家人，敲钟后此人又放了一挂鞭炮。请神安神仪式后事主在村庙里的每个神位前都跪拜了一次，次序为大庙主神位→大庙左侧神位→大庙右侧神位→小庙神位。约 17 点请神安神仪式结束。

17 点 15 分开始参神，以及正本书表演，正本书演唱的书目是《瓶（凭）花记》。

18 点 25 分第一湾书结束。

18 点 50 分第二湾书开始，约 19 点 35 分第二湾书及结尾部分为事主说吉祥话结束。

19 点 40 分开始送神，送神程序与请神相似，事主在大庙中间神位前跪拜、上香、烧纸，艺人蹲于事主左侧唱《送神调》。

约 19 点 45 分仪式结束。

2. 关于家书的其他信息

请书的因由

本次刘家请说书的原因是“修建”和“迎娶”，即刘家的儿子要娶妻，因此也要装修布置新房，如这样祈求未来顺利和平安的家书被称为“平安书”。但刘建山说，他家请书最主要的原因还是因为“玲妈（指刘妻，女儿名叫玲）爱听书”。

图片 1　爱听书的玲妈

像玲妈这样爱听书的人在陕北的乡村越来越少，约好在第二天说书的另一户事主家请书的原因则与玲妈家完全不同，他家许下说书的原因正是本章开头处吴文有和其妻子对话的内容，即事主家曾经在自家抽屉里发现有蛇，因此许下口愿，如果蛇搬走不再来，将在来年请艺人说书还愿。这是家书的另一种形式，称为口愿书。无论是过去还是现在，口愿书都是家书的主要形式。

以上提到的平安书和口愿书是家书仪式的两种类型，这两种家书的仪式程序，包括事主许愿都是完全相同的，不同的仅在于事主的目的，平安书是祈求未来平安和顺，而口愿书是消除已有的灾难。虽然这两者看起来并无明显的不同，但实际上在过去，这两种仪式的事主群体却有着明显的不同。口愿书的事主由于遇到生活上的困难，许愿说书是出于无奈，而平安书的事主更多的是出于自愿。

许愿与家书的场地

玲妈家的平安书表演场地在本村的村庙中，这在笔者考察的家书仪式中并不是经常发生的，多数家书仪式场地都是在事主家中，上面提到的本村另一户刘姓人家请的口愿书即在家中进行。关于场地如何确定的问题，玲妈说“许在庙上就在庙上说，许在家就在家说”，这说明场地是在许愿的时候就已经确定好的，而不是艺人到来之后临时确定的。

许愿的过程非常简单，只需要事主手中拈香，在心中默念许愿内容即可，以玲妈家的平安书为例，即需由刘建山本人拈香默念，“今年家中要办喜事，房屋需要修建，希望神灵保佑一切顺利，等书匠来村里的时候在庙上请说书还神”一类的祷告词，祷告词没有任何范式，随事主意愿而定，但必须要包括在何处说书的内容，许愿的地点只能在自家房间内，一般事主会选在主房。虽然事主许愿的过程只是在自己家中默默进行，且仪式的过程非常简单，但这一承诺却会受到非常的重视。许愿后事主会将自家已经许下说书的事情告知其他村民，村民会自动地监督家书仪式是否如期举行，如前面所述，一旦事主家未能按许愿的内容还愿，就会受到道德上的谴责。

家书的事主与观众

家书这个有鲜明神圣性的仪式并不是事主一家之事，每个请书的事主都会招呼其他村民共同观看，然而共同参与到仪式中的事主家成员和其他村民组成的观众群体，在仪式中所处的位置是不同的。事主家的负责人对仪式本身起到一定的作用，他的一些行为是仪式的组成部分，如程序中所提到的，在艺人唱《请神调》、《安神调》、《参神调》的时候，事主代表要负责向神位跪拜、烧香、烧纸，仪式前和仪式后都可能要放鞭炮，说正本书期间，事主代表也要时常跪拜、添香、烧纸，在神位前点蜡烛的情况下事主代表还要负责剪烛花等。而事主家非负责人的其他成员，则与非事主家的受邀听书观众一样，不参与仪式程序，只是站在一个欣赏者的角度观看演出。在这里需要说明的是，参与仪式程序的事主代表必须是男性，这也是家书仪式，甚至是平安书仪式的唯一禁忌。在西雁沟村举办家书仪式的另一户刘姓村民家，由于成年男性都不在家，所有需要事主完成的仪式程序活动均由一9岁男童执行，说明这项禁忌是颇为严格的。

虽然玲妈热情邀请每一位村民都去观看她家请的平安书，但实际到场的观众人数却较少，笔者在仪式进行中曾经两次抽查观众人数：17点20分，共有23名观众，其中男10人，女10人，儿童3人（包括男女事主各一）；18点55分，共有10名观众，其中男6人，女4人（包括男女事主各一）。本村的常住人口大约有100人，与村民全体参与庙会活动的场景相比，观众数量少了许多，同时还有逐渐减少的趋势。

正本书的书目

一般情况下，家书仪式中的正本书书目由说书艺人和事主双方协商而定。在本场家书仪式进行中，《参神调》演唱过后，玲妈问艺人吴文有今天唱什么，吴回答要唱《双钉记》，玲妈说，“不好听，唱《瓶（凭）花记》”，于是吴根据事主要求改唱《瓶（凭）花记》。在此交涉过程中，吴始终演奏过门，三弦和耍板均未停止。在正本书第一湾结束后的休息时间，吴与听众协商下一湾是接着说书还是说快板，玲妈说“接着说书，说快板一会儿就完了”。

3. 用乐

请神、安神《山东调》

谱例 1　家书中的请神、安神

首音高为$^{\#}$f

翼德，四炉 上香满 堂
红。 香 在炉中灯
在台， 花 在月中四季开。
花开四季轮
流转， 年年月月保平安。

参神《平调》

谱例 2　家书中的参神

三弦声部首音高为↓^{b}b

41
51
那 满 把 黄
61
香 炉 中 的 分
71
那 攒 起 黑 土 祝 了 众 神。

81
91
那 三 弦 一 响 就 神 赴 会，
103
那 七 十 二 位 神 那
115
都 参 加。

正本书《平调》

谱例3　家书中的正本书

首音高为↓$^{b}e_1$

41
片 那 西 一 片， 那 混 身 的 衣 裳 就
51
不 遮 个 眼。
61
71
那 吟 诗

送神《山东调》（见请神、安神，即谱例 1）

从以上对家书仪式用乐所列举的谱例中看到，共有两种唱调在仪式中运用，一种是《山东调》，一种是《平调》。

如以上例中所示，《山东调》主要用于仪式开始处请神、安神环节，和结尾处的送神环节中。从《山东调》的旋律形态可以看出，这个曲调属于典型的念诵调，音区偏低，音域较窄，旋律起伏很小，节奏也非常简单。在实际的演唱中，三弦伴奏的声音非常大，而唱诵的声音则非常小，几乎不可闻。无论从《山东调》的音乐形态、请神等仪式环节的唱词，还是演唱形势来看，这一部分的内容的功能都不是用于表演，也不用于与人交流，而是作为艺人与神沟通的介质存在，相对来说请神、安神、送神环节，即《山东调》的演唱，是整个家书仪式中信仰性最强、娱乐性最弱的部分。

以上举出正本书中的谱例所用的唱调是《平调》，如前文所述，《平调》在陕北说书实际演唱中是占绝对主导地位的唱调，担负着主要的叙述作用，所占比重也最大。在本次家书仪式的正本书中，还采用了《哭调》、《武调》和

《十字调》，但所占的比重都较小，如《武调》只出现了刮大风套一次，持续3分钟左右，在整个超过1小时20分钟的表演中仅占不足3.75%，其他唱调的出现率与《武调》相仿。从总体来看，正本书属于娱乐环节，观赏功能远远大于仪式功能。

从上面的谱例中可以看到，在安神与正本书之间的参神环节是说书仪式中比较特殊的部分。参神环节唱词的主要对象是神灵，《辞海》中对“参”的解释为“①参与；加入……②旧时下级晋谒上级之称……③弹劾……④检验……”（辞海编辑委员会1979：1094）在此处，应是取自第二个含义，即以下对上的崇敬心态参拜神灵，除此之外参神环节的另外一个重要内容是请各位被默认驾临的神灵归于执仪者在意念中为他们设定的临时神位上，如吴文有演唱的唱词中有“王母娘娘参到斗牛宫”、“马王爷参到绣龙厅”等内容，在此环节中，被艺人认为比较重要的神灵都有其固定的神位就座。相对来说参神环节的情况非常独特，其唱词是与神灵沟通的内容，采用的音乐却没有采用念诵形式的《山东调》，而是在正本书中用于叙事的《平调》，即其内容是神圣性的，而形式是娱乐性的，本身的内容与形式之间形成了反差。在家书仪式中，参神环节是艺人进入正式演唱状态，即坐于板凳上，手持三弦，腿蹬耍板表演最开始的部分（笔者考察的家书仪式现场中，请神、安神的时候艺人或蹲或站，也没有使用耍板），尤其是在事主家进行的家书仪式中，由于神位设于院中，请神、安神的环节都在室外进行，参神是第一个在室内进行的环节。在艺人演唱请神灵就位的内容时，其实观众们也在各就其位，等待着正本书表演开始。由以上的情况来看，笔者认为，参神环节担负着三项责任，其一是作为一个神圣性环节至娱乐性环节的一个过渡环节出现；其二通过邀请神灵就位，对观众宣布正本书即将开始，敦促观众也就位等待；其三，也是笔者认为参神环节的深层内涵，即参神环节是对仪式整体性质的暗示和重申，虽然接下来的正本书演出是仪式中一个娱乐性显著的环节，但其本质在娱乐俗众的同时，更是在娱乐神灵，是信众取悦神灵以达成心愿的手段。因此，虽然正本书是仪式中的娱乐环节，其引申的内涵并不是纯粹的俗众娱乐，而是人神共娱，参神环节正是为这一性质做出注释。

从本场家书仪式的用乐情况可以看出，说书贯穿于家书仪式的始终，占据着仪式的每一个环节，同时说书音乐也是家书仪式中唯一使用的音乐。

二、 社书——吴家沟公鸡会

1. 吴家沟公鸡会现场情况简介

时间：2009 年 2 月 25 日至 26 日

地点：陕西省绥德县白家街乡吴家沟村李家及李家背后的山上

场地平面图：

场地 1——李家院子

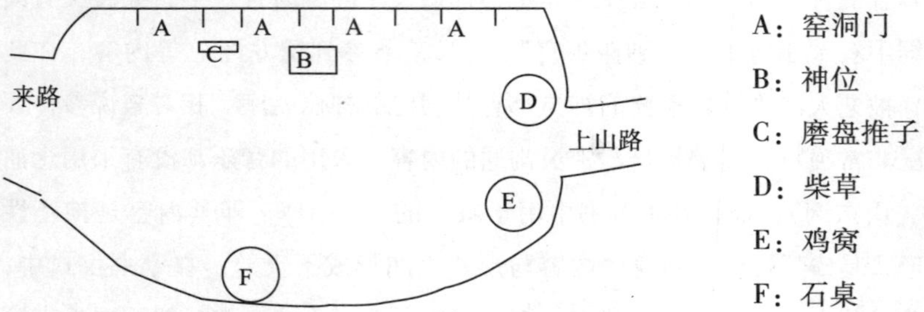

图 2　社书场地图 1

场地 2——山上

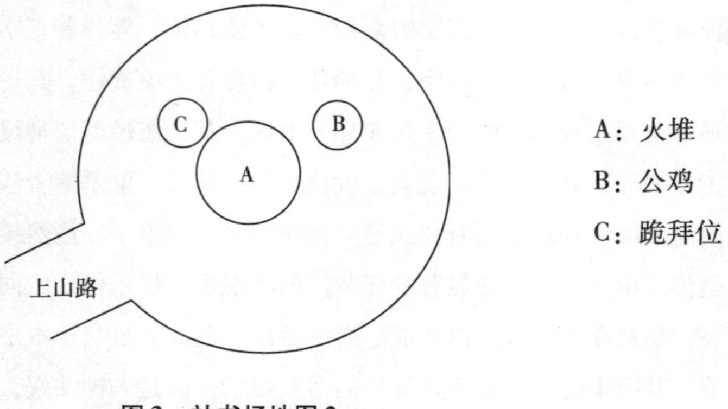

图 3　社书场地图 2

场地 3——李家第二间窑洞

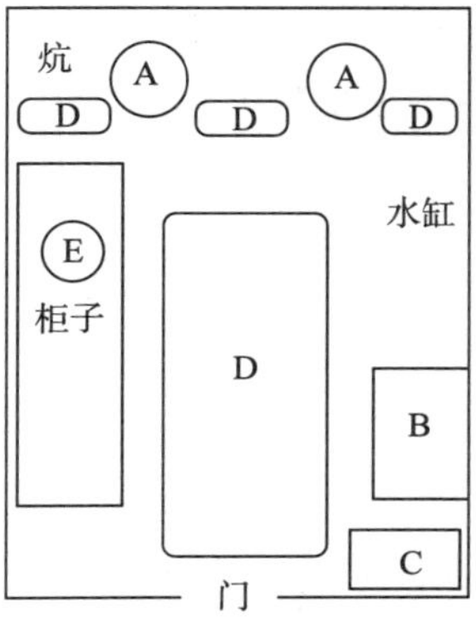

A：说书位

B：神位

C：公鸡

D：观众

E：摄像位

图 4　社书场地图 3

说书人：吴文有、郭新钰

使用乐器：三弦、耍板、叫麻渣渣、二胡、板胡、木鱼

事主：吴家沟村村会

仪式用具：神位、香炉、贡品、蜡烛、烧纸、香、公鸡、磨盘推子、锣、鼓、镲、火堆等。

仪式过程：

首日 15 时练习锣鼓，抓住公鸡。

18 时，村民到来，事主代表为部分村民发香，公鸡挪到室外。

19 时，放鞭炮，请神，事主代表跪拜、上香、烧纸。

19 时 20 分事主代表和领香的村民上山，四位事主代表演奏锣、鼓、镲。

19 时 47 分到达山顶，放鞭炮，点火堆，烟熏烧纸，用熏过的烧纸擦拭公鸡鸡冠，某事主绕火堆向地上撒高粱米，事主代表绕火堆向火堆撒高粱米，众人跪拜。

19 时 53 分下山，4 位事主代表演奏锣鼓。

20 时回到李家，放鞭炮。

20 时 53 分安神，事主代表烧纸。

21 时参神，表演正本书，村民联欢，表演期间事主代表 6 次上香、烧纸、剪烛花。

次日 1 时 05 分说书结束

3 时 30 分公鸡叫，事主代表用锤子击打磨推子上的孔洞，放鞭炮，送神。

3 时 50 分仪式结束。

2. 社书的其他信息

关于事主

社书的事主实际上就是全村的村民，一年一度的社书会都要在某个村民家中完成，承办的家庭不固定，采用轮流制，但也并不是每一户都需要负责承办，据本次承办社书仪式的李家男主人说，吴家沟村的大户也就是李、吴、田、马四户，一般社书仪式便是由这几户轮流承办的。虽然社书仪式是以一村为单位内所有村民的集体仪式，但也需有固定的组织者，据村民们说这个组织者一般由会长或酒长担任，所谓的“会”是以村为单位由全体村民组成的非官方组织，会的领导者即是会长或称酒长。从性质上来说，会属于民间组织，与行政村有所不同，会长或酒长由本村大户家的男性担任，不一定与行政村村长的人选相同，且这个会长的任命也无须特别的选举或提名。本次公鸡会，在李姓的会长家举行，李会长一家需要准备一只公鸡和磨盘推子，组织参与锣鼓演奏者排练，为参加仪式、观看演出和聚会的村民提供活动场地，为艺人准备食宿，为来宾提供小食和饮用水，准备神位的一应用品和贡品等。除以上准备的器物外，承办者李家作为事主代表参加到仪式中，除村民群体参与的在山上对火堆跪拜的程序外，其他由单人事主完成的仪式程序都由李会长执行，如请神期间的跪拜、上香、烧纸，上山围绕火堆撒高粱，正本书表演期间的跪拜、烧纸、剪烛花，仪式最末用锤子敲击磨盘推子上的孔洞，以及送神程序中的跪拜等。

仪式用具

首先要说公鸡会中最重要的用具——公鸡，实际上公鸡在整个仪式中只有两项任务。第一个任务如程序中所述，是跟村民一起上山，上山的村民会用火堆上的烟熏烤黄纸，再用黄纸擦拭公鸡的鸡冠，除演奏锣鼓的事主代表外所有持香上山的村民都是家中有小孩的，据村民说这些村民将擦拭过公鸡鸡冠的黄纸带回家中，将黄纸焚烧成灰，和入水中给小孩喝，可以起到消灾解难的作用，特别是生病的小孩可以很快治愈。第二个任务即是仪式程序末尾处，公鸡在次日早晨第一次鸣叫的时候，承办仪式的事主代表需要用锤子敲打一下磨盘推子上的孔洞，在鸡叫之前住在事主家的所有人，当然包括说书人都不能睡觉，直到所有的仪式完成，人们才能就寝。

图片2　神位

其次是神位，没有特殊信仰的陕北居民家中平时不设神位，笔者走访的民居中没有见过任何宗教信仰的相关设施，神位都是有需要的时候现场制作。首先制作牌位，牌位用黄纸折成（也有时是白布条），尺寸为4.5cm×20cm左右的长方形，顶端折出尖角。仪式所用的牌位共需要两个，一个上面写着“供奉合会宗亲三代之灵位”，另一个写“奉请一切过往诸神之神位”。从艺人及事主热情邀请我用我的圆珠笔来写神位上的字，可见神位的制作对于制作者身份及书写材料都没有任何禁忌。牌位插入40cm长的高粱秆顶端劈开的缝中，分别插在两个装满高粱的木制容器——“斗”中。同时插在斗里的，还有用黄纸剪成的穗状“旗号”，也用高粱秆支撑。

公鸡会仪式中的细节

公鸡会是笔者在陕北地区考察总时达半年以来见到的唯一一次社书仪式，在其他文献中也没有见到过有关社书仪式细节的其他记载。据村民们说解放以前社书仪式在绥德非常普遍，他们所知道的大部分村庄都有举行这项仪式的传统，但社书仪式随同旧书一同被禁止了。社书仪式与庙会一样都是一年一度的，各村有本村的特定日期举行，如吴家沟的公鸡会即是规定每年的二月初一至二月二跨日进行，但大都定在春天。各村社书仪式的名目也不相同，如吴家沟的公鸡会、薛家峁的杨柳会，根据公鸡会的程序可以推定，社书仪式的名目可能与仪式内容相关，一般来说，社书仪式只需一个艺人完成。

上山的这部分仪式程序的目的是为村民们祈福，但其中一项最主要的目的是保佑生病的娃娃康复，没有病的娃娃也能通过这个仪式受到神灵特殊的庇佑。除三个主要事主在演奏打击乐器外，其他村民也多不是空手，分别提着装公鸡的麻袋、送饭的罐子、烧纸等物。有村民告知笔者，上山的仪式是秘密进行的，以前从没有外村的人参加过上山仪式，这其中也包括说书人吴文有，同时笔者还发现，上山的村民均为男性，综合以上的材料可知，上山的仪式是有所禁忌的，即非本村村民及所有女性均不可以参与其中。绕火堆撒高粱的村民共有两位，均为锣鼓演奏者，即本村大户的代表，二人的活动次第进行，第一位绕火堆一周后将手里攥着的一把高粱撒到火堆旁的地上，第二位绕火堆一周后将手里的高粱撒入火堆。火堆由高粱秆堆成，二人绕火堆的方向自左向右，即顺时针方向围绕，在绕火堆撒高粱之后火堆才被点燃。村民说这个仪式是为了求雨，求雨是陕北地区普遍存在的仪式。

下山之后是短暂的安神程序，安神后就是说正本书的时间。正本书的正常程序与家书相同，包括参神→正本书→吉祥话→结束，正本书的主要表演者仍然是每年参加公鸡会的吴文有，郭新钰用二胡为其伴奏，书目为《金簪记》的前两湾。

3. 用乐

请神、安神《山东调》（见谱例 1）

上山锣鼓

谱例 4　社书上山锣鼓

小曲《绣金匾》

参神《平调》（见谱例 2）

鸡叫、敲磨盘推子上的孔洞

谱例 5 社书仪式中的特殊声音

送神《山东调》（见谱例 1）

对比公鸡会社书仪式和玲妈家家书仪式现场的用乐情况可以看出，单就说书占有环节的角度来说，社书与家书并无太大的区别，主要的环节都是请神→安神→参神→正本书→送神，这些环节所使用的音乐也大致相同，主要有用于信仰性环节念诵性的《山东调》，和与观众互动的唱调《平调》、《哭调》、《武调》和《十字调》。但综观整个社书仪式的用乐，可以发现，有两种非说书音乐的音声成分参与到整个的说书仪式中，一种是请神环节后，安神环节前，由村民演奏的锣鼓镲，另一种是正本书后，送神前的鸡叫并敲击磨盘推子上孔洞的声音。这两种音声成分，不只是以声音本身的身份出现在仪式当中，而是各自拥有自身的仪式环节，而且从整个仪式上来看，这两个环节也是比较关键的。

如前所述，村民的打击乐演奏用于上山环节，并且笔者认为打击乐发声起到的是对神灵的引领作用，即锣鼓镲声音仅出现在上山和下山的途中，而在山顶上进行的仪式程序中这种声音就停止了。在前面的叙述中笔者也曾经提到过，村民提到上山环节以往不允许外村人参加，包括说书艺人本身也列于被禁止之中。也就是说，正常情况下，上山环节的参与者只有现实存在的村民和观念中存在的神灵，是不包括艺人在内特定的一群人和神灵之间的互动。由此可以看出，村民奏响的锣鼓镲声音起到了切割神灵与艺人关系的作用，即本来由艺人负责邀约的神灵，由于打击乐的出现，被村民带走，在上山环节中变得与艺人毫无关系了。通过对整个公鸡会仪式的观察，笔者认为，上山仪式是信仰性最强的一个环节，虽然有些动作无从考证，但仪式中的每一个特定动作都是非常规，并具有其特定含义的仪式符号，而恰恰是这个环节中，艺人是被排除在外的。

另一段穿插入说书音乐中的声音是鸡叫并根据鸡叫声进行的敲击声，仅从声音本身的构造来说，这部分的音乐性非常差，构成声音的两种因素，其中鸡叫部分完全是非人为，未经过组织的声音，另一部分是根据对鸡叫声的结构特点迎合性地敲出的声音，虽然这一部分是人为组织发声而成，但其简单的程度使其难以提高整体声音的音乐性，因此笔者难以将敲击者的行为定义为“奏”。从中可以看出，仪式结束的时间是由开始之日的次日首次鸡叫时间决定，即这个时间并不是由包括艺人在内的任何人决定，而是由被神灵掌控，或由规律决定的清晨第一声鸡鸣时间来决定，这与家书仪式的每个环节都由说书艺人掌控形成了对比。

从以上的分析中可以发现，经过两种非说书音乐的声音，以及与之配合的仪式环节对说书仪式的拆分，与神沟通的环节由村民完成，仪式的时间也由自然掌控，说书人在整个仪式中并不是仪式的执掌者，而是只起到两种作用，一方面是与神灵沟通的媒介，一方面是娱乐大众的表演者。

三、 会书——西雁沟村庙会

1. 西雁沟村庙会现场情况简介

时间：2009 年 8 月 9 日

地点：陕西省绥德县韭圆沟乡西雁沟村村庙

村庙平面图：

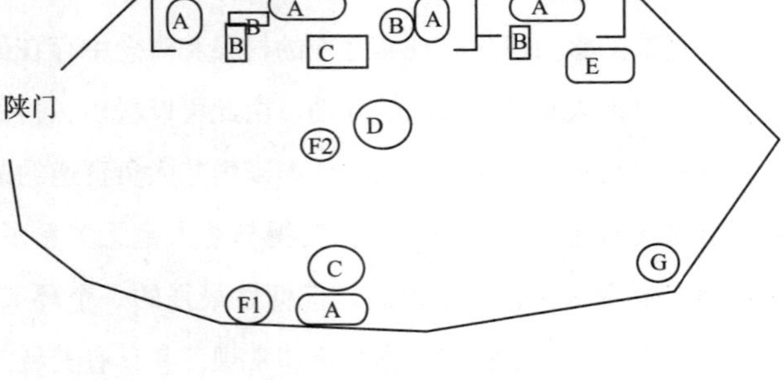

A：神位
B：碑
C：香炉
D：说书位
E：吹手演奏位
F1：摄像位
F2：录音位
G：扩音器
H：钟

图 5 会书场地图

说书人：绥德县艺人吴文有、郭聘银、郭新钰

所用乐器：三弦、要板、叫麻渣渣、二胡、板胡

事主：西雁沟村

仪式用具：神位、香炉、贡品、条幅、鞭炮、幡、烧纸、香、锁线。

仪式过程：

10 时迎贡品，由本村的锣鼓手三名、邀请的吹手四名在前，跟若干名村民捧贡品进庙，将贡品放置在两座神庙中的案上，路上各转弯处放鞭炮，进庙放鞭炮，吹手归表演位置吹打，村民陆续到来，每个村民都向神位跪拜、烧纸、烧香，部分村民用锁线（红色布条，约 2 尺长，1 寸宽）在香炉上熏烤，吹手一直演奏。

11 时献花，由本村的锣鼓手三名、邀请的吹手四名在前，后跟两名执幡的村民，再后是若干端烧纸、香、小红旗、条幅的村民。路上各转弯处放鞭炮，进庙放鞭炮，吹手归表演位置吹打。村民挂条幅，仍然有村民进院跪拜神位。

11 时 40 分吹手演奏停止，说书人开始调弦。

11 时 45 分开始说正本书，村民听书，不再有村民跪拜。

12 时 40 分第一湾书结束。

12 时 55 分第二湾书开始。

13 时 50 分第二湾书结束，仪式结束。

2. 关于庙会书的其他信息

村庙

通过对村民和会长刘社会的采访得知，西雁沟村的村庙共有两座，大庙为龙神庙，供奉青龙、黄龙、泥龙，小庙供奉齐天大圣，庙外院内另设三个神位，大庙左侧为青山府君神位，右侧为菩萨神位，对面设山神神位。笔者询问村民右侧所供奉的是哪位菩萨，村民的回答为“就是菩萨”，而村民对青山府君的解释为“是本地的，就是我们这儿的”。

大庙和小庙门前各有两道对联，分别贴在庙门框和门前的柱子上。此外三座神位的外墙上也都贴有一副对联。

大庙内联：上联：出龙宫风调雨顺　下联：回龙宫五谷丰登

大庙外联：上联：月朋朤朤照乾坤　下联：日昍晶昍通天地

小庙内联：上联：一路除妖显艺能　下联：千里取经功浩成　横批：功高至尚

小庙外联：上联：万盏花灯敬灵神　下联：风调雨顺五谷丰

山神位：上联：四季平安保太平　下联：人财两旺敬灵神　横批：消灾免难

菩萨位：上联：神灵有功传下名　下联：除虫防疫消灾情　横批：四季平安

青山府君：上联：人财两旺敬灵神　下联：四季平安保太平　横批：国泰民安

（以上无横批之处被横幅遮挡，内容不详）

西雁沟村村庙院中共有三座碑，具体位置见村庙平面图。其中垂直于大庙门口的碑上，碑文为：

维修龙神庙大圣庙碑记

陕西省绥德县韮园沟乡西雁沟村龙神庙因年久经全体村民商议量力集资维修龙神庙建大圣庙

愿神灵风调雨顺五谷丰登保佑一方平安

……

公元二零零一年农历六月吉日立

"……"部分为布施者的姓名。

平行于大庙门口的碑上碑文为：

绥德县东乡距城三十里西雁沟旧有小戏台一座历年久远薄落不成事至今

村人共同商议大发虔心复修一所村人量力资财富人舍钦贫家做工共化消

大洋X共做工六百余天不日工程已后刻石勒碑于是 撰书五德纯

山主郭治亮

石主王九如

经理刘长庆

……

民国二十一年五月吉日立

“……”部分为布施者的姓名。

由此碑文内容可以看出，西雁沟村在2001年之前一次修缮村庙的时间为1932年的农历五月。碑文中说由于“小戏台”年久失修而号召村民募捐，但现在西雁沟村村庙中及附近并没有碑文中提到的戏台。碑文内容还提到，富有的人家出钱，贫困的人家出力，即说明在旧时一个村落的修造是由本村村民亲自完成的，而2001年的修造则是由村民捐款，委托专门的工程队完成的。1932年所立的碑保存得非常好，从观感上来看与2001年立的碑新旧程度相若，碑文也非常清晰。

垂直于小庙的石碑，碑文内容为：

重修龙神庙碑记

盖所谓龙神庙者五位之神也务众之……

……而敬之……

此石碑看起来非常陈旧，“……”部分的字迹都已不可见，据本村村民说，“这个碑的年头可远了，没人知道什么时候立的了”。2001年与1932年修葺村庙之间间隔的时长近70年，如果以此时间为标准，小庙前的石碑应立于1860年左右。而碑文内容中有“重修”的字样，如再以70年为间隔，西雁沟村庙可能最近的建造年份约为1790年，即清乾隆年间。假设当年西雁沟的村民严格区分“修”与“建”，即1860年为“重修”，1790年为“修”，那么该村庙的建造年份可能早于1720年，即清康熙年间。

西雁沟庙会仪式的细节

在仪式开始之前，村民在村庙附近的一所宅院中等候，此宅院位置略高于村庙，在村庙的西北方，据村长刘社会介绍，这座宅院是废弃的民宅，现做公房使用。将在庙会仪式中用到的贡品就在院子里的石桌上摆放，石桌上垫黄纸，贡品包括油炸面食、蒸面食、西瓜、甜瓜、红枣、苹果、瓜子、蚕豆、糖果、茶水，共计99碟（不包括茶壶，茶壶共两把），分别盛在10个木质方托盘上。

迎贡品环节从公房出发至村庙，实际是一个下山的过程。开始是一个打大鼓的村民走在队伍最前面，他后面是两个执幡的村民，每人手里有两个彩纸做成的幡，走到公房院门口，执幡者后面的两位打小鼓、镲的村民和四名请来的吹手，走到队伍前面，与敲大鼓的村民走在一起，执幡者后面是一个拿两支三角形小红旗的村民，再后是端贡品的村民，其中端贡品的村民均为男性。迎贡品的整个过程吹手始终在演奏，路上经过5个转弯处，均有村民放鞭炮。

图片3　贡品

献花环节是从山脚下出发的，即献花与迎贡品相对应，是个上山的过程。献花的队伍顺序与迎贡品相似，最前面是打击乐演奏者，接下来是吹手、执幡者、执旗者，再后面是两名拿条幅和端烧纸、香的村民。与迎贡品环节不同的是，献花环节中拿条幅和端贡品的都是女性村民。

迎贡品和献花的环节中，队伍到达村庙，并摆放安置好各种贡品器物后，吹手仍然长时间地演奏，并且加进了电子琴伴奏。

本次庙会上说书的程序与之前介绍的家书和社书都不同，西雁沟庙会上的说书仅表演了正本书，而省略了请神、安神、送神的程序。

图片4　西雁沟庙会上的吹手表演

正本书的书目为《双钉记》第一湾和第二湾，第一湾郭聘银主唱、郭新钰板胡伴奏、吴文有二胡伴奏，第二湾吴文有主唱、郭新钰二胡伴奏。

西雁沟庙会上的采访

本次参加庙会的村民有100人以上，很多在外打工的村民是特意赶回来参加庙会的，笔者注意到在外赶回的村民中有学生、军人和商人。留下来观看说书的观众约有60多人，由于人员出入走动频繁，具体数字不详。笔者在说书表演的间歇采访了西雁沟村的会长和部分村民。以下为采访的主要内容。

采访1：刘社会，西雁沟村会长，男，57岁，“本村共有150多户居民，村民有600多人。今天是六月十八，是大神会，每年这天都有庙会。庙里有青山府君，就是我们这山里的神，从山里请下来的，就是我们村的，一切总管；齐天大圣是治病；菩萨，不知道是哪位，不一定是观音，是瘟神，神位也很大；黄龙，就是龙王，管下雨的。我在七几年就开始当，‘文革’后开始当会长。村里庙会一开始经常说书，后来变成请吹手了，从请吹手就不请说书了。吹手来了，庙会就红，红了来人就布施，每年能收一万。请说书也有这么多，一样，但觉得吹手红火。”

采访2：刘姓，65岁，女，村民，家里没请过说书。

采访3：刘姓，64岁，女，村民，家里没请过说书。

采访4：刘姓，17岁，女，村民，家里没请过说书。

采访5：张姓，48岁，女，村民，“家里早年请过一回说书，因为当时家里拦着羊，羊有毛病了，就许的口愿，现在没拦羊了。”

采访6：刘姓，53岁，女，村民，“家里请过3次说书，一次是为驴受气了，许的口愿，说的口愿书，两次平安书。”

采访7：王姓，58岁，女，村民，“家里请过1次说书，请的平安书。”

采访8：林姓，82岁，女，村民，家里没请过说书。

采访9：李姓，66岁，女，村民，家里没请过说书。

采访10：林姓，66岁，女，村民，家里没请过说书。

采访11：王姓，68岁，女，村民，“家里请过多次说书，多少次记不清了，都是平安书。”

采访12：王姓，71岁，女，村民，只在庙上听过书，家里没请过说书。

采访13：郭姓，23岁，男，司机，“家里头几年请过说书，这两年没有了，什么原因请的说书不清楚，可能是求吉祥。”

采访14：马姓，52岁，女，村民，“以前家里请说过，为牛马羊，请过一次，奶羊病了，现在不喂牲灵了，家里都出去打工了，所以不再请说书了。”

从以上的采访内容中可以看出，这次庙会上观看陕北说书的绝大多数村民为女性，更以50岁以上的妇女为主，这与其他庙会仪式和家书仪式的观众类型相似。从本村会长刘社会的谈话中可以得知，以前本村庙会常请说书，但近年来已经不再请说书了，本次庙会上说书是艺人们为配合笔者采访主动要求参加的。村民过去可以在庙会上看到说书，自家也有时请书（以上采访中表明约半数村民家里过去请过说书），近年来不但庙上的说书被吹手取代，自家也不再请书了，现在村民听书的机会大大减少。

3. 用乐

唢呐《友谊花开万里香》、《十月散花》、《祖国你好》、《说唱脸谱》、《路边的野花不要采》、《酒神曲》、《通天大道宽又阔》、《过河》等。

开场小曲《绣金匾》

参神《平调》

正本书《平调》

正本书到吉祥话《平调》

从本次庙会书的用乐情况来看，在玲妈家家书和公鸡会中最具有仪式性、信仰性的环节，即请神、安神、送神等环节都消失了，仅存参神、正本书和吉祥话环节。

在这次的庙会书中，除说书表演外，还出现了唢呐表演（当地人称“请吹手”）。将吹手表演和说书表演都放置在仪式总体中观察可以发现，吹手参加了庙会仪式的迎贡品和献花两个环节，这两个环节正是本次庙会中仪式性比较强的环节，而说书艺人并没有被邀参与其中。在本次庙会中，吹手在对于表现仪式功能上起到的作用明显要大于说书人，即说书艺人仅是娱乐环节中的普通表演者。

但从吹手和艺人两者的表演内容来看，似乎又与前面的结论产生了矛盾。

吹手虽然参与在迎贡品和献花两项仪式性较强的环节中，但他们在这些环节中表演的曲目并无有指向的功能性可言。无论是音乐与仪式的关系，还是音乐本身的复杂性，庙会中出现的吹手表演都与公鸡会中出现的陕北说书以外的仪式音声形成鲜明的对比。与之对应的是，虽然说书人没有参与信仰性更强的仪式环节，而仅在娱乐环节中出现，但艺人表演的参神和吉祥话的内容与信仰仪式更为贴近。

四、 三种仪式场域中的说书和说书人

以上三节中，笔者对陕北说书三种不同的平安书仪式现场进行了描述，可以看出不同仪式场域中平安书的程序、用乐、功能、性质等元素既有异又有同。下面笔者将这三种仪式现场放置在同一平台上，对其异同进行进一步的说明和解析。

1. 仪式过程

下表是笔者整理的三种平安书仪式现场各种因素的对比情况。

表1　三种仪式现场因素对比表

	家书	社书	会书
仪式功能	为单个家庭祈福、消灾	为所在村全村人祈福、消灾	为所在村全村人祈福、消灾
仪式时间	不定，根据事主许愿时间，以及事主与说书人商议而定	固定时间，根据本村的社书仪式时间	固定时间，根据本村的庙会时间
仪式参与者	说书人、事主家人、部分观众	说书人、全村村民	全体村民、说书人、其他表演方式艺人
仪式程序	请神、安神、参神、正本书、吉祥话、送神	（以公鸡会为例）请神、上山、安神、参神、吉祥话、正本书、等鸡叫、敲磨盘推子、送神	（以西雁沟庙会为例）迎贡品、吹手表演、献花、吹手表演、正本书
说书程序	请神、安神、参神、正本书、吉祥话、送神	请神、安神、参神、正本书、送神	参神、正本书、吉祥话
说书是否必要环节	是	是	否
说书用乐	《山东调》、《平调》、《哭调》、《武调》、《十字调》	《山东调》、民歌小调、《平调》、《哭调》、《武调》、《十字调》	《平调》、《哭调》、《武调》、《十字调》

从上表可以看出，平安书仪式的主要功能是为陕北当地的居民祈福、消灾，这类功能没有场合上的区别，即无论是家书、社书、还是会书，起到的作用都是完全相同的。从表格上看，在功能方面，三种场合中的平安书仪式显著的不同之处，是事主主体的相异，即家书的事主是某一户人家，而社书和会书的事主主体是某一村庄的全体村民。从表面上来看，似乎三种仪式功能的不同之处仅在于事主群体大小，而实际上不同的主体对仪式功能本身就可以起到制约作用。从前面的例子中可以看到，家书的作用非常具体，特别是口愿书，都有具体的事件作为请书因由。相对来说，以整村村民为事主主体的社书、会书仪式，请书的缘由则比较抽象，如公鸡会的上山仪式为村里的小孩祈福并求雨，而西雁沟村的庙会只是进行了供奉神灵的仪式环节。也就是说，家书仪式是可以看做是具体的个体活动，而社书和会书仪式是抽象的群体活动。

2. 信仰特征

下面一段是艺人吴文有在玲妈家平安书仪式上演唱的《请神》、《安神》和《送神》的书词。

《请神》、《安神》

满把黄香炉内分，
今请一切众诸神。
一炉上香刘玄主，
二炉上香关大王。
三炉上香张翼德，
四炉上香满堂红。
香在炉中灯在台，
花在月中四季开。
花开四季轮流转，
年年月月保平安。
奉请玉皇大帝之神位，
奉请真武祖师之神位，

奉请牛王菩萨之神位，
奉请土神老爷之神位，
奉请门神灶君之神位，
奉请瘟神老爷之神位，
奉请丁公圈神之神位，
奉请青龙白虎之神位，
奉请眼光菩萨之神位，
奉请福禄财神之神位，
奉请催生娘娘之神位，
奉请送生娘娘之神位，
奉请收愿灵童之神位，
奉请报愿灵童之神位，
奉请一切过往诸神之神位。
咱先请神，后请灵，
又请三代众孤魂。
三代请到米粮山，
年年月月保平安。
请神不知神大小，
安神不知神左右。
高处来的高处坐，
低处来的左右分。
虽然不是蟠桃会，
凡人尽上一点心。

《送神》

天神送到天堂里，
地神送到庙堂里。
大炮三声惊天动，
我送灵神上天空。

先送神，后送灵，
又送三代众孤魂。
三代送到米粮山，
年年月月保平安。
收愿灵童收得清，
报愿灵童报分明。
一本口愿就还清，
事主家以后保太平。
（吴文有唱、关意宁整理）

图片 5　艺人收藏的请神调书词

从以上书词中可以看到，本场平安书仪式获得邀请的神仙数量非常庞大，且成分繁杂。据笔者的考察得知，吴演唱的《请神》调是一个简化的版本，笔者曾经在一个老艺人家中见到过一份请神书词的记录，上面记载了“天地三界、十方万灵、征灾、九里高皇、大帝尊神、五方土公土母、土子土孙、土家一切、整年太岁、年月日时、四只公母、三皇主事、玄天大帝、佛母大帝、上下老爷、本靖城隍、本村龙王、虚空过往、山神土地、水神三官、上下五家、虹蛾八蚱、雷公电母、风北雨师、牛王菩萨、马王老爷、水草大王、丁公圈神、守愿灵童、保事灵童、门神护卫、灶君大王、家宅六神、福禄财神、瘟神老爷、蚕官老爷”共七十二位神灵的名字，这些神灵的职责包括生活上衣食住行的方方面面，甚至蛇虫鼠蚁在村民的意识中都有专门的神灵来管辖。从吴的唱词中可以看到，受到邀请的大部分神灵都没有特别明确的宗教属性，可以说是俗世之神。除正式出现在名单里的神灵之外，书词中还有“奉请一切过往诸神之神位”字样，另外“三代孤魂”也是仪式的座上客，以此可以看出仪式中表现出来的民众的宗教观念，可以解释成一种在我国汉族地区普遍存在的多神信仰，即万物有灵的信仰特征，从另一方面也可以认为是对明确宗教信仰体系观念的消解。

陕北地区民众多元的信仰观念，大部分信仰仪式活动都具有明确的实用功能。“陕北人是一个富于求实精神的群体……人们盲目的信仰，虔诚的礼拜，痴迷的憧憬，其主旨不是缥缈的宗教教义，而是切实的世俗功利。当然，也包含有一定程度精神上的安慰和寄托。”（吕静 2004：54—56）这是对陕北人信仰观念的一个较贴切的诠释。

“宗教便被假定发挥着两方面的作用：它在总体社会层面上是一种整合要素，在个体层面上则是一种动机要素。在两个层次上，它都提供了意义的意义，即一种有意义的‘终极实在’。……它可以是一种社会活动，但也可以是一种退隐默思。”（卢曼 2009：1—2）。如果以此为标准判断陕北民众的信仰观念，那么他们的宗教活动体现了宗教对于群体的整合作用和对个体的实用作用，但多元模糊的信仰本身则无法提供终极意义，笔者认为，民众也无敬畏带来的对信仰含义的深层思考。

如前一个问题中所述，相对而言平安书仪式活动在家书中起到的作用更为具体，或者可称说书是信仰“动机要素”的外在表现，因此家书仪式体现了陕北民间信仰不变的一面。而陕北的民间庙会，由于当地缺乏信仰核心，或称为信仰观念被消解，整合因素体现得非常模糊。《中国民间信仰风俗词典》庙会条目记述，“庙会亦称‘庙市’。即于年节或神佛诞辰在寺庙内或寺庙附近定期集市。流行于全国大部分地区。此俗渊源已久，初为纯粹的民间宗教活动，自南北朝佛教在中国广泛流行以后，各地大兴庙宇，活佛升天、菩萨生日之类的大会应运而生，信佛者纷至沓来，会集观礼膜拜。商贾乘机渔利，招揽生意，遂成‘庙市’。昔日庙会带有较浓厚的迷信色彩，庙会的场所或为佛教寺院和圣地，或为民间神祇庙宇。民间在此时则有许愿还愿、求神问医、祈雨祈福、驱傩修德等宗教活动，同时也掺杂着文娱活动。……”（王景林、徐匋 1992：530）这是我国庙会活动的基本面貌，陕北的庙会也大抵如此，笔者认为，陕北乡村的庙会活动具备从信仰活动向风俗活动转化的条件，那么不单是平安书仪式活动，包括其他行为都可能更倾向于娱乐活动。

3. 艺人的身份

陕北的说书盲艺人，在当地有两种称呼，一是“先生”，二是“书匠”，笔者认为，这两种称呼是说书艺人身份的准确写照。“先生”一词在《辞海》中的解释为“父兄……老师……妇女称自己的丈夫或别人的丈夫。……某些地区方言，称医生为先生。……道士……”（辞海编辑委员会 1979：770）在陕北方言中接近于老师、医生、道士一类的尊称，而称说书的盲艺人为先生，意思更接近于“道士”，更准确地说是“方士”，即持“神秘社会观”（王玉德 2005：75）并具有相关“特殊技能的人”（王玉德 2005：8）。很多陕北的说书盲艺人，不单是在平安书仪式中承担与神灵沟通的责任，同时也扮演巫医的角色，如笔者多次提到的艺人郭新钰，就是当地著名的巫医，专门给人治疗一些疑难杂症，同时也掌握四柱、抹骨等命理推算的技艺，在绥德县非常有声望，包括笔者第一次在当地文化馆与其见面，馆内的工作人员都争相请他测算。

笔者在考察中得知，并不是每个盲艺人都身怀这种特殊技艺，如郭新钰的师傅王进考就不谙此道。而当地的群众对盲艺人在此方面的技能也不是盲目信任，郭新钰说，“旧社会，艺人背着三弦还背一个褡裢，走到村口，就拿出笛子吹一段  村里的人就知道先生来了，就来两个人说那你给我说说吧（指算命），一给说，要说对了，就有人请回去说书了。”这样被请去说的书，多为家书，即家书的事主对艺人作为“先生”的能力是有所要求的，特别是在旧时，并不是所有的艺人都能得到说书的机会。会算命、能治病的艺人往往能取得更多的信任，并在当地扬名。英国学者钟思弟认为，“改造说书”活动的缘起，即是因为说书人为当地人所敬畏，于是可以起到有效的宣传作用。（Stephen Jones 2009：30）

“书匠”一词则代表了说书艺人的另一种身份，“匠”在指人时，“指有专门技术的工人，……指在某一方面造诣或修养很深的人。……”（辞海编辑委员会 1979：383）那么书匠的含义就可以解读为，在说书方面有专门技术，或造诣、修养很深的人，人们对“书匠”层面的艺人要求就仅仅在于说书水平上了。尽管民众对能与未知世界沟通的说书艺人有一定的敬畏心理，但说书这种活动实际上仍然是一种生存技能，包括仪式性的活动，对于艺人来说也是生存手段。

4. 仪式、艺人、用乐

从三场仪式中陕北说书本身的用乐情况可以看出，一场完整的平安书（广义）仪式，所包含的环节、每个环节对应的用乐情况如下：

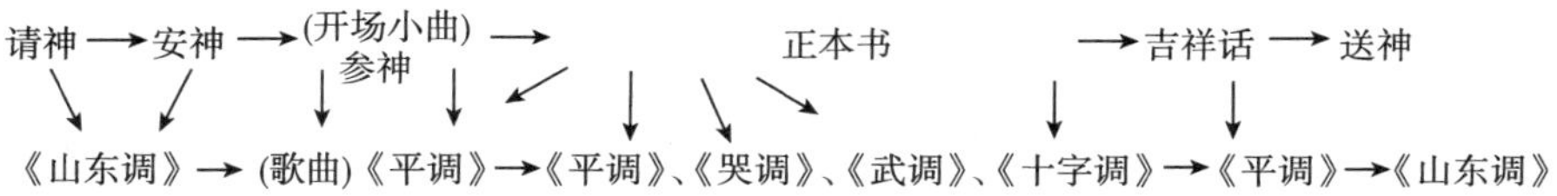

图 6　平安书用乐情况与仪式环节对照图

平安书（广义）仪式各环节使用的音声与音乐性和信仰性的对应关系如下：

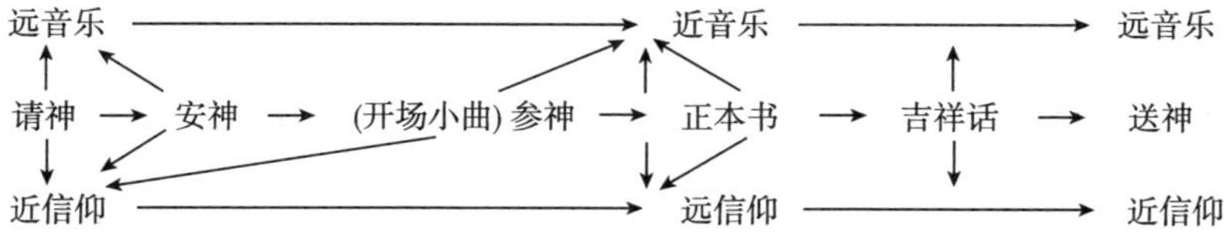

图 7　平安书仪式音声与音声性质对应关系图

在三种平安书（广义）仪式场合，即家书、社书、庙会书中，说书仪式环节的使用情况、用乐的性质，以及说书人的身份也随之有所变化。如前所述，家书仪式是以家庭为单位的，相对于社书和庙会书来说，家书的事主是以个体面貌出现，并且仪式的目的明确。与家书相反的是，庙会书，即庙会中出现的说书，只是整个庙会仪式中的一个环节，而且并非必要环节，庙会有其自身的仪式程序，可以说说书只是一个余兴项目，因此在庙会中，必要的项目只是娱乐性最强的正本书和吉祥话环节，包括与这两个环节捆绑在一起的参神环节也可以被省略，平安书（广义）中近信仰的环节即使在庙会中出现，也只是作为符号存在，并无明确的功能。社书仪式的性质可以说介于家书和庙会书之间，一方面平安书（广义）仪式并不等同于社书仪式，即社书仪式中穿插了一些不属于平安书（广义）仪式中的环节，另一方面说书又是社书仪式中的必要环节，因此在社书仪式中说书人在不同环节中具有双重身份，即与神沟通的媒介和表演者，完整平安书仪式中的音乐成分都会用到，但由于群体参与造成的目的性模糊，在参与者的意识中娱乐性质占有的比重较家书仪式更大。

结语——几多神圣，几多娱乐

毋庸置疑，任何的民间音乐文化事项都有其自身的展现场合，陕北说书也是如此。比较特殊的是陕北说书在民间存在的场合都是具有一定的信仰功能的，即除被官方人为搬上舞台的陕北说书外，这种艺术形式都是在民间仪式中得以表演。如本章前面所介绍的那样，陕北说书有三种表演场合，在不同的表演场合中说书表演也被冠以不同的名称，并由此显示自身与仪式的关系。从本文的分析中可以看到，陕北说书所在的平安书仪式具有自身的程序，但不同的仪式场合所隐含的不同的信仰性质对平安书仪式的程序又做出了相异的要求，使这些程序环节出现了简化、省略、重组等不同的变化。同时，从相反的方向，也就是从平安书仪式环节进行的情况，也能显示出其所在仪式不同的性质。

薛艺兵认为，任何仪式都是“神圣的娱乐”（薛艺兵：2003），然而无论是披着神圣外衣的娱乐，还是将娱乐作为祭品贡献给神灵，几多神圣、几多娱乐都会由仪式程序显现出来。在陕北说书所在的仪式中，家书仪式的环节流程相对严格，但其中体现的是中国民间的范信仰特征，在这个仪式活动中没有一个集中的信仰体系核心，也没有明确表现信仰体系的具体符号。从仪式的功能来看，家书仪式体现的更多的是实用性，即事主做仪式是为了达到自己的实际目的，并以与想象中可能存在，却并不确定的神达成协议（许愿和还愿）的形式出现，这样的信仰特征为信仰的消解提供了可能性。在社书仪式中，神圣性和娱乐性的环节被截然分开，虽然平安书仪式的环节得到较完整的保留，但在这些环节与家书中按顺序连续完成不同，而是被其他环节切分开来，使得仪式的性质和艺人在仪式中起到的作用改变，可以说社书仪式体现了平安书仪式和民间范信仰消解的过程。在庙会仪式中，平安书仪式的环节常常被简化和省略，或通过放大、强调娱乐环节使信仰性的环节变得模糊、次要。而在整个的庙会仪式中也体现出了这样的特点，笔者认为庙会仪式体现了信仰在现阶段被消解的结果。

参考文献

中文

韦恩·C. 布斯、格雷戈里·G. 卡洛姆、约瑟夫·M. 威廉姆斯

2009《研究是一门艺术》［M］陈美霞等译，北京：新华出版社。

蔡秀清、钱永平

2008《社火·社戏：从娱神到娱人的智慧》［M］北京：中央民族大学出版社。

蔡源莉、吴文科

1998《中国曲艺史》［M］北京：文化艺术出版社。

曹本冶

2003《中国民间传统仪式音乐研究》（西北卷、西南卷）［M］昆明：云南人民出版社。

2006《思想—行为：仪式中音声的研究》［J］《音乐艺术》Ⅲ：83—103。

2007《中国民间仪式音乐研究》（华东卷、华南卷）［M］上海：上海音乐学院出版社。

曹伯植

2010《陕北说书概论》［M］西安：陕西人民出版社、陕西出版集团。

辞海编辑委员会编

1979 年 9 月《辞海》［C］上海：上海辞书出版社。

[加] D. 简 · 克兰迪宁、F. 迈克尔 · 康纳利（Clandinin, D. Jean and Connelly, F. Michael）

2008《叙事探究——质的研究中的经验和故事》（*Narrative Inquiry: Experience and Story in Qualitative Research*）[M] 张园译，北京：北京大学出版社。

詹姆斯 · 克利福德、乔治 · E. 马库斯（James Clifford and George E. Marcus）编

2006《写文化：民族志的诗学与政治学》（*Writing Culture: The Poetics and Politics of Ethnography*）[M] 高丙中、吴晓黎、李霞等译，北京：商务印书馆。

丁世良、赵放

1989《中国地方志民俗资料汇编 · 西北卷》[M] 北京：书目文献出版社。

董晓萍

2003《田野民俗志》[M] 北京：北京师范大学出版社。

2007《全球化与民俗保护》[M] 北京：高等教育出版社。

约翰 · 迈尔斯 · 弗里（FOLEY, JOHN MILES）

2000《口头诗学：帕里－洛德理论》（*The Theory of Oral Composition: History and Methodology*）[M] 朝戈金译，北京：社会科学文献出版社。

黄 虎

2007《兰州鼓子调查报告》[J]《中央音乐学院学报》Ⅳ：54—62。

黄新力

2003《中国北方农村的口传文化——说唱的书、文本、表演》[M] 厦门：厦门大学出版社。

2009《陕北盲人说书》[M] 上海：上海锦绣文章出版社。

李雄飞

2008《“西调”考》[J]《艺术百家》Ⅲ：176—181。

刘宗迪

2003《文字原是一张皮》[J]《读书》Ⅲ：3—9。

卢 曼

2003《宗教教义与社会演化》[M] 北京：中国人民大学出版社。

阿尔伯特 · 贝茨 · 洛德（Alberter Bates Lord）

2004《故事的歌手》（*The Singer of Tales*）[M] 尹虎彬译，北京：中华书局。

罗书华

2008《中国叙事之学：结构、历史与比较的维度》［M］北京：中国社会科学出版社。

吕　静

2004《陕北文化研究》［M］上海：学林出版社。

Bruno Nettl

1976《民族音乐的理论与方法》［M］台北：洪建全内教育文化基金会、书评书目出版社。

明恩溥（Anthui H. Smith）

2007《中国人的气质》（*Chinese Characteristics*）［M］刘文飞、刘晓旸译，上海三联书店。

孙鸿亮

2008《仪式和说唱：陕北农村口愿书田野调查》［J］《西安文理学院学报》（社会科学版）Ⅳ：25—28。

维克多·特纳

2006《仪式：结构与反结构》［M］黄剑波、柳博赟译，北京：中国人民大学出版社。

王景林、徐匋主编

1992《中国民间信仰风俗词典》［M］北京：中国文联出版公司。

王玉德

2005《方士的历史》［M］北京：中国文史出版社。

薛艺兵

2003《神圣的娱乐：中国民间祭祀仪式及其音乐的人类学研究》［M］北京：宗教文化出版社。

杨玉成

2005《胡尔奇：科尔沁地方传统中的说唱艺人及其音乐》（博士论文）［D］中国艺术研究院。

尹虎彬

2003《荷马与我们时代的故事歌手》［J］《读书》Ⅹ：22—26。

钟建华、王项飞

2008《仪式：崇拜与有序的神圣》［M］北京：中央民族大学出版社。

“中国曲艺音乐集成”全国编辑委员会

1995《中国曲艺音乐集成·陕西卷》［Z］北京：中国 ISBN 中心出版社。

德化县地方志编纂委员会办公室编

2003《绥德县志》［C］西安：三秦出版社。

英文

Johns, Stephen

2002 "Snapshot: Yellow Earth." *The Garland Encyclopedia of World Music. Volume 7. East Asia: China, Japan, and Korea, Routledge*: New York and London.

2009 *Ritual and Music of North China, Volume2 : Shaanbei*. Ashgate. Farnham.

周 翔

四川小凉山彝族“列目丛毕”的毕摩经诵研究
——以马边彝族自治县仪式为例

【摘 要】四川大小凉山是中国最大、最集中的彝族聚居区，至今仍保存着彝族的原始信仰。“毕摩文化”是彝族传统信仰的代表，“列目丛毕”则是“毕摩文化”的重要内容。“毕摩”是在彝族中享有崇高威望的祭司，他既是沟通人神的使者，又是彝族文化的传承者。“列目丛毕”是毕摩主持的为亡人送灵的大型祭祀活动，毕摩经诵是该仪式的重要内容。笔者经多次对马边彝族自治县的实地考察，依声调和唱法将毕摩经诵分为念讲式、吟诵式、咏唱式，并结合不同的仪式对象和仪式程序，综合考察其“近语言——远音乐”与“近音乐——远语言”的音声形态，以进一步探索仪式和音乐在“列目丛毕”中的内在联系。

【关键词】凉山彝族；毕摩经诵；音声形态；仪式对象；仪式程序

【作者简介】周翔（1982—），上海音乐学院本科毕业，四川师范大学文理学院民歌研究所助理研究员，四川师范大学音乐学院在读硕士研究生。

一、引言

彝族是一个人口众多、历史悠久的民族，主要分布在我国四川、云南、贵州、广西四省区。大小凉山位于四川省东南部，与云南接壤，是中国最大、最集中的彝族聚居区。俗谓“大凉山不大，小凉山不小”，所指即小凉山地区山势险峻、绝对高差较大，而大凉山地区平均海拔较高，但山势较小凉山相对平缓。从地理上看，横贯凉山的黄茅埂山脉是大小凉山的分界线。黄茅埂以东为小凉山，包括乐山市的马边县、峨边县、金口河区，宜宾市的屏山县和凉山彝族自治州的雷波县等；西为大凉山，主要包括凉山彝族自治州的各县市。由于相对独立封闭的地理环境、人文环境以及历代不同的民族政策，大小凉山成为目前彝族传统文化保存最为完好的地区之一。

马边彝族自治县位于四川西南边缘，属小凉山地区，地处乐山、宜宾、凉山三市州的结合区。马边属山区县，境内山峦重叠，无数细小的沟渠从山峦泻出，在峡谷汇集成马边河。从乐山经沐川县境进入马边大山区，境内居住着彝、汉、苗等众多民族。此地虽属民族杂居，但因独特的自然条件和人文环境，彝族文化在此相对独立，保存较为完整，非常有利于考察和研究。

二、“列目丛毕”仪式的文化背景

（一）彝人的信仰体系

彝族人的精神世界非常丰富。他们信仰自然，信仰生命，认为万物有灵，生命有灵，万物和生命都有其起源和形成的历史。在彝族的神话史诗《勒俄特依》中便有关于自然和生命产生的详细记载：“天上吹过了七阵风，飘过了七彩的云。天上降下冰凌作‘比博日格’的骨架，降下霜雪灌作‘比博日格’的肌肉，天上吹来的风灌成‘比博日格’的气息，降下的雨水灌成‘比博日格’的血液，取下天上的星星作‘比博日格’的眼睛，‘比博日格’还是不能变成人。为了让‘比博日格’变成人，‘石莫姆基’放了四个竹公、四个火母到了‘石莫姆哈’去，‘比博日格’还是不能变成人。过了一段时间后，地上又放了十个铁公铁母、十个水公水母到‘石莫姆哈’去。这时候，天空开始起了变化，白云卷成团，黑云滚滚来。过了一阵子，天空开始下起了大雪。大雪有三场，第一场是黄雪，大地一片黄澄澄；第二场是红雪，大地一片红彤彤；第三场是白雪，大地一片白茫茫。大雪开始融化，化了九天，化了九夜。融化后，‘石莫姆基’衍生出了‘雪族十二子’。在‘雪族十二子’中，无血的有六种，有血的有六种。无血的六种：第一种是草，长在平原上，天下全是草。第二种是阔叶树，变成了灌木林，长在山腰上。第三种是针叶树，变成云杉树，长在山巅上。第四种是灯芯草，长在沼泽地。第五种是蕨类，长在坡地上。第六种是藤类，长在山崖边。有血的六种：第一种是蛙，蛙有三兄弟，长子是癞蛤蟆，住在土洞里；次子是红田蛙，住在水田边；小弟是绿青蛙，住在屋檐下。第二种是蛇，蛇有三兄弟，长子住在峭崖上，后代变成龙；次子住在水沟里，后代变成蟒；小弟住在水草边，后代变成了普通的蛇类。第三种是鹰，鹰有三兄弟，长子是鹏雕，常住云雾山；次子是天鹅，天鹅是候鸟；小弟是雄鹰，住在山巅的云杉树林里。第四种是熊，熊类住在深山里。第五种是猴类，猴类住在森林里。第六种是人类，人类分布遍天下。”①

在彝族神话中，人与自然界中的生物都是雪融化后产生的。因此，在彝族人的信仰世界里，始终把自然作为人和其他生命生存和繁衍的基础，并由此而产生了尊崇自然的信仰习俗。

除了相信万物有灵，彝族人还相信人的灵魂是不灭的。他们认为，人的灵魂不会随着肉体的死亡而消失，可灵魂一旦离体不归人就会死亡。在《祖神源流》（罗希吾戈等 1988：134）中记载：“万物有灵魂，无魂不会生，人生魂来附，人死魂先去。”凉山地区毕摩的《指路经》② 中，还记录了灵魂的多种归宿：有的落入阴间、有的还在人间游荡、有的魂归祖界，还有的守在火葬地，等等。因此，人们死后灵魂的归宿，就成了彝人生活中的重大问题。

（二）“列目丛毕”仪式与彝族毕摩文化

在彝族地区一直流传着这样的说法③：在先辈去世以后，他们的灵魂被罪恶之神掳走，囚禁在地狱之中。地狱是一个充满邪恶的幽灵世界，在那里

① 四川凉山彝族自治州人民政府组织选编了一套《中国彝文典籍译丛》，2006 年由四川民族出版社出版。其中有冯元蔚翻译的《勒俄特依》版本。本文选用了马边彝族自治县文化馆曲比兴义老师提供的翻译版本。

② 云南民族出版社、中央民族出版社都有关于《指路经》的书籍出版。本文此处使用的内容是根据笔者采访的资料整理而成。

③ 据笔者采访的资料整理。

亡魂失去了自由，过着非常凄苦的生活。对灵魂的崇拜，使彝族人相信：只有让这些逝去的灵魂重新获得自由，去祖界和祖先们在一起，过上幸福生活，这些魂灵才能够安定，才能护佑子孙幸福生活。所以，子孙们为了让先辈灵魂重获新生，一般在他们去世三年内，徒步到人迹罕至的深山，奉上美酒和荞粑、炒面、鸡蛋等食物，以先辈亡灵的名义采集山上的竹根。并将采集的竹根置于自家房梁之上，供奉数年后，再择吉日请德高望重的毕摩来主持盛大的祭祀——“列目丛毕”仪式。彝语中“列目丛毕”：“列”本意为人，引申为灵魂、灵性；“目”做动词讲。“列目丛毕”即由毕摩主持的为亡灵举行的祭祀仪式。

毕摩的产生源于彝族原始古老的社会分工。彝族是一个具有严格等级制度的民族，据有关专家分析，彝族的等级制度源于早期部落的社会分工。由于社会生产、生活水平的不断进步，在部族集团构建的社会里，逐步形成不同的社会分工。把指挥管理的人分为黑彝阶层，彝语称为“诺”；从事工具制作的工匠分为工匠阶层，彝语称为“格”；从事中间调解纠纷的人分为调节阶层，彝语称为“莫”；从事主持祭祀仪式的人员分为祭祀阶层，彝语称为“毕”，或称为“毕摩”，这就是彝族毕摩产生的社会基础。由于彝族崇尚自然，相信万物有灵及祖灵崇拜的信仰习俗，也促使了彝族毕摩的产生。在彝语中，“毕”是指念诵经文，“摩”是指使者或沟通者，就是人与神鬼之间沟通的特殊使者。因此，“毕摩”即指通过念诵经文能在人与神鬼之间行使沟通的特殊使者。

毕摩也是彝族文化的传承者。毕摩们熟悉彝族的古代历史，熟知各家支的谱系、各种天文地理知识，以及一些医学知识。并在此基础上形成了彝族毕摩特殊的祭仪：以经诵为载体，以神鬼信仰与巫术祭仪为中心，涵盖了彝族历史、天文、哲学、教育、文艺、风俗、医药等一系列丰富的内容。

在由毕摩为亡灵主持的“列目丛毕”仪式中，毕摩通过念讲、诵唱各种不同类型和内容的经文与咒语，达到与神鬼沟通、净化亡灵送入祖界、福佑子孙，亦为生者祈福。此时毕摩的经诵不仅是毕摩进行仪式的手段，也成为毕摩文化乃至彝族文化的重要载体。毕摩文化是彝族文化的重要组成部分，“列目从毕”又是毕摩文化的一个重要内容。毕摩的作毕活动，分为“路下作毕”（“嘎哈毕”）和“路上作毕”（“嘎几毕”）两大类。“路下作毕”是指平常时候一般性的祭祀活动，这些祭祀活动一般都由一个毕摩完成，稍大型的也只需要三四个毕摩就能完成。“列目丛毕”属于“路上作毕”，仪式规模较大、程序复杂、要求规格很高，需要有渊博知识和水平的毕摩才能主持此类仪式。

举行“列目丛毕”时，所有的直系亲属都要出钱出力，各家还需牵出一头绵羊和一头小猪来参加祭祀。稍大型的“列目丛毕”仪式中绵羊和小猪多达三四十头。

“列目丛毕”仪式中要举行几十项仪程。在这几十项的仪程里，扦插签图是一项必不可少的内容。毕摩们从把山上采集来的树枝、竹条、蒿草等物，切成条形或剖成条片，按仪式的进程扦插成各种不同内涵的签图。一场仪式至少需要16000多根这样的枝条，插成40多个内容和作用各不相同的签图。如果把这些签图同时插出来，至少需要一个标准足球场那么大的面积。对于每个签图都有严格规定的，扦插不能够出错。它们涉及很深的历史渊源和文化背景，与彝族的繁衍、迁徙密切相关。

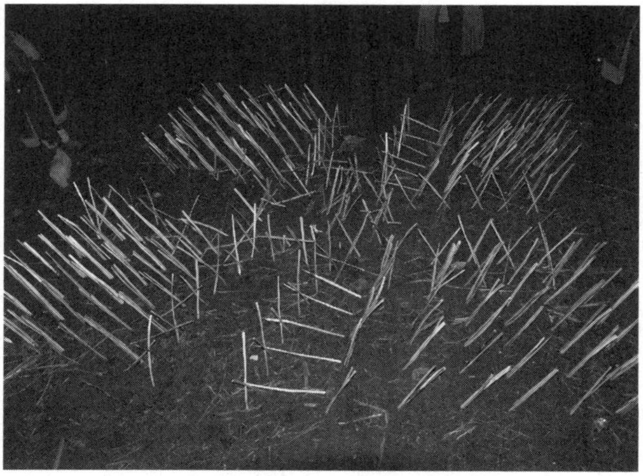

图1　毕摩在仪式中扦插图谱（迷宫）

举行仪式的三天中，在主毕摩的主持下，数十个毕摩不分白天黑夜地念诵经文，内容丰富，至今还没有人对仪式中的经诵进行过完整的记录和详尽的研究。在马边采访时，笔者非常幸运地结识了当地两位出色的毕摩。一位叫曲比拉喜，是当地很有名望的毕摩；另一位叫备者本体，是从美姑迁到马边来居住的毕摩。他们两人都是出自世袭的毕摩家族，不但通晓毕摩经卷，而且能将毕摩仪式的内涵及来历解说得非常清楚，对毕摩经诵就更是十分精通了。这对笔者进入彝区，了解毕摩文化、采集毕摩经诵提供了相当大的帮助。

像拉喜和本体这样的世袭毕摩，他们都是从很小就开始学习念经，他们说自己可以讲清楚话的时候就开始学念经了。拉喜讲："他小的时候每天半夜当时外面还是一片漆黑寂静的时候，就被叫起床，跟着父亲念诵经文。据说这时没有外界的干扰，人的记忆力最好。如果白天有鸟儿之类的听到学习经诵，经文就会被它们偷去。学习经诵，首先，要跟着老师念诵，熟记其中的内容；然后，需掌握经文的具体含义，比如一些古词、典故的来历和传说；最后，还必须弄清楚每一部经文的用途，比如使用的场合、针对作用的对象、用哪种声调进行诵唱、签图应该怎么插等等。"当然，像他们这样的毕摩世家出身，其家世背景本身就是一种法力的源泉。

正是通过这样的方式，彝族的文化在毕摩的口中一代代地承传着；通过这些仪式，彝族的信仰和风俗在时代更替中仍然延续着。"列目丛毕"正以这种仪式的方式承传着彝族人的信仰、记录着彝族人的风俗文化，同时在仪式中对人们进行着教化。

三、"列目丛毕"的田野调查与仪式的音声展示

（一）田野实录

为了深入了解彝族毕摩文化，搜集整理毕摩经诵，笔者多次深入马边彝区山寨，在"列目丛毕"的祭祀现场进行细致的调查和记录，为本文的研究收集了大量的一手资料。

"列目丛毕"仪式一般至少需要三天三夜的时间，仪程多达几十项。第一

天，要完成迎客、迎毕、咒鬼、告神、祛秽、赎魂、迷神、咒鬼等仪程；第二天，要完成拔竹根、净火葬地、唤灵、招灵、制灵、洗灵、祛秽、搭灵房、献祭、剪纸幡、备祭灵猪、巡游（包括唱歌、骑马、摔跤、选美、选才等活动）、搭建经棚、入棚、溯源、款灵、供水、劝哭、分路、献酒、做刻，等等。从傍晚到清晨，毕摩都不能休息，坐在经棚里，分工念诵经文，按程序组织祭祀通宵达旦；第三天，仪程分为唤灵、颂“怪话经”、再款灵、献灵马、报祭牲、送祖先、拆经棚、数牲祛病、祈财求福、挽魂、抢分灵猪、火化、祛病苦、祛病痛、祛凶险、祛恶因、净灵、尼尔（专为非正常死亡者所做的仪程）、换灵桩、祭生殖、赎灵、制灵棺、指路、交媾、送天路、过迷宫、送灵棺、送毕摩。每项仪程都有具体的来历、作用和意义，每一步进行都井然有序。

进行这些仪程的主要目的是为了洗净从地狱里赎出的亡灵，医治其生前所受的创伤，给予安抚和款待，使洁净的亡灵进入祖先居住的天堂，得到安息，过上自由幸福的生活。他们在另一世界幸福生活的时候，也能护佑子孙在世上过得平安吉祥。

“列目丛毕”仪式举行的时间有特殊的限制，一般都在每年冬天，彝族新年和汉族新年之间的一段时间内进行。本文的研究以 2008 年 12 月在马边县烟烽乡二坝村马洛坪组和 2009 年 1 月马边县建设乡湾儿沟村一组的两次“列目丛毕”仪式实地考察为基础。①

烟烽乡是马边县一个偏远的小山村，海拔 916 米。此次举行仪式的是罗其惹惹家，主人 48 岁。参加此次仪式的毕摩约计有 20 位，主毕摩曲比什莫，45 岁，行毕 30 多年。参加此次仪式的家支约有八九家，共约 400 余人，属于规模较小的仪式。

建设乡在马边河中游，距县城 6 公里。此次是曲模家举行仪式，主人 60 岁。约有 30 位毕摩参加此次仪式，主毕摩曲比拉喜，43 岁，行毕近 30 年。参加此次仪式约有 10 多户家支亲戚，共约 600 多人，属于中型的仪式。

---

① 本文所用谱例皆为笔者据马边“列目丛毕”仪式现场毕摩演唱录音整理记录。

（下附仪程的缩略图）

时间	仪程内容	仪式对象	音声
数天前	占卜（确定仪式时间）	神灵	《哟皮及经》
第一天	欢迎毕摩　迎毕入室	主家	锣鼓声、人声、鞭炮声　《酒经》
	告神灵	神灵	《沐古此经》
	咒鬼（赎出亡人灵魂）	什撒、略尺鬼怪	《什撒叶尔》、《觉比德者》、《毕布》、《者客》
	尔察苏（祛秽）	亡灵、主家	《尔察苏》、《莫果莫撒》、《牛尔》
	迷鬼怪	什撒、略尺鬼怪	《煞呀尔（经）》、《略尺日特及》
第二天	呼唤祖灵	亡灵	《唤灵经》
	洗灵、祛秽	亡灵	《库什博帕（经）》
	搭灵房、剪纸幡	亡灵	《涅扎涅朵》、《毕得毕曲赖哦勒》
	巡游	各家支亲戚	锣鼓声、鞭炮声、人声、器乐声、歌声
	搭经棚、入棚	亡灵	《“列目丛毕”溯源经》等经文诵经通宵
	招待亡灵、献水	亡灵	《献水经》
第三天	诵“怪话经”	所有参与仪式的男性	韵文体的白话
	报供牲、数牲祛病	亡灵	《数牲祛病经》
	祈财求福	主家人	人声与毕摩的呼应《祈福经》
	净灵系列仪程	亡灵、主家人	《囚刹经》等
	*尼尔（插入仪程，专为非正常死亡者做）	亡灵	《祛秽经》
	制灵棺	亡灵	《制灵棺经》
	交媾	亡灵、所有男性	《婚媾经》
	指路	亡灵	《指路经》
	天路	亡灵	《绝魂归路经》、《锁灵路经》
	迷宫	亡灵	《收尾经》

毕摩经诵是“列目丛毕”仪式中不可或缺的部分。整个仪式过程中，根据仪式的程序和功用，毕摩分别念诵各种经文，涉及彝族历史迁徙、家支谱

系、生命溯源、祛病消灾、生殖祈福等内容。毕摩的每段经文都有其固定的唱法，他们时而高声呼喊时而低声沉吟，时而急速念唱时而迂回反复，声调和唱法变化丰富，贯穿仪式始终。通过对经文的诵读毕摩与各类神灵沟通，请来他们到仪式现场协助进行仪式。

毕摩经诵有着非常严格的声调要求，在毕摩口中流传这样一句话：经文错认，可以谅解；经文错诵，不可饶恕。在仪式进行的过程中，经文的念诵如果出现文字认识上的错误，是可以得到谅解的；每一段经文都有其固定的诵读声调与方式，如果在仪式中，毕摩使用了错误不当的声调诵读经文，是不可以饶恕的。毕摩的经诵都有严格的分类：从使用功能上可分为“果”、“加”、“几”、“沙”、“席”、“日”、“格”、“哦”等数十种。“加”是对灵魂呼唤的一类经诵；“日”是咒语或引子一类的经诵；“哦”是占卜一类的经诵。从经文内容和使用场合，又可分为占卜、诅咒、擲鬼、通神、赎灵、劝慰、婚媾、超度等数十种。每种经文都有各自不同的使用场合、仪式对象和特殊效用。这些经诵的声调在仪式中一旦错误使用，对举行仪式的主家会产生不利的影响，甚至还可能造成不可挽回的局面。由此可见，经诵音调在仪式中的绝对重要性。

根据声调和唱法，毕摩的经诵可分为：（1）以说为主的念讲式；（2）似说似唱的吟诵式；（3）以唱为主的咏唱式。本文将从“近语言——远音乐”经诵音声的说唱形态、“近音乐——远语言”经诵音声的音乐形态来解析“列目丛毕”仪式中的音声行为。

（二）音声分析

1.“近语言——远音乐”经诵音声的说唱形态

念讲式经诵

念讲式经诵按其诵读的律动与速度可分为念述式与急讲式两类。

（1）特征

①念述式经诵特征是贴近日常口语的表达，随意性大，节奏节拍较自由，句幅多变，较日常语速稍快。

②急讲式经诵特征是使用较快的速度进行大段大段的经文念诵。节奏快急、音节分明、抑扬顿挫、基本为一字一音，句式变化较大。在经诵过程中，除匀速的保持持续的快速念诵，毕摩会根据演唱时的内容、情形及个人当时的状态进行弹性的调整。

（2）仪程中的经诵

在“列目丛毕”仪式中，念讲式经诵主要在仪式对象为神灵或鬼怪的场合使用，如占卜、请神、咒鬼等仪程。

占卜仪程如“哟皮及”仪式，“哟皮及”是彝族毕摩的一种占卜方式。毕摩在为主家人占卜时，在一块干羊板上粘上用野棉花做的引绳，用火绳将粘在羊膀骨上的引绳点燃，野棉花引绳在羊膀骨面上烧出一些裂纹。毕摩便根据这些裂纹的走向及深浅来判断吉祥。毕摩用此方法占卜，帮主人家确认由谁来主持这场大型的列目丛毕仪式活动能使主家更加幸福。此时的音声如《哟皮及（经）》，即一些短小的经（似咒语），多用念述式经诵诵出。

“沐古此”是毕摩做法前的一项祭礼，把草把中放入炭火，使放出烟火，以告知神灵；“尔察苏”是以烫石投入水中，释放出蒸气以示祛秽，待石头发出吱吱声，毕摩便开始诵《尔察苏（经）》；“莫色母”是将主家的姓名报告给神灵。这几项仪式亦用念述式经诵诵经。

诅咒的经诵多用于驱鬼、咒鬼等仪程。《略尺日特及》便是对恶鬼进行诅咒的经文。经文中唱道：割断天上阿石硕巴的鬼魂、地上阿石硕巴的鬼魂；割断高山阿石硕巴的鬼魂、低谷阿石硕巴的鬼魂，割断肺病阿石硕巴的鬼魂、痨病阿石硕巴的鬼魂……此类仪式多用急促、快速的方式将经文讲出，以期达到与神灵沟通，迷惑、驱散恶鬼的作用。

（3）音声释例

谱例1 《呷博毕志》

呷博毕志：“列目丛毕”仪式的第一天主家人在路口迎接毕摩到来时向毕摩献酒，毕摩接受主人献礼时念的一段经文。主要意思是：主家将会得到好运，吉祥之神将送来吉祥，幸福之神将送来幸福。毕摩诵完之后将酒回敬给主人。

中速

XX XX X | XX XX X | XX XX X0 | XX XX XX |

XX XX X | XX XX X | XX XX X | XX XX X |

XX XX XX XX X | XX XX XX X | XX XX X |

XX XX X | XX XX X | XX XX XX X | ……

①此段经文由XX XX X节奏为主导贯穿始终，节奏上不能体现出毕摩经诵的抑扬顿挫。此类经诵贴近于语言，和彝语中的高平调、次高调、中平调、低降调等4种基本字调结合紧密。

②此类经诵虽然节奏相对单一，但因为经文丰富的字调变化以及毕摩在诵经时对速度和力度的调控，且XX XX X与句幅扩大后XX XX XX XX X的节奏型相结合，使经文在念起来错落有致。

谱例2 《呷博志果》

呷博志果：主人家将毕摩诵过祝福经的酒喝下后，再斟上一碗酒献给毕摩，毕摩对酒虔诚地诵起《酒的起源经》。经文中说道：任何收获都需要劳动创造，任何美丽都需要创造装点，希望这杯美酒让主家人更加勤劳更有创造，收获更加丰硕。主要是通过阐述酒的来源，向主人家表达祝福之意。

中速稍快

X X· X | XX XX X | XX XX X | XX XX X |

XX XX X | XX XX XX XX X | ……

①本段经诵的节奏感相对较强，富有动感。

②以三拍子XX XX X为主导节奏，速度中等，在念诵的过程中，逐渐加速，句幅拉长，一句长达5拍9字，节奏急迫，直至结束。

谱例 3 《哟皮及（经）》

“哟皮及”是彝族毕摩的一种占卜方式。毕摩一边用绵羊膀骨进行占卜，一边诵着经文，希望占卜能达到满意的结果。

XXXX XXXX XXXX | XXX XXX | XXXX XXXX |

XXX XXX | XXXX XXXX X | XXXX XX· |

XXXX XX· | ……

① 此段经诵为毕摩进行占卜时所念的咒语，对语言的依附性很强。

② 句幅随意性大，句子长短随毕摩所念咒语的内容进行弹性的伸缩。

③ 速度较日常的语言稍快。

谱例 4 《煞呀尔（经）》片段

“煞呀尔”是在仪式进行的第一天晚上，对鬼怪进行迷惑和震慑时所述的经文。

图 2　正在为主家念诵咒鬼经的毕摩（左一）

快速地

X　X· | XXXX　XXXX　XXXX　X |

XXXX　XXXX　XXXX　X | ……

①《煞呀尔（经）》是讲述有关“什撒布”鬼的来历、取人性命等内容的经文。

② 十六分音符连续反复地快速进行，急促而紧张，象征着对鬼怪进行威慑。

③ 在起句和句读处用了四分音符或更长的时值作短暂的停顿，使经诵层次分明，具有明显的段落感。

吟诵式经诵

（1）吟诵式经诵的特征：似说似唱、唱中带说、说中带唱，兼具说话与歌唱的双重特点。其中既包含了抒咏式的讲唱，也有口令式的急唱，还有旋律性的咏唱。说与唱在此类经诵中不能完全独立，两种演唱方式杂糅在一起，不能简单地对此做出属于讲或是唱的判断。从整体来看，此类经诵更倾向于语言本身字调的音高，音调简单，多为单音的重复。所以此类经诵虽出现了带有音高的旋律，但笔者仍将其归为“近语言——远音乐”经诵音声的说唱形态之中。

① 吟诵式经诵脱离了单纯依靠节奏的变化对经文进行念诵，提高了经诵的表现力和表达层次。已不单是对某一节奏进行连续的重复，在节奏上叠加了依附于语言节奏、非独立性的旋律音高。音高与节奏的相互贯穿，使经诵节奏游移、贴近口语、古朴自然。

② 从语言基础上提炼的音高，多为同音反复。如6666 、3333。旋律进行基本无大以跳级，多三度内的小跳为主，其中小三度（6 —1）进行为其核心进行。

③ 每段经文毕摩可根据经文的内容和仪式现场的情况，进行节奏与速度的调整，不受快速或慢速单一速度的影响和限制。

（2）仪程中的经诵

毕摩在进行仪式时，通常都要念一些与起源有关的经文，这些经文带有叙述性质，多用吟诵式唱法进行经诵。如讲毕摩的起源、背诵家族的承传谱系；仪式所用法器和牺牲的来源。并以此来震慑鬼怪，告诉亡灵事情的来由。如果毕摩背不出起源经，就会被看做没有法力，无法镇鬼和驱邪。毕摩在“列目仪式”中还会念诵《指路经》，亡灵会被告知需要经过哪些地方，才能到达天堂和已经在那里生活的祖先们团聚。

吟诵式经诵属于“语言性——音乐性”音声境域中的过渡层次。节奏规整、速度较自由，多为单句的变化重复。常用在与亡灵沟通和一些叙事、溯源的仪程之中。

（3）音声释例

谱例 5 《孜兹尼扎》

“略次日”指的是彝族经文中的诅咒部分。彝族人的精神世界中，有个看不见的灵异世界叫做“略次”，一般汉译为鬼神。这类鬼神会给活着人们的灵魂世界带来灾难与厄运。因此，针对它们念诵的经文叫“日”，也可译为“咒”，将邪恶的灵怪驱逐出活人们的世界。《孜兹尼扎》是讲述鬼怪起源的一段经文，说鬼怪起源于一个人与神的爱情故事。

中速

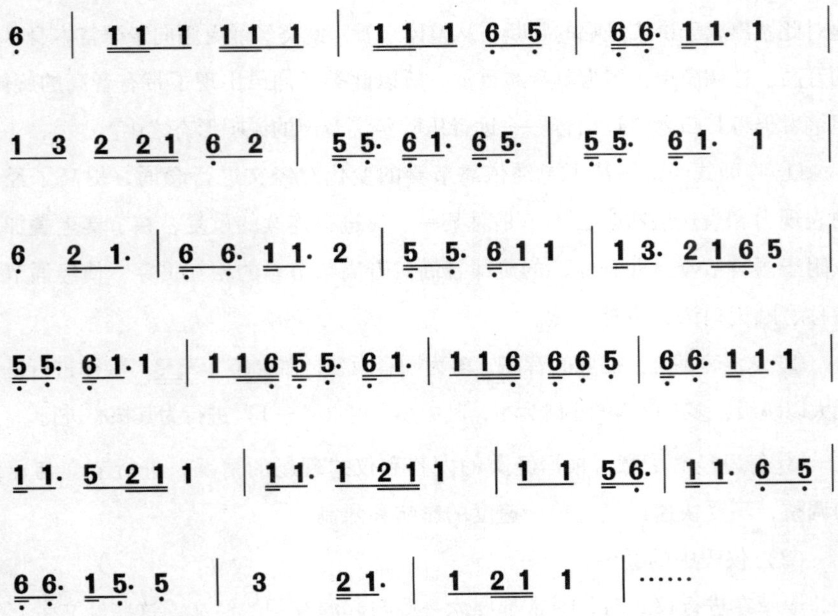

① 此段经乐为单乐句的重复诵唱。附点XX·与后十六X XX节奏相结合不断反复，根据经诵的内容及彝族的语言节奏，每小节2/4、3/4拍子交替出现。

② 音域在5—3的六度内行进，相对固定。旋律进行主要为5 6 1 2的四音列组合，其中11·、11 1等同音反复多次出现。不断强调宫音的出现，使曲调又保持了统一的风格。

③ 音高的变化，基本服从于语言的字调。彝文的字调分为高平调、中平调、次高调和低降调四个音调，其间的音高关系大致相当于（6—3—1—3），毕摩的声调与语言的字调紧密吻合。

谱例6 《沙》

“沙”是在“毕曲依”① 经棚中的各种仪式快要到尾声时候，要举行的一项被称为“沙”仪程：毕摩用草将死去的亡灵扎成分为男女的草像，亡灵中的夫妻都会将扎成的草像捆扎在一起。毕摩面对扎好被捆在一起的草像念诵经文，叫亡灵听从他的祈祷和安排，使他们夫妻在天堂团聚、幸福生活。

中速

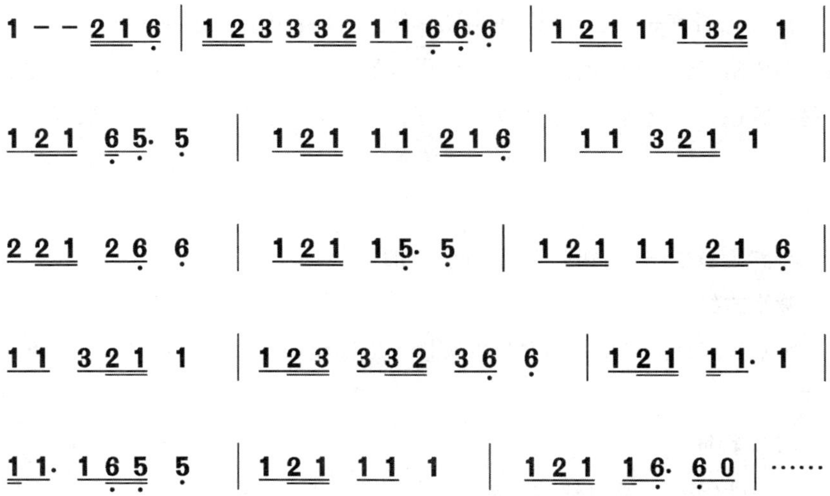

① 毕曲依：是由12根树枝搭成的诵经棚，简称“经棚”，毕摩们在此通宵诵经。

① 本段经诵基本属单句的分节歌，旋律进行简单的变化重复。

② 旋法以级进为主，落音在 1、$\underset{\cdot}{5}$、$\underset{\cdot}{6}$ 三音间回复。

③ 以 3/4 拍为主，与 4/4 交替出现。

④ 音高基本围绕彝语的字调，进行简单变化。

⑤ 属于形式上走向初步成熟的吟诵调。

总之，“近语言——远音乐”说唱形态的经诵音声，在仪式中所作用的对象主要为鬼神和亡灵。在仪式中来解读这类音声现象，是因为神鬼和亡灵与人类所存在的不是同一个空间，所以在毕摩的经诵中选取了这样一种音声方式来与其沟通。体现出经诵音声娱神的一面。

“近语言——远音乐”说唱形态的经诵音声，与语言的关系是最直接、最密切的，与自然语音和语调最为贴近。毕摩们依照语言的音韵和经文的句读，进行经文的诵读。由于对语言的依附，这类经诵的表现力受到语言的制约，但同时也体现出经诵中对语言的升华。此类经诵亦从侧面反映出人们是如何由念讲的语言阶段向歌唱的音乐阶段发展过渡的。

在“近语言——远音乐”说唱形态的经诵音声中，念讲式的经诵由于对语言的依附最强，故句幅的长短多由语言的停顿来决定。吟诵式经诵相对独立一些，既包含了语言字调、声调的特征，又有自身的逻辑，旋律能展现一定的独立性。

2.“近音乐——远语言”经诵音声的音乐形态

咏唱式经诵

咏唱式经诵的经文基本是用歌唱性、旋律性较强的唱腔来完成，旋律丰富多变。

（1）特征

① 节拍多样，富有变化。常见的拍子有 2/4、3/4、4/4、3/8 等，变化拍子如，2/4、3/4 拍的交替出现。

② 节奏组合多样。咏唱式经诵的节奏不仅只限于说唱形态的 $\underline{XX}$ 、$\underline{\underline{XXXX}}$

等节奏，同时还有多种节奏的穿插。其中XX・节奏是凉山彝族音乐中的代表性节奏，毕摩的咏唱式经文中亦以此类节奏为主导。

③ 旋律结构多为单句或多句分节歌的重复。但每段并不是完全重复，根据每段经文的篇幅及具体内容，内部会产生句幅的扩张或紧缩、音高的相对改变。最短的经诵分节歌有 2 小节的不断反复，较长一些有 4—6 小节的反复。

④ 每句的落音，多为1 5 6 三音，故咏唱式经诵多为徵调式和羽调式。

⑤ 旋律进行以级进和三度的小跳为主，穿插四度和六度的跳进。

⑥ 速度自由，以匀速为主。有根据仪式内容和具体情形进行适当的调整。

（2）音声释例

谱例 7 《尺克经》

尺克：在“列目丛毕”仪程中，毕摩们会用树枝、树杈等扦插出一大片签图。其中一个仪程需要主家人在身上套上破烂的头帕、衣服、裤子、鞋等物品，排好队按照毕摩的要求轮番一次次通过插好的签图中，每一次通过都要从头到脚一层层将破烂的帽子、衣服、裤子、鞋等脱掉。毕摩诵《尺克经》，表示主家人的灵魂将从贫穷困苦中得到解脱，从此过上幸福的生活。

图 3　准备进行“尺克”仪式的主家人

中速　平稳

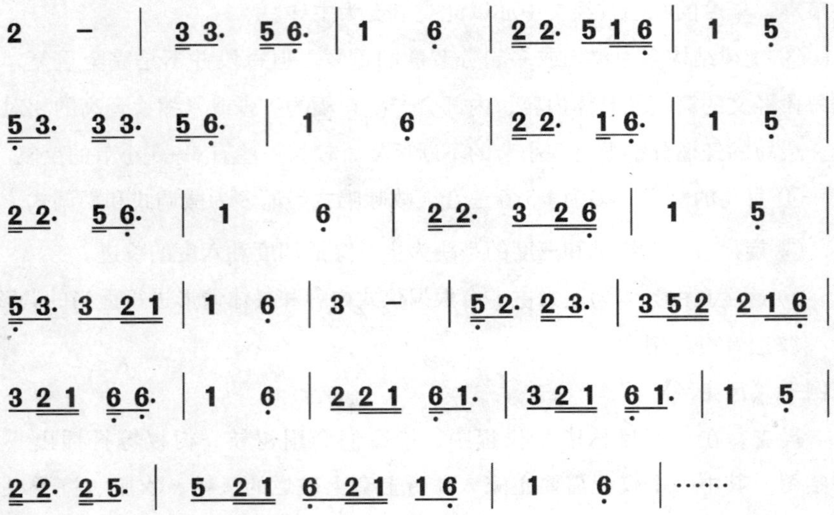

①本段经诵的旋律起伏大，歌唱性强。在一个旋律框架内，单句体旋律任意变化重复。句中与句末的半终止、终止都落在固定的音上，为徵音和羽音的相互交替。

②节拍较规整。XX· 节奏结合跳进音程与同音反复的旋律进行，同时5—6 的七度大跳，使音乐行进富有弹性。

③十六分音符与四分音符间隔出现，音乐节奏一张一弛地交替进行。稳中有动，动中有静。

谱例 8 《呈占经》

呈占："列目丛毕"仪式中，要用 12 根树枝搭成"毕曲依"经棚。毕摩唱《呈占经》时，主人要牵出一头肥硕的公绵羊，助手们将这只公绵羊捏死以后，按献祭亡灵的要求将绵羊解剖，敬奉在"毕曲依"经棚下。这段经文主要是向死去的亡灵表达对他们的孝敬和尊重。

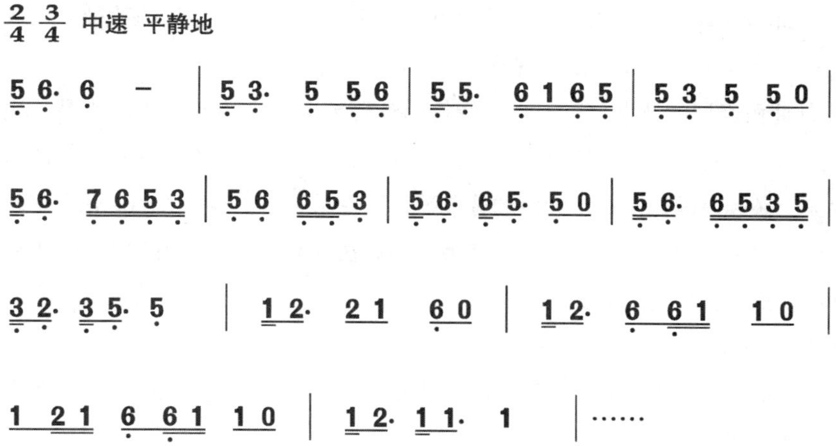

① 此段经乐以 5 6 1 3 四音列为骨干音，多三度的跳进和级进，旋律曲折。

② XX· 为主体节奏贯穿始终，富有动力。

③ 十六分音符XXXX 的出现，级进和小跳的组合，增加了过渡音，使音乐更加流畅。

④ 落音相对固定，为徵调式。

⑤ 每句的长短不一，音乐错落有致。

谱例 9 《木摩》

“木摩”是在三天的仪式将进入尾声的时候所唱。祈祷亡灵能有好的归宿，子孙们能得到他们的庇护。

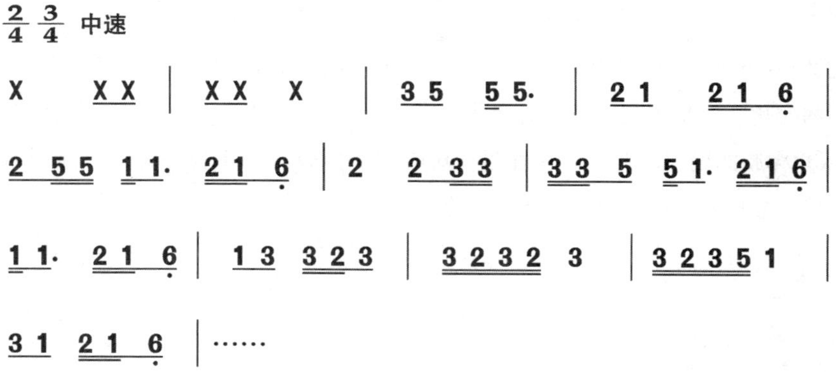

① 此段经诵既有经乐中的吟咏特点，又结合了民歌中咏唱的特征。体现出经乐“近音乐——远语言”的咏唱形态。

② 此段经诵的节奏，以十六分音符的各种节奏组合为主，体现出彝族民间歌曲的一大特点；本段还以固定的21 6作为落音，亦是彝族民间歌曲的一大特征。彝族民歌许多都是大段的分节歌，无论乐句当中有多大的变化，但每句的落音通常以固定的音调或音节结束，例如在《热达》[1]、《阿蒙古》[2] 等民间歌曲，都有很好的展示。

谱例 10 《热达》

《热达》在彝语中为留住之意。即姑娘出嫁时，家中的亲人朋友不忍其离去，唱此曲表示对她的挽留。

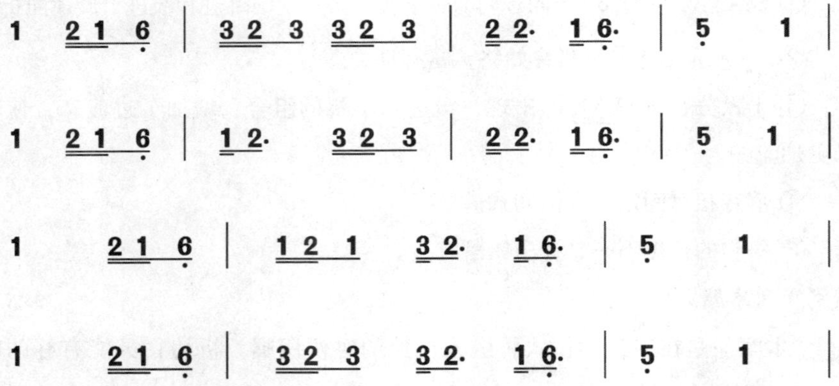

① 本曲运用了彝族民歌典型的XX · 节奏和 5 6 1 2 旋律骨架。

② 结构是规范的分节歌形式，一头一尾为固定的音调。句幅因句中根据歌词的变化，产生了句子长短的变化。

③ 彝族的民间歌曲，讲述性强，对唱词的内容更加重视和强调。所以音乐的旋律多比较简单，单句的重复较多。

---

① 彝族哭嫁歌。

② 想念妈妈的歌。

（3）咏唱式经诵在仪式中的作用

咏唱式经诵的音乐性很强，它主要在仪式对象为生者或祈求对生者进行护佑的仪程中咏唱。如，接种仪程中祈求多子多福所诵的《赐福经》；交媾仪式中的《博（经）》；为生者挽魂的《挽魂经》等。这些经诵既是唱给亡灵听，希望他们能护佑后人；但更多的是为了给生者祈福而咏唱的，所以此类经诵更多地综合了彝族民间音乐的一些特点。如彝族民歌当中附点节奏型、级进、三度小跳等旋法大量地在其中运用和体现。

咏唱式经诵是“列目丛毕”仪式的外化展现，它更多地表现了毕摩经诵中娱人的特点。经诵中所展示的民间音乐风格，使仪式参与者在此类经诵中获得更多的认同，让他们更好地融入仪式行为当中。

图4　毕摩坐在吉祥生育树下为主家念诵经文

（参与者为主家的所有男性）

3. 毕摩经诵音声的特征总结

（1）经诵的特征

① 毕摩的经诵常在句首加入提示性的虚词：啊哈——哦伙、吔——伙、舍也——唐、嗯吔、嗯啊、嗯唐、哦、啊等表示演唱已经开始。此类引子无固定节奏，可根据情况自由延长。

② 经诵的句首常有重音似的强调，或在句尾做有意的拖腔处理，速度渐慢。

③ 字调与情绪的结合：凉山彝语分为高平调、次高调、中平调、低降调等4个声调。毕摩在经诵的念唱中，对生活中的字调进行夸张，使经诵张弛有度、高低起伏、别有韵律。

（2）毕摩经诵特殊的发声法

真假声自由转换是毕摩经诵的一大特点。在快速的念诵过程中，毕摩一直用中等音量的假声进行表达，在句读之处常有明显的停顿和较大的气口，在此处也常加大音量，用真声发出句首的字进行强调，与快速念唱中的假声低唱形成对比。

四、结语

彝族的灵魂观和“列目丛毕”仪式有着极为密切的关系。彝人信仰中灵魂不灭的观念，使得他们一直有着视死如生的社会心理。所以，“列目丛毕”仪式便成为彝人表达哀思，为亡灵魂魄寻求归宿的一条重要途径。通过举行“列目丛毕”仪式，亡灵成为了庇护后人的祖灵。仪式也成为一条联系亡灵归宿与生者希望的重要纽带。

举行“列目丛毕”主要有三层功用：一是将亡灵安全地送归祖界，主要体现在招灵、制灵、祭灵、净灵、送灵等一系列仪程中；二是为子孙后代祈求幸福安康和繁衍发展，主要体现在挽魂、婚媾与接种等一系列仪程中；三是具有一定娱乐意义的活动，其中以巡游最为突出。

在“列目丛毕”仪式中，毕摩充当了一个沟通地狱、人间和天堂的中间

图5 正在进行巡游的各家支

人。在经诵中，语言被赋予了神秘力量，展现出毕摩的法力，起到“催化”的作用。毕摩运用了念讲式、吟诵式、咏唱式三种不同的唱法与不同的仪式对象进行沟通，建立了生与死、祖先与后人、人间与天堂等几组对应关系；塑造了从生者到亡灵到祖灵再作用于生者的一个循环关系；诠释了从地狱到天堂再至人间这一循环当中的文化内涵。使仪式的内容和层次得到明显的区分，每种唱法和仪式的进行都是密切相关的，它们对应着仪式中不同的阶段和仪式对象。如下图所示：

语言性——	——	——音乐性
（“近”语言）		（“近”音乐）
演唱方式：念讲式	吟诵式（过渡）	咏唱式
仪式对象：神鬼	亡灵	祖灵　生者

在仪式进行的头一晚，毕摩先用近语言的念讲式经诵讲出秘言咒语对鬼怪进行威慑、迷惑。在亡者的灵魂脱离了鬼怪的看管后，毕摩们便把他们从火葬地唤出，并让其附着在竹灵上，再开始一系列清洁和净化灵魂的仪式。这些仪

式的经诵，毕摩多采用吟诵式的唱法。亡灵的魂魄被清洁以后，便可以被送往祖界，成为祖灵，继而对生者进行护佑。此时的经诵对象主要为生者或是即将成为祖灵的亡魂，经文如《赐福经》、《博经》等。这些经诵音乐性强，多运用咏唱式的唱法。

念讲式经诵，是仪式中的核心层次。例如《尔察苏（经）》、《略尺日特及》等经，是面对神灵、鬼怪所念唱的经文，属近信仰远凡俗的音声形态，经诵远离当地民间音乐的风格，更趋向于语言化。

吟诵式经诵，属于仪式中的中间过渡层次。它既要对神怪、亡灵产生效用，又对仪式参与者的感觉和思想产生一定的制约和影响，所以吟诵式的经诵音声介于仪式的两个层面，既具语言的特征，又有音乐的特点。通过它，人们信仰中的灵魂观念变得具象，共同的心理规则获得激发。

咏唱式经诵，是仪式中的外化层次。它是三种经诵形式中与民间俗乐最接近、歌咏性最强的经诵。体现了毕摩经诵中近凡俗远信仰和娱人的一面，表达了人们对生命的崇敬与赞美。祈求亡灵的庇护，为生者祈福。贴近民间音乐风格的经诵，使生者对仪式的认同感更加强烈。

“列目丛毕”仪式不仅体现了彝人的灵魂崇拜观念，还体现了他们对生与死的认识。对死者的崇敬实质是对生命的珍视，直面死亡能激发生者重视生存、繁衍及信仰的力量和精神力量。《庄子·齐物论》中讲：“方生方死，方死方生。”（郭庆藩 1961：66）生命便是如此地循环更替。只有面对死的事实，才能更加珍惜生的价值。“列目丛毕”仪式所表达的生者对亡灵的缅怀、追思以及对神鬼世界的敬畏，都是他们对生命的渴望和希冀。同时在这一仪式中，彝族的民族文化、信仰与习俗，也得以沿袭、保存与展现。

参考文献

马学良

1989《彝族文化史》［M］上海：上海人民出版社。

阿牛史日、吉郎伍野

2007《凉山毕摩》［M］杭州：浙江人民出版社。

巴莫阿依

1994《彝族祖灵信仰研究》［M］成都：四川民族出版社。

2004《彝人的信仰世界——凉山彝族宗教生活田野考察报告》［M］南宁：广西人民出版社。

曹本冶

2008《思想—行为：仪式中音声的研究》［M］上海：上海音乐学院出版社。

郭庆藩

1961《庄子集释》［M］北京：中华书局。

黄允箴

2007《纵横民歌时空》［M］上海：上海音乐学院出版社。

凉山美姑彝族毕摩文化研究中心

2002《美姑彝族毕摩文化调查研究艺术专辑》［Z］内部版。

罗希吾戈等译注

1988《裴妥梅妮：苏颇（祖神源流）》［M］昆明：云南民族出版社。

孟慧英

2003《彝族毕摩文化研究》［M］北京：民族出版社。

起国庆

2007《彝族毕摩文化》［M］成都：四川文艺出版社。

韦安多

2004《凉山彝族文化艺术研究》［M］成都：四川民族出版社。

伍精忠

1993《凉山彝族风俗》［M］成都：四川民族出版社。

易谋远

2007《彝族史要》［M］北京：社会科学文献出版社。

讲座纪要

梁 怡

第四届“大音讲堂”
以科学方法研究民族音乐的可行性探讨

时 间：2011 年 11 月 4 日 14：00—15：30

地点：上海音乐学院教学楼北楼 214 教室

【摘 要】香港中文大学梁怡教授以他近年来从事的对“模糊空间”之定量与定性研究的视角，提出“以科学方法研究民族音乐的可行性”之尝试，并试图从实际技术操作层面对这种科学分析方法的合理性和适用性进行验证。

【关键词】定性；定量；通则；数据挖掘

【演讲人简介】梁怡（1948—），香港中文大学地理与资源管理学系讲座教授。

【整理者简介】王丹 （1981—）上海音乐学院博士研究生

上海音乐学院“中国仪式音乐研究中心”举办的第四届“大音讲堂”于 2011 年 11 月 4 日下午在上海音乐学院教学楼举行。延续以往邀请音乐学兄弟学科专家和学者的惯例，此次“大音讲堂”邀请到香港中文大学地理与资源管理系的梁怡教授带来题为“以科学方法研究民族音乐的可行性探讨”的讲座，仪式音乐中心主任曹本冶教授主持了此次学术讲座。

开始前，曹教授向在座师生简要介绍了梁怡教授的研究背景并强调了为仪式音乐研究建立跨学科视野的重要意义。

梁怡教授从事于地理学，特别是数量地理学的教学与研究，他在空间分析、数据挖掘与知识发现、地理信息系统与智能决策支持系统等方面取得了很多突破性成果，这些成果在国际学界具有很高的引用率。梁教授不仅在国际学界的自然科学学刊担任主编，而且还是国内一些重点大学和科研机构的兼职教授与顾问。在梁教授从事的尖端自然科学领域里，他对“空间”这一模糊概念进行过重要研究，对其建立了一套量化的理论和可以具体执行的方法，这对我们的音乐文化研究中同样会涉及的“空间”问题提供了思考的途径和深刻的启发。曹教授强调，“大音”讲堂举办的宗旨就是希望借鉴兄弟学科的研究成果和理念，为我们从音乐学角度进行音乐文化研究提供理论与方法学的启示，辅助我们建立一个具有主客位层次的立体跨学科视野。

梁教授此次讲座主要分为四部分内容：一、音乐、地域文化、仪式三个范畴的相互关系。二、分析音乐的科学方法。三、民族音乐、地域文化、仪式概要。四、音乐、地域文化、仪式的相互关系分析。

在第一部分中，梁教授借用一些民间音乐与特殊地域文化相互联系的实例来引发我们对于音乐、地域文化、仪式三个范畴之间相互关系的思考，并简要对国际与国内学界利用自然科学的定量方法来对音乐进行研究的背景进行了梳理。

梁教授指出，民族音乐与地域文化和仪式具有密切的关系。如“长调”作为内蒙古的草原文化的典型艺术代表，具有音调高、跳度大的特点，这一特点与其所在的草原地貌特征有着一致性表现。同样，对存在于不同文化与地貌空间的音乐文化与仪式来说，虽然其特点各异，但也可遵循于上述思路与假设，从科学的兴趣与视角出发，并运用科学的方法对这些不同个案进行研究，从定性与定量两方面寻找音乐与地域文化、地域与仪式、音乐与仪式之间存在的某种通则性关系。

在这一基础上，梁教授拟定了一条从问题的提出到个案数据分析，再到定量分析直至结果解释与验证的研究路线。在试图以定性及定量的方法探索地域文化、仪式及民族音乐之间的联系及相互作用这一问题之后，梁教授提出需要总结地域文化、仪式及民族音乐的各种变量数据进行分析，从数据当中挖掘某种特性或通则。在选择对数据进行定量分析的方法方面，梁教授列举了自然科学领域中的多重分形、模糊数学、因子分析、聚类分析、典型相关性分析等方法，并指出最后要从专业角度来对结论的合理性或适用性进行衡量和评价。

随后，梁怡教授简要列举了国内外学界对音乐进行定量分析的实例。20世纪50年代，美国音乐家内特尔、梅里亚姆等开创了将风格特征分类统计的方法。国际方面，20世纪60年代，艾伦·洛马克斯（Alan Lomax）在《歌唱测定体系》中利用定量分析方法进行民族音乐研究。2003年，Ancouturier and Pachet 总结了利用分类、聚类等方法识别不同音乐风格的研究。国内方面，周国栋和叶甘霖利用数学统计方法研究中国民歌，写出《蒙古族民歌的音乐曲线和音差数据》（1989）；韩宝强等对《二泉映月》进行优化测音和对结果进行统计与分析（2000）；秦丹和马光志基于挖掘技术的音乐风格识别系统，利用关联规则进行音乐风格识别（2005）；马志飞在对民族音乐研究中的定量分析方法进行了综合论述中指出，民族音乐学研究方法论中，定量分析和定性分析相互补充，应相互结合以促进学科发展（2006）；杨圣云等利用K均值法对音乐风格进行聚类等（2008）。梁教授补充到，虽然有些学者反对和怀疑使用这种定量方法对音乐这一创造性很强的艺术形式进行分析，但如果从探讨规律的目的出发，以上的方法还是具有很强启发性的。

第二部分中，梁怡教授通过相关文献的查阅，从音乐的三种可能的描述体系出发来探讨使用定性与定量方法来进行音乐研究的可能性问题。例如使用旋律、音符序列、节奏、速度等一些具体的方式对较为抽象的音乐风格进行表述，从曲体结构方面将音乐分为曲式（包括单曲体、联曲体）与曲调（朗读吟诵），或从演唱角度将音乐划分为唱词、唱法（包括独唱、对唱）、唱腔三方面。梁教授指出，虽然他列举的划分角度可能与音乐专业领域的划分有一些差异，但他主要希望通过这种举例的方式来寻找对音乐进行量化分析的可能途径。

在分析思路方面，梁教授列举了一些自然科学中的定量分析方法对我们进行启发。在展示了空气中一氧化氮浓度、二氧化硫浓度以及来自珠江流域两个观测点的日降雨量的四个以时间序列作为分析参数的分析图示之后，梁教授指出这四张图表在其表现形式上的一些共性特征，即横向方面具备等量的时间单元，纵向方面呈现出高低变化的线条。他解释说，通过时间序列图的分析与比较，我们可以对不同事物进行量化处理并通过各种不同的方法来寻找蕴涵于其中的某些规律。如利用数学中的多重分形方法，通过将时间段进行不断细化来发现事物的产生过程；或将事物与其组成元素的“自相似性”方面寻找整体与局部的关系；或从时间序列当中寻找事物变化的规律，并预测这一规律发生几率的“长相关性”问题；或在某一尺度下面寻找事物发展变化转折点的“交叉时间尺度”问题等。这种科学分析方法是在利用时间参数对事物进行合理量化和不断细化，这对于同样借助时间来进行表达的音乐来说，也使其具备了进行深入量化分析并从中寻找其发展变化规律与时间的关系的可能性。

除此之外，梁教授还列举了一些学者用其他的方法对不同音乐类型组合的分类研究以及运用心理学的某些概念对不同乐器的组合进行分析的实例。

在第三部分中，梁怡教授分别通过寻找不同“属性”的方法来对民族音乐、地域文化、仪式这三个概念范畴进行描述，从可能进行量化的角度来启发我们对于三者之间的密切关系进行深入思考。例如，我们可以使用演奏方式、器乐构成、基本属性、演唱方式等表现形式对民族音乐这一概念进行描述，可以使用草原文化、农耕文化、客家文化、工业文化等属性来对地域文化这一概念进行表述。在仪式方面，梁教授也列举了一些具体的仪式类型，如嫁娶仪式、祭祖仪式以及宗教仪式等来对仪式的概念进行表示。

在对音乐、地域文化、仪式这三个范畴进行了属性划分之后，梁教授首先对其中任意两个进行比较来寻找其关联性并辅以列表进行说明。例如在下表中，梁教授通过将地域文化与仪式的属性进行不断地同步细分，展示出两者从宏观到微观的变量构成，清晰地将地域文化和仪式以不同变量参数的形式表示出来并利于我们从中寻找某种对应关系。梁教授指出，对于地域文化、仪式部分的变量数据进行分析较为容易，然而对于音乐的描述是比较模糊的，例如不同文化对音的高低长短有不同的判断标准，因此可以通过模糊数学的方法对其进行一定程度的刻画，在定性与定量之间寻找沟通的桥梁。梁教授用同样的方法对地域文化与音乐、仪式与音乐的关系进行了分析。

在得到这些数据之后，就需要对其进行一些综合性分析，例如“典型相关性分析”。梁教授解释道，“典型相关性分析”就是探索两组变量之间的关系。如果能够在两组数据中间寻找到某种线性组合，那么便可以认为这两个组合之间具有最大相关系数，并将该线性组合配对称为典型变量。之后，通过检验各对典型相关变量相关系数的显著性，来反映每一对综合变量的代表性。如果某一对的相关程度不显著，该变量就可以忽略。最后通过对少数典型相关变量的研究，代替原来两组变量之间的相关关系的研究，从而容易抓住问题的本质并起到简化数据的作用，如此也就寻找到地域文化、音乐、仪式中彼此相关的某些属性。

还可以对其进行“因子”分析。梁教授解释道，给定民族音乐、仪式、地域文化视为由多种属性数据组成的集合，且共有 t 个变量，对其进行因子分析的目的就是为了试图用少数几个潜在的、不可观测的随机变量来描述原始的 t 个变量间的复杂关系，用因子的提取来对原有的大量属性进行简化，并寻找属性与因子之间的关系以及因子与因子之间的关系。

第三种综合分析方法是“聚类分析”。聚类分析是直接比较各事物之间的性质，将性质相近的归为一类，而将性质差别较大的归入不同的类的一种分析技术。比如假设有 k 种有关音乐结构、仪式和地域文化的不同组合，通过在不同田野观察点采集这种关系数据来寻找哪几类组合具有较近的关系，从而对其进行类别划分，寻找其中共通的关系。梁教授指出，田野观察点既可以以较小的村落为单位，也可以较大的地域为单位，这种类型划分的结果与观察的尺度具有密切的关系。如果我们将民族音乐视为由不同类别构成的整体，那么最终我们也可以通过这种方法看到它是由哪些类别所构成。

最后，梁怡教授指出以上内容中所运用的方法是建立在充足的数据资料基础上进行的计算机模拟分析，他希望这样一种科学的方法和思维可以对我们探寻音乐文化的研究方面起到辅助作用。

讲座结束后，曹本冶教授特别感谢梁教授为此次讲座所进行的辛苦工作。曹教授指出，对于音乐这种模糊概念，通过何种手段或方式对其进行体系化的描述是音乐文化研究一直面临的重要问题。梁教授通过在此次讲座展示出对于地理空间等模糊概念进行研究的科学方法和思维，对我们进行音乐的研究具有较大的启发性。围绕这种科学方法本身及其在民族音乐学研究领域中的应用前景等问题都将会在第二天的圆桌会议上展开积极的讨论。

王 丹 整理

第四届“大音讲堂”圆桌会议综述

时　间：2011 年 11 月 5 日 9：00—11：00

地　点：上海音乐学院贵宾室

参加者：梁怡教授，曹本冶教授，乔建中教授，洛秦教授，萧梅教授，刘红教授，张振涛教授，杨民康教授，齐琨研究员，吴凡研究员，上海音乐学院民族音乐学、传统音乐等专业博士、硕士及本科生。

主持人：刘红教授

2011 年 11 月 4 日，来自香港中文大学的梁怡教授为第四届“大音讲堂”带来题为“以科学方法研究民族音乐的可行性探讨”的讲座，也由此再次引发了大家对于科学与艺术、感性与理性问题的深入思考。在第二天的圆桌会议上，来自上海音乐学院的部分师生与梁怡教授就这种科学的方法与思维在民族音乐学研究领域中的应用等诸多问题展开了积极而热烈的交流与互动。

会议由刘红教授主持。

展开讨论之前，刘红教授针对梁教授昨天的讲座进行了简要的回应。他认为，虽然梁教授的讲座内容在表面上看似与音乐学并不处于同一学科领域，但其内容中谈及的自然科学领域所思考的问题已经与音乐学及其他人文学科发生了交融。音乐文化研究一般会从自己的文化经验和文化习惯来对研究对象做观察、描述，但对促成音乐与文化发生关联的某些“因子”的关注和分析较少。因此，梁教授讲座中提到的自然科学的研究方法在其操作层面对我们进行音乐学的相关研究是有启发的。

仪式中心主任曹本冶教授首先进行发言，他对梁怡教授在百忙之中为我们准备这次讲座表示诚挚的谢意。曹教授认为梁怡教授的讲座展示了自然科学对“空间”这一模糊概念的处理方式，这样一套科学的方法不仅具备理论和操作的层面，同时还可以使用一些软件来对研究成果的合理性进行验证。曹教授总结了这一思维方式与方法对音乐学学科研究所产生的启示：

1. 在方法学层面

自然科学研究遵循着发现问题、解决问题再到验证结论的有效性这样一条路线，从这一方面来看，早期比较音乐学试图通过比较研究来获得一种宏观的音乐规法的论证思路与自然科学论证思路相一致。但我们缺乏的是对研究成果的验证程序，其中原因也与学界对于个案研究的倾向性有很大的关系。由于个案研究普遍偏重于描述性，得到的结果可能是“一棵树”，然而这一结果对于我们了解整片的“树林”具有什么意义则是我们在研究过程中需要时刻思考的重要问题。近年来，包括中国仪式音乐研究中心在内的一些研究正在逐步试图从个案研究方面回到早期学科进行比较所设定的学科目标，并以此来回答“音乐是什么”的问题，而这一思路恰好与梁教授列举的自然科学的论证逻辑取得了共识。

2. 在操作方法层面

曹教授对梁怡教授提到的很多操作方法产生了很大的兴趣，例如时间序列的多重分形分析方法再一次为我们展示了看待任何一个事物时都包含着历时与共时问题。虽然学科借鉴了人类学共时性的田野考察方法来观察不同的音乐传统，但需要明白的是任何共时性的展现只是漫长历史线上的一个积累，具有多个层次。梁教授昨天展示了自然科学界将不同画面重叠后的结果进行分离并通过“去趋势化”的方法集中地对某个问题进行分析的方法对我们进行音乐分析具有很大的启发。此外，梁教授提出的如何寻找音乐与地域文化之间的关联“因子”，并运用这种“因子”来对其可能在音乐文化中的发生进行预测和检验的方法与思路也与音乐学研究的目的相契合。

总的来说，音乐学进行音乐研究的方式是寻找描述音乐的各种途径并建立这样一种语系，梁教授昨天的演讲为我们展示了一个语系化的描述工具，这一语系不仅可以质化，而且是可以量化的，这种从基本音乐单元的寻找来观察不同音乐的内部构成、相同或相似问题等方面是极具启发与示范意义的。曹教授认为音乐的研究方面如何从自然科学当中获取启发并建立自己的语系是一项具有长远意义和实验性的项目，需要从事自然科学研究的学者为我们提供帮助并进行合作，如果有这种可能，这样一套描述音乐并使其量化和验证的语系一定会为学科在中国的发展作出贡献。

乔建中教授也从其长期从事的音乐地理学的实践经验出发，与在座学者和专家就梁教授的讲座发表了一些感想。乔教授认为，自然科学与音乐学两个学科之间的关系既近又远。音乐是一种感性的艺术，而定量分析却是自然科学的优势，在如何把自然科学的方法引入音乐的研究中有很多学者早在20世纪80年代就做过一些有益的尝试。比如在美国学者洛·马克思进行的“歌唱体系研究”的影响下，当时的中国艺术研究院还特别成立了一个研究小组，在艺术研究院收藏的音乐资料的基础上制作了20盘有关民歌、小调、歌舞曲等音乐内容的磁带，虽然这项工作因故暂停，然而其中的思路是与梁教授提到的“因子”分析是相同的。自然科学通过大量数据进行比较的思维和方法是值得我们学习的，对我们有很多启发，具有实验性的意义。昨天梁教授提到的国内已经有很多学者对此问题进行了积极的思考和尝试，例如赵宋光先生在90年代进行的“音乐文化区域多层描述”的研究，上海音乐学院博士生王宇琪在其进行流传于全国各地的八角鼓的研究中也初步使用了这样一种方法，都能呼应早期音乐界所做出的各种努力和尝试。但如果要真正理解梁教授提到的相关内容则需要一个相对长的过程，而且也需要时间去慢慢攻克自然科学方法在运用于音乐学研究中所遇到的种种困难。

萧梅教授共鸣于以上两位教授的发言。萧老师认为，音乐学与自然学科看似是两个很远的学科，但是从其方法论和具体技术的角度来看，这与我们进行音乐研究的不同层面都有关联。她引述了加西亚—马尔克斯在《百年孤独》中的一句话，“时间似乎在循环打圆圈，我们仿佛又回到了当初”。并回忆起自己曾在1984年发表的第一篇学术论文就是讨论模糊思维与美术、音乐和舞蹈之间的关系。自此之后，萧老师虽然曾在赵元任就语言的“上加层素”启发下，力图就中国音乐“音本体”问题进行某种描写法的探讨，但由于其中涉及数学领域的建模理论与方法，这是对音乐学学者个人，或在短时期内难以攻破的知识性与技术性难题，因而只能先从其文化存在的逻辑前提入手。萧老师回溯了比较音乐学时代有关文化特质和文化圈研究中分类、聚类的关系，以及考林斯基对于世界各地五声音阶排列可能性的量化分析处理，等等。但如何去选择具有意义的“因子”来对音乐进行描述，这是比较音乐学以后的学科发展越来越关注于音乐与文化的关系之缘由。个案研究本来就是要去发现这些有意义的“因子”的。她认为，尽管就音乐与自然科学方法的协作是一个长远的规划，但我们的学者亦从未停止过脚步。比如沈洽老师从“通用动态旋律记谱仪”到最近刚发表的描写音乐形态学的论文，就一直在探讨基于音乐文化的形态学“分类”、“约定的类型化处理”的方法与观念。比如基于汉族音乐的六大乐位位元系统等，这些都为我们进行类聚或分形，提取音乐特征参数作出了努力和贡献。

萧老师还将她最近对于 soundscape 的一些思考与大家进行分享。她提到两个“舍费尔”，一个是加拿大 Maury Schaffer 和法国实验音乐的代表人物 Pierre Schaeffer，在就 soundscape 的研究和实践中都运用到了对不同时间段内的声音进行系统量化分析或运用的方法。前者是从声音生态系统的角度进行的研究，包括寻找自然界中等不同声音与气候、地理等因素等关系；后者是从创作的角度对音响进行了分类，这种分类对我们面对“声音体”的描述很有参考价值。比如他对音响进行纵向与横向的分类并提取各种参数，如在纵向音高感方面分为确定音高感、复杂音高感；稳定音团、变化音团、不可测变化音团区分等；在横向上的延音态、传递态，持续时间长度以及形成状态的区分，等等。其将音响结构看做是一个断续的组织（一系列音乐个体），以及一系列个体构成的完整整体，从而在分类—形态学的基础上，探索音响的建构和“语法”构成。这也是基于当代创作中声音材料的扩展，必须突破西方古典音乐二维定量音符关系描写音高、音长、音强等参数的描写思维和视角的努力，这些成果是可与民族音乐学的研究进行结合的。萧老师认为梁教授昨天讲座中引发她的最大共鸣便是对于声音之“元”与文化之“元”关系的思考，其中涉及的科学量度与人对于时间序列和空间的感觉关系，正是民族音乐学运用自然科学方法的核心问题。心理学领域的格式塔理论、注意力参数，以及用模糊来解决音响认知和听觉不确定等都对我们思考物与人、音与听的关系提供了启示性和借鉴性的思维与方法。最后，萧老师强调了这样一个课题是需要不同学科的学者进行长期的通力合作才能实现的研究计划，这也与仪式研究中心一直秉持跨学科研究的理念完全契合的。“仪式中心”将协同音乐学系在2015年承办CIM（Conference on Interdisciplinary Musicology）交叉学科国际会议，其主题是“想象与意识”。这个大会本身就包含着音乐学与科学的协同研究，萧老师并就此机会邀请梁教授的合作。

针对以上三位教授的发言，梁教授也进行了积极的回应。他说，昨天的讲座是他在查阅文献的基础上所进行的思考，其中所提到的各种分析思维与刚才几位老师提到的变形、单元、原型等问题存在着一些相通和交叉的方面，也与在模糊数学、模糊集这些概念有着类似的地方。梁教授举例说，“5”这个集合是非常清晰的，然而对于“大概5”这一集合的描述却是模糊的；但其概念虽然模糊，仍然具有一定的边界，可以通过一定的方法寻找到不同元素是基于同一基本单元或原型的变形这一规律。梁教授还提到了音乐旋律方面的“加花”、“减花”的现象，某一音乐曲调在乐曲中的重复等现象就数学领域中对于模糊集的探讨是具有相通之处的。但由于梁教授本人从事的是自然科学领域的研究，并不确定这样一种方法如何在音乐的研究中加以实施，所以也表示了与音乐学者进行合作的愿望。

在自由发言环节中，一些学者与梁教授进行了互动交流。

【美】吕梅丝教授：昨天的讲座很有意思，也很有一些反映。我觉得在中国进行民族音乐学的研究太强调产品，不强调过程。一位英国民族音乐学家（约翰·布莱金）曾经说过两种音乐表面相似、结构相似，但意义不一样；也存在两个不同结构的音乐，但也可能具有相似的意义。您昨天在对音乐进行聚类分析的时候提到观察尺度的问题，然而在不同时间和不同距离下对于我们进行音乐观察的时候会得出不同的结论，即 context（语境）对音乐分析是很重要的。作为一位民族音乐学家，我很强调民族志。尽管数学与统计的方法有其有效的方面，但对于音乐这种非常感性的东西，能否用数学来解释还存在很多的问题，比如说如何处理研究者自我感受的问题。

刘红教授：在梁教授作回答之前，我想请吕梅丝教授解释一下刚才说到的“中国民族音乐学的研究只重视产品”的意思。

吕梅丝教授：从个人感觉来看，不仅是中国学界，还包括美国学界都会出现这样的问题，即大家都将精力集中于自己对于不同民族或地域的研究。西方历史文化大致上具有同源性和相似性，而中国在这一问题上就非常的复杂。中国地方大，历史长，如何寻找一个共同的单元（pattern）呢?

曹本冶教授：pattern 的寻找的确是个问题。

萧梅教授：我们的讨论并不是在于套用其他学科的理论，而是根据我们的研究目的来决定研究方法。在对音乐进行量化的时候，参数的选择是比较人为的，是从田野个案的研究提炼出来的。

曹本冶教授：而且我也觉得产品的过程也可以在一个模糊的概念下进行量化，昨天梁教授通过图示的方法已经试图在将音乐与文化之间建立了某种关联，这也有可能帮助我们解决音乐与文化“两张皮”的问题。

梁怡教授：刚才大家提到了感性的问题，音乐的确是很感性的事物，其创造性很高。另外一个问题是语境，即音乐的解释是“视语境而定的”（context depended）。实际上，很多东西都依赖于语境，不同的背景下有不同的意义，模糊数学已经在着手处理这一问题，而其目标就是在寻找何种语境（context）

是对音乐产生何种影响的。

另外，自然科学以前都是硬性描述与分析，但近些年来也开始使用一些新的方法来对感性与科学之间的关系进行模拟与建构，比如冷、热的描写，与温度的关系等，这些问题都被纳入当今最新的自然科学研究中进行考虑，使用什么方法对感受之类的问题进行量化从而使其可以被进行描述，利用函数或曲线来寻找一个对于诸如冷、暖等感受性概念进行表示。

杨民康教授：虽然昨天没有听到梁教授的讲座。但从刚才大家的反映中明显感受到了梁教授自然科学方法对音乐学研究的启示，这与其他老师提到的早期比较音乐学进行宏观比较的意图是一致的。在进行不同个案是否有必要寻找其共通的东西方面，列维—施特劳斯也希望通过对一种普遍思维结构的寻找来进行一种宏大叙事。因此，从目前众多个案研究的基础上寻找其中包含的对于音乐与文化的关联问题是具有学科意义的，且也为学科早期的理想在今天得以实现提供了一种可能。

针对以上的讨论，梁怡教授还补充到，以往使用科学的方法研究音乐是针对于人的音乐行为，其科学方法是比较硬性的，而且不允许有价值评判的。然而自然科学界过去30年当中出现了很多针对于价值描述的数学公式，现在利用计算机科学来对一些较为“软”的东西进行描述和分析，说明自然科学方法也开始呈现出其弹性。因此，自然科学界在过去30年研发出来的一些东西有可能将音乐这种感性的东西进行研究。

此外，梁教授提到他利用数据挖掘的方法，为一些银行进行金融行为类型的划分，利用这一结果为银行针对不同行为类型来制订服务与市场计划提供参考的实例。那么，究竟能否从音乐数据库当中挖掘出一些隐藏的结构或单元，是需要首先了解目前音乐数据的统计情况，在此基础上来开展量化分析和研究。量化的方法并非是用数字的描述，在确定量化和表达标准和方式的条件下，也能够用语言进行描述，这也为在音乐研究方面应用此类自然科学的方法提供了可能。

最后，梁怡教授非常感谢上海音乐学院“中国仪式音乐研究中心”的邀请，同时也对今后与音乐学领域的专家进行合作表示了良好的意愿。

述评

郎　洁

近三十年来中国古代丧葬史研究综述

【摘 要】本文对于近三十年以来的中国古代丧葬史研究进行了简要的概述，希望能够为专注于中国丧葬史的研究这一中国历史和文化领域研究上的重大课题的学界同仁提供参考。

【关键词】近三十年；中国古代；丧葬史

【作者简介】郎洁（1982—），北京大学历史系2009级博士。

丧葬行为和丧葬礼俗，自古以来作为中国极富特色的社会和文化现象，具备丰富的内涵和厚重的历史沉淀。而关于中国丧葬史的研究，也是中国历史和文化领域研究上的一大课题。这个课题所涉及的外延非常广阔，内涵又极为复杂，需要多学科多角度地去探索和考察。加之近年我国田野考古工作的多项重大发现，以及人类学、社会学等学科的深入拓展，丧葬史研究更加地呈现出异彩纷呈的面貌。自夏之乾编《中国各族葬俗研究论著目录索引》（1989）后，关于丧葬习俗的研究综述就多呈现各细分类目单独成文的情形。由于笔者水平所限，特对于近三十年——尤其是近十年以来的丧葬史研究进行简要的概述，希望能助力于有志于此的专门研究者。

一、 综论及专著

自20世纪30年代商务印书馆出版了杨树达先生作《汉代婚丧礼俗考》

(2002)第二部分《丧葬》至今，历代学者从事与丧葬习俗与丧葬史有关的专门研究就不绝如缕。80 年代初宋德辙《丧葬仪观》(1981)是关于通过丧葬仪式的举行来研究中国丧葬思想的早期作品，虽然叙述比较简略，但是其打开话题的意识和贡献是非常重要的。在此之后，郭于华《死的困扰与生的执著——中国民间丧葬仪礼与传统生死观》(1992)通过对丧葬仪式、习俗的社会和意识两方面的具体阐述，说明民间传统丧葬仪式对于社会结构的完整与稳固有着重要的作用，民间丧葬礼俗所表现出的死亡观念亦即生命观念是潜藏于人们内心的一种二元对立的文化意义结构。郑晓江《善死于善终——中国人的死亡观》(1999)和勒凤林《窥视生死线——中国死亡文化研究》(2000)二文，则是对于中国人死亡和丧葬观念的简要介绍。

除了丧葬思想观念的形成与发展这一主要议题外，中国古代的民间丧葬文化是从事丧葬史研究的学者们讨论最多的议题。罗开环《丧葬与中国文化》(1990)一文利用大量考古发掘、民族调查、文献古籍资料，分上下两篇，从文化和习俗两方面对于中国丧葬行为的各异和发展作了系统而简略的阐述。周苏平《中国古代丧葬习俗》(1991)，徐吉军与贺云翱合著的《中国丧葬礼俗》(1991)，对大量的历史文献和文物考古资料进行了深入而细致的分析，运用历史学、考古学、民俗学、文化人类学、民族学、哲学、社会学、心理学等理论，比较全面而系统地考察了中国社会的丧葬形态和历史，从两种不同的丧葬观到各地、各族不同丧葬礼俗的介绍入手，推动了中国丧葬史研究方法的多样性。在此之后，徐吉军又写成《中国丧葬史》(1998)一书，将研究重点放在了丧葬礼俗在长时段历史过程中的演变上，简要地总结和归纳了中国丧葬礼俗发展和变化的形态和规律。陈华文《丧葬史》(1999)从中国历史上丧葬的起源与发展、葬礼的制度化和等级化、陵寝仪制、葬法葬式，以及葬俗的历史变迁和地方化进程这几个方面，对于丧葬史的变迁进行了概要说明。雪犁主编《中华民俗源流集成·仪礼丧葬卷》(1994)分“仪礼卷”和“丧葬卷”，对于中国各地的丧葬特色民俗进行了简要的概述和介绍。王计生《事死如生：殡葬伦理与中国文化》(2002)从中国文化、伦理观念的维度来透析中国葬制的起源、发展与演绎，着重研究和阐述近现代以来中国殡葬习俗的沿革，以及深层伦理文化内因。李如森《汉代丧葬礼俗》(2003)花费了大量的精力深入地分析和研究了汉代墓葬材料中包含的各种历史信息。

丧葬制度研究,不仅是丧葬文化的研究所建立的出发点,也是中国古代史研究的重点问题之一。杨宽《中国古代陵寝制度史研究》(1985)一书分上篇中国皇帝陵的起源与变迁,中篇关于古代陵寝制度若干问题的探讨,下篇古代陵寝和陵园布局的研究三个部分。该书是杨宽先生探讨古代陵寝制度史的成果汇编,试图通过对于中国陵寝制度,特别是秦汉陵寝制度的厘清,探讨其发展变化的线索。时至今日,杨宽先生的研究仍旧对研究中国古代陵寝和丧葬史研究具有重要参考价值。丁凌华《中国丧服制度史》(2000)主要从不同的断代历史时期,中国各地区葬服制度的发展与演变,以及其发展过程中的地方特色与民族特色进行了研究。

郑德坤、沈维钧合著的《中国明器》(1992)、陈明芳的《中国悬棺葬》(1992)两书,主要是从考古发掘与研究的角度出发,利用考古学与历史学的研究方法,前者研究重点在于说明丧葬礼俗中,不同历史时期器物的分类与用途的演变,后者一文主要是讨论悬棺葬这一特说的葬俗形式在中国的出现与传播所反映出的历史问题与地域特色。针对特定区域进行细致的分析和调查,从事具有地域特色的研究,是丧葬史研究的新开拓与新领域。入手较早且较为重要的专著有霍巍、黄伟《四川丧葬文化》(1992)、何彬《江浙汉族丧葬文化》(1995),此两本书的写作和研究重点均在于针对四川和江浙两地的葬俗的调查和研究,进一步理解四川、江浙两地古代文化传统的形成及其与中原文化、周边文化之间的区别与联系。

二、 丧葬思想与信仰

丧葬史思想与丧葬观念的形成和演变,是讨论一切丧葬行为与丧葬礼俗的思想根源和上层解释,在这一方面的研究,无论是从思想史还是民俗学角度的讨论,都是非常丰富的。

郭鲸鲲《从〈梨洲末命〉看黄宗羲的丧葬思想》(1986),是20世纪80

年代对于丧葬思想方面比较专门的研究。该文是从对于黄宗羲的遗作《梨洲末命》文献的研究切入，探索以黄宗羲为代表的明末清初士人阶层的丧葬思想的形成和表现。李锦、刘琨《中国古代的鬼魂崇拜及其文化影响》（2001）在对“龙”字本义及引申义的考察过程中，对中国古代的鬼魂崇拜及其文化影响进行了探究，认为崇拜鬼魂、畏惧鬼魂影响了先民大部分的生活形态，直至今天其影响力仍未消除。项晓静：《从古代丧葬制度中投射的伦理思想及宗教观念》（2003）。蒲生华：《〈左传〉中春秋贵族的葬礼、丧祭礼及其丧葬思想》（2005），阐述《左传》中对春秋贵族的葬礼和丧祭礼多有书及尤其对落葬礼仪中的饰棺墓圹、出殡改葬、陪葬人殉、升降级葬，对葬后祭礼也有所涉及，这些记载不仅再现了春秋贵族崇隆威仪的葬礼和繁婚持久的丧祭礼程式，同时也折射出了陈于丧葬礼俗之后的当时人们的灵魂不死、等级、宗法、孝道等思想文化观念。刘二辉、张俊丽《〈论语〉所见丧葬礼俗管窥》（2010），主要是对《论语》中所涉及的丧葬礼俗的言论所表达出了“慎终追远、民德归厚”的愿望，以及所渗透的儒家礼、仁、孝等核心思想，梳理出其与汉族丧葬习俗传承的密切关系，对于深入理解文本与社会文化之间的关系具有参考意义。刘喜珍《论传统丧葬制度的伦理根基及其伦理意涵》（2009），论述了传统丧葬制度作为宗法等级制的载体和宗法伦理的重要体现，以孝道作为伦理根基，其伦理意涵主要体现在感恩为重、丧主敬哀、哀而不伤、追思承志、丧祭致和五个方面。

李焕有《周代丧礼思想文化及其河洛延续探微》（2009）一文认为周代的丧葬礼俗和丧礼中所反映出的思想观念在河洛地区延续至今。谢晓燕、魏红友《汉代丧葬文化意识浅识》（2010）将汉代作为封建社会历史发展阶段的关键一环，研究丧葬文化意识反映当时社会的政治经济、宗教哲学等各个方面的状况，中国传统的“鬼文化”和儒道释三家思想对汉代的丧葬文化意识产生着重要的影响，简析汉代丧葬礼俗所反映出的古人的丧葬文化意识。齐东方的《唐代的丧葬观念习俗与礼仪制度》（2006）一文，是以考古学研究手段为依据，对唐代墓葬的分区、分期、分类型研究的同时，探讨社会生活、政治体制中人的职务品位在死后的墓葬中表现出等级的差异，提供了一种多方位研究墓葬的条件，甚至直接联系到权力关系在丧葬活动中所起的作用。最后说明如果仅仅据墓葬本身来分析社会的变化，必然得出一些似是而非的看法，结合墓葬建造的丧葬观念与制度进行探索，才能接近历史的本来面目。姜守诚《十王信仰：唐宋地狱说之成型》（2010），该文以唐宋时民间盛行的十王信仰为中心予以考释，并结合有关道教文献对时人丧葬礼俗及宗教信仰加以探讨。笔者着眼于从唐宋道教文化入手分析当时汉地民众的丧葬行事和冥界观念，将有助于深化道书文献的理解，也有助于全面揭示所处历史跨度下的文化背景和宗教氛围。

李建宗《仪式与意识：对丧葬的解析》（2008）一文以甘肃陇中地区的丧葬习俗为研究对象，通过对丧葬仪式中隐含的灵魂、亲情、恐惧、狂欢四种意识的分析，探讨在丧葬活动中的仪式和意识之间的关系。任辉、李波《鲁南丧葬文化中的道德哲学研究》（2009）说明鲁南丧葬文化属于传统儒家大文化背景下的一个亚文化系统，其礼仪程序及其内容典型地反映了世俗道德准则的不确定性、不可靠性和他律性以及道德情感的实用性、功利性特征。所以，鲁南丧葬文化所显示出来的基本伦理特征是功用性、外在性和随机性。与之相较，宗教道德与理性道德虽则各自有不同特点，但也具备自律性、稳定性的这样的共性，以及道德观念的严肃性、理智性和情感的真实性等共同性特征。虽然这两者之间的道德本质也有区别，但是在丧葬形式上，节制与节俭则构成了它们的共性和一致性。其实质在于其道德信念的本真。

三、 丧葬祭祀与礼制

关于丧葬祭祀与丧葬制读方面的研究，是传统的中国古史研究与丧葬史专门研究交叉面最广，也是最受瞩目的研究。笔者试图从断代史的丧葬制度研究、总论性研究、地方制度专门研究三个角度概述，对于此方面的研究作简要的介绍。

王文涛《从丧葬福利看汉代社会的等级性特征》（2007）说明汉代社会的等级性特征不仅表现在社会成员生前，在丧葬福利上也表现得十分突出。丧葬福利主要施行于贵族、官僚等阶层，有着典型的身份性特征。丧葬福利内容主要有丧假、赙赠、赐茔地、赠印绶、荫子等，等级差别鲜明。与西汉相比，东汉丧葬福利的规定更加具体。丧葬福利客观上助长了当时的厚葬风气。实施丧葬福利的目的是笼络臣下，推行以“孝”道为核心的伦理教化。《汉代丧归制度初步研究》（2009）说明汉代丧归制度是在继承先秦丧归制度的基础上逐步形成的。西汉时期的丧归制度具有明显的等级性和阶级性特点，尤其是官赙制度和玉衣制度表现得更为明显。东汉时期的丧归制度是在继承西汉丧归制度的基础上完善形成的。为了进一步稳固统治，扩大了官赙的范围，朝廷明文规定了各级贵族、官吏卒后所“赙”之规格，进一步完善和健全了赐谥赠官印制度，对后世产生了重大的影响。张鹤泉《东汉丧葬吊祭考》（2009）提及，东汉时期，吊祭是丧葬活动中的重要仪式。在皇帝、贵族、官员的丧礼以及平民的丧葬活动中，吊祭是表达对死者哀思的一种重要的方式，但由于社会等级差别，吊祭的方式并不相同。在国家丧礼中，吊祭的不同方式体现丧礼规格的差异。在私人丧葬活动中，吊祭受到各种社会关系的影响，因而成为吊祭者与丧主联系的一种方式。王子今《再议曹操高陵葬制——以对曹丕黄初三年诏的分析为中心》（2010），对于曹丕黄初三年（222 年）诏所透露的有关曹操高陵葬制的信息，进行了相关讨论，认为高陵“陵上祭殿”确实存在。被称为曹丕“终制”的诏令被赋予传世之戒条的意义，当时已在相当广泛的范围内公布。马端临注意到的“魏武父子遗令俱欲薄葬”表现出了连贯性和完整性，其中所透露的有关曹操高陵葬制的信息亦有更值得我们确信的价值。陈颖《三国时期的薄葬与厚葬》（2009），对于三国时期的丧葬习俗的变化情况、特征及形成原因做出了分析。金爱秀《北魏丧葬制度初探》（2004）认为北魏丧葬制度系承袭汉魏、西晋并融合东晋、南朝之制而来，但也具有自己的民族特点和时代特征。北魏丧葬制度的形成和发展，与北魏社会的汉化过程大体同步，不仅对东魏、北齐和西魏、北周的丧葬制度产生了直接影响，而且对隋唐的丧葬制度及其演变也产生了深远的影响。高二旺《北朝葬礼之“尼礼”探析》（2008）一文中，对于正史中的《魏书》、《周书》、《北史》中所见的北朝时期尼姑丧礼殡葬仪式的记载所作的探析，但是由于正史中所见的这些尼姑多是对于出家皇后的葬仪的描述，具有极强的特殊性，是否能够反映出北朝尼姑葬礼的风貌，则仍旧有待考察。吴丽娱《唐代的皇帝丧葬与山陵使》（2008）是唐代丧葬制度研究的代表作。此文认为唐代自从高宗朝李义府、许敬宗等定《显庆礼》取消“国恤”后，皇帝的凶礼仪注在国家的正礼中便被付之朗如，而皇帝丧事的举办也成为大臣和史书撰作者讳言的内容。这种情况，虽然由于德宗朝颜真卿《大唐元陵仪注》的撰写而有所改观，但是有关唐朝皇帝凶礼的问题却仍显得扑朔迷离。由于皇帝的丧葬礼仪从最初的发丧成服、谥册、服丧、除服乃至最后的安葬山陵及柑庙活动要持续数月之久，而所有的凶事举办过程，唐后期都被置于山陵使的直接领导之下，故从山陵使的角度对皇帝丧礼进行发掘，推进了唐朝皇帝丧葬礼仪的研究。万军杰《唐代多娶习俗之下的夫妇丧葬实态》（2008）阐述了唐代一夫多妻习俗下的夫妇合葬的五种情况，并说明其中与诸夫人合葬的事例最多，应视为唐代多娶习俗下的丧葬常态，对于唐代的社会习俗的研究有着新的角度。段塔丽《从夫妻合葬习俗看唐代丧葬礼俗文化中的性别等级差异》（2005）一文认为“夫妻合葬”是唐代社会一种广为流行的丧葬习俗。“夫妻合葬”习俗所蕴藏的性别文化内涵在于“妻从夫葬”，这是封建伦理道德观念在丧葬礼俗文化中的反映。在唐代“夫妻合葬”习俗中，“妻从夫葬”居主导地位，但“夫从妻葬”的合葬形式亦不乏其例。究其原因，与唐代社会开放、唐人礼法观念较松弛以及女性地位较高有密切关系。游彪《“礼”“俗”之际——宋代丧葬礼俗及其特征》（2005）一文认为就现存资料来看，宋代士大夫阶层提倡实施规范的丧葬礼节，不仅继承总结先秦以来儒家的丧葬制度与理念，而且也依据宋代社会的实际状况加以改进完善，进而形成一套较为系统的“礼法”。这些礼仪很大程度上得到了统治者的认可，有些甚至成为朝廷颁布的政策或法规。然而，由于种种原因，“礼法”未必完全符合两宋社会现实，因而民间丧葬之“俗”便成为庶民百姓约定俗成的惯例。二者之间存在矛盾，却也相互协调，进而共生共存，这是宋代丧葬民俗的总体特征。叶春芳《北宋皇帝丧礼探考》（1993）一文对于北宋一朝七帝丧礼进行了详细考察，对历来混淆不清的丧服问题，作出了清晰、明确的结论；对山陵使问题、服丧双轨制问题，有独到的见解。孙冰

《明代宫妃殉葬制度与明朝“祖制”》（2010）阐述从明太祖朱元璋开始，大规模的宫妃殉葬制度死灰复燃，至天顺八年（1464 年），才从制度上被废除，并以“祖制”的姿态效法于后世。由此可知，明朝的祖制其实是一个动态的概念，是一个在朱元璋制定的祖训基础上不断添加或更改的层累体。

周洪《江西丧葬风俗中的古礼遗存》（2002）试图从江西民间风俗中寻找出流失于野的古礼遗迹，为了解研究古礼做一初步探索，并以此了解中国古代社会状况及这些民俗对今天江西社会的影响。杨华《襚·赗·遣——简牍所见楚地助丧礼制研究》（2003）说明吊丧和助丧是古代丧礼中的重要环节，助丧活动包括赠、含、赙、奠等名目。本文对楚地出土的遣策排列，并在剥离两者的基础上，将楚地的丧葬简牍与礼经的文本记载进行对比复原，认为遣策登录的内容包括自备明器、死者生前旧物和他人三个部分，但又绝不只是这三者的总和。

朱小琴《古代丧葬制度与丧俗文化》（2005）说明丧葬作为社会习俗的一部分，随着社会的发展而发展，有着自己的特点：事死如生；奉行儒家礼仪；等级森严。丧葬制度内容很多，既表现在葬礼的过程中，又表现在坟丘的建筑规模上。彭卫民、贺碧霄《中国古代的家奠弔祭仪制》（2010）一文的结论认为祀祭丧葬文化在我国古代繁缛的礼节仪制中占有十分重要的地位。丧葬制度以礼教符号为载体，将个体的哀痛情感内化为文字以试图对死亡这一永恒概念进行审视和对话，通过礼教来对吊祭程序进行点缀，使得丧亡的个体生命在“礼制”层面上存活于吊祭者内心成为了可能。华琛（James L. Watson）《中国丧葬仪式的结构——基本形态、仪式次序、动作的首要性》（1988）一文译自 James L. Watson, “The Structure of Chinese Funerary Rites Elementary Forms, Ritual Sequence, and the Primacy of Performance”。该文原载于 James L. Watson 和 Evelyn S. Rawski 合编的 Death Ritual in Late Imperial and Modern China (Berkeley: University of California Press, 1988）一书。是一个对文化同质化过程(cultural homogenization）的研究，认为在这些仪式中，动作比信仰更重要只要是恰当地进行仪式，参与者对死亡或来生的信仰，也都变得不太重要。本文刻意采取一个辩论式的基调，可望引起其他人士以信仰原因来解释，从而激起大家对仪式在中国社会中的角色的讨论。

近年来，从事丧葬制度史研究的学位论文也层出不穷，厦门大学2008年硕士朱蔚的学位论文《〈仪礼·士丧礼〉、〈既夕礼〉所反映的丧葬制度研究》重新谨慎细致地释读了《士丧礼》、《既夕礼》文本，结合先秦两汉考古工作的丰硕成果，尤其是新近的出土资料，以传世文献与考古资料相结合的方法，对《士丧礼》、《既夕礼》所反映的先秦两汉丧葬制度作深入系统的研究。浙江大学2009年硕士王翠学位论文《南北朝丧葬典礼考》研究南北朝时期的丧礼，说明它一方面继承了汉晋的传统，一方面又有了一些变革，以符合当时社会的需求。并指出，全国纷争的局面，使得两汉以来盛行不衰的厚葬习俗遭遇了冷落，而薄葬的观念取而代之，成为时代的主流。南北朝时期丧礼的变革对唐以后的丧礼产生了深远的影响。

四、 丧葬习俗与民间社会

丧葬礼仪风俗与丧葬制度的变化，是社会发展与变革的浓缩和反映。首先，笔者将从断代史研究中，关于丧葬习俗与民间社会各种现象形成和表现的研究，作一个简要的概括。

魏建震《先秦赵国丧葬文化初探》（2000）通过对先秦赵国丧葬观念与丧葬礼俗、居丧制度与居丧生活、墓葬制度、谥法等内容进行研究，勾画出这些丧葬风俗中所包含的丰富的文化内涵，揭示出赵国丧葬文化的鲜明特点。张涛《经学与汉代的丧葬、祭祀活动及复仇之风》（2001）说明两汉之时，民间习俗深受儒家经学的影响。这也表现在丧葬、祭祀活动和复仇风气方面。当时民间流行的丧葬仪式和随葬器物，人们推出的厚葬或薄葬主张等，大都以经学理论为依据。而盛行一时的复仇之风，更是人们贯彻儒家经义的直接体现。当然，较之早期儒家经典的记载和规定，汉代的一些习俗也发生了某种变异。周玫《六朝青瓷中的丧葬礼俗》（2003）说明六朝青瓷所反映的厚葬风俗，包含了时人对天、地、人三者关系的深刻理解。它们是中国古代丧葬礼俗最生动形象的载体，是古代厚葬习俗的浓缩，更是古代人类天、地、人三者关系的体现。马国荣《唐以前西域的丧葬文化》(1995) 探讨了唐以前西域丧葬文化中的丧葬礼仪与葬法、葬具、墓穴结构、随葬品与墓葬地面设施等方面，各自都有独特的风格。盛会莲《唐五代社会救助研究》(2005) 一文中的第四章民间社邑组织与社会救助。利用敦煌文书中的大量社邑文书，并结合其他史料，探讨了唐五代时期社邑在丧葬、造舍、婚嫁、出行、患病及防范安全等问题上对社人的救助，并分析了社邑组织对民间救助的意义及历史局限性。巴姗姗《唐代公主丧葬研究》(2007) 研究唐代公主这一唐代社会一个特殊群体的丧葬情况，对于全面认识唐代公主的社会生活，对于深化唐代文化史的研究都具有重要意义。万军杰《唐代改嫁再嫁女性丧葬问题探讨》(2007) 一文通过对于唐代女性丧葬情况的考察，观察唐人对于女性改嫁、再嫁的态度，以及其他影响女性改嫁再嫁的潜在因素。万军杰《唐代“妾”的丧葬问题》(2009)，利用传统历史文降和敦煌户籍残卷中对于唐人“妾”的数目进行探讨，并对于这类群体的丧葬仪式所反映出的社会风貌进行探讨。丁双双《唐宋时期民间的丧葬消费习俗》(2002) 对于形形色色的唐宋时期民间的丧葬消费习俗，按时间顺序分为葬前、葬礼中及葬后三个阶段。其中的特色习俗主要有奢办凶具、娱尸宴宾、卜择建墓、隆办葬礼、佛道斋戒、祭祀宴游等。这些消费习俗大多渊源于前代，盛行于唐宋，也有的习俗因社会政治、经济、文化等方面的变革而烙上时代的印记。程民生《宋代婚丧费用考察》(2008) 认为在重礼俗、厚葬观念的支配下，宋代婚丧普遍耗费巨大，始终是民众的沉重负担。正如其政治、经济地位的悬殊一样，宋代不同社会阶层的婚丧费用，也存在着较大悬殊。宋代政府和家族乃至亲朋，多设有慈善设施和提供资金，用于帮助贫困者完成婚丧嫁娶，这是宋代社会文明进步的重要体现之一。雷玉华《唐宋丧期考——兼论风水术对唐宋时期丧葬习俗的影响》(1999) 针对成都市东郊清理了一座北宋夫妻合葬墓，墓中出土了两合墓志，分别记述墓主张确及其妻杜氏的丧葬年月和地点进行研究。霍巍《宋元时期的敦煌葬俗》(1990) 从《马可波罗游记》详细记载的敦煌一带所见丧葬仪式的全部过程出发，可看出当时丧葬仪式的主要程序和内容。不仅对了解当时敦煌的民情风俗，而且对考察宋元时期丧葬礼俗的变化，都是弥足珍贵。任同芹《太平天国丧葬礼俗初探》（2002），分析太平天国时期留下的史料后说明太平天国所推行的丧葬礼俗是中西文化折中的反映，阐述了传统的棺葬习俗在太平天国年间经历了一个由最初允许到禁止到屡禁不止不得不默许的过程。

对于民间的丧葬行为中所表现出的禁忌、信仰形成的原因方面的研究，比较具有代表性的有孙文福、王占琦的《丧葬禁忌生成的社会文化原因》（2006），将丧葬习俗作为一种民间社会的集体行为模式来讨论，从祖先崇拜、宗法制度、风水信仰、儒家孝道观、道教和佛教对于丧葬习俗的影响等方面来探讨丧葬行为中的“禁忌”形成的深层社会文化原因。宋艳萍的《先秦秦汉丧葬习俗中的数术行为》（2008），以先秦秦汉时期丧葬习俗中的数术行为作为研究对象，考察了先秦秦汉时秦数术行为在丧葬习俗中的表现、地位，并对数术行为存在的社会原因、思想文化基础以及社会意义进行了探究。

对于丧葬行为中使用到的各种特殊器物所反映出的文化折射，学者也多有注意。冉凡《祭品与祥物——纸钱与传统丧葬风俗心态谫论》（2004）说明纸钱作为一种普遍使用的丧葬和祭祀用品，既是实物又是一种象征符号并具有各种复杂的象征功能，其间折射出传统丧葬风俗的基本观念和心态。程建《纸行于汉俗丧葬》（2010）指出在传统丧葬文化历时的传承和因地域文化差异在现时代科技经济交融的作用下，纸在汉族丧葬礼仪中作为儒释道文化的载体，同时更融合现当代时代潮流的元素。试用社会学相关理论初步探索汉俗丧葬礼仪的传统文化与现当代文化的变迁与融合。华海燕《中国古代冥币研究》（2007）从不同的角度分析冥币在历史上各方面的状况。说明冥币在各地不同场合的使用及使用形式，主要是在祭祀、丧葬等方面，使用形式有张挂、祭埋、抛撒和焚烧等。罗莹《镜子的魔力——浅析中国民俗中的镜崇拜》（2008）研究表明，在中国民俗中，镜子具有探测心理，洞察隐私；行雨生风，降雨辟旱；占卜吉凶，预言祸福等多种功用。反映了民间镜崇拜心理的普遍性。

五、 丧葬习俗中的文学、 语言研究

丧葬习俗中所表现出的文化性，一直也是语言学与文学研究领域重要研究

议题。这方面的研究主要分语言学研究、丧葬文体研究、文学研究，以及文学与习俗之间的关系几个方面。

近年来，与丧葬习俗有关语言学研究的代表作有：刘勇《〈说文解字〉土部的文化说解》(2009) 试图在分类训解《说文解字》中“土”部字类中对于上古先民的农耕、丧葬、铸造等方面的行为表现与文字传承之间的关系。罗娟娟《〈大唐开元礼〉丧葬礼词汇研究》(2007) 以现存最早的国家礼典《大唐开元礼》(以下简称《开元礼》) 为研究材料，穷尽性地描写分析了该书中的丧葬礼词。结合与“三礼”的历时比较，希望能定性定量地认识一部成熟时期的官修礼典的词汇系统的构成和来源情况，展现共时平面中的历时层次，为进一步认识其词汇面貌和从历史词汇学的角度进行研究打下基础，从而为汉语词汇史的研究提供一些新的材料和思考。李娟《婚嫁丧葬文化词语研究》(2008) 文化词语在词汇语义研究中占有重要地位，特别是古代文化词语的研究，对古代词汇语义的研究和现代训诂学的建立，有着非常重要的意义。但文化词语的训释仍存在较多的问题，应当成为训诂学的重点。本文选取婚嫁、丧葬礼仪两类文化词语作为研究对象，对二者的词义训释和反映的古代思想意识、制度等方面进行了较为全面细致的研究。

对于悼祭文学与丧葬礼俗有关的文化意蕴的探究方面，王立《悼祭文学主题与丧悼文化的精神史意义》(2001) 一文中指出：“悼亡哀祭，它是一种较为恒久稳定的丧悼心态的文学表现，因而必须从人类精神史的角度全面把握；单纯地谈文学技巧、意义不免于褊狭和局限。”(王立 2001：68—72) 彭兰红《丧葬礼俗的文化意蕴及文学功能》(2006) 特从现当代文学作品中丧葬礼俗的描写展开分析，讨论了丧葬礼俗的礼、孝、生死观、灵魂观和阴间世界的起源，分析了这些丧葬礼俗描写在作品中对人物塑造、情节铺进、气氛营造等方面的文学作用，总结了作家对传统思想的吸收、再现与反思。胡玉兰《唐代亡故宫女墓志铭文的文化意蕴》(2006) 从研究唐代亡故宫女德墓志铭的书写方式和格式入手，试图解释这种文化载体与唐代后宫的丧葬制度、等级制度和管理制度的密切关系。刘先维《墓志资料所见唐代归葬习俗研究》(2010) 试图广泛搜集出土的唐人墓志资料，以之为主要资料来源，并参以唐人文集和《全唐文》等文献资料所载唐人墓志，结合笔记小说资料，在前人基础上对唐代归葬习俗进行研究。

中国古代丧葬制度和丧葬礼俗的发展，一直都是礼制研究的重点，其中，为了顺应制度需要，产生了特殊的丧葬文体，如遣策、诔文、墓志等。这方面的专门研究有：魏灵水《从汉墓遣策看汉代的丧葬文化》（2005）一文介绍了汉墓遣策出土的基本情况，并结合古代丧葬和遣策制度，发现汉墓遣策中包含了大量关于汉代丧葬习俗的信息，为我们观察和研究汉代的丧葬文化提供了借鉴。董芬芬《春秋时代的谥制与诔文》（2008）说明西周形成了官谥官诔的传统，春秋时期对这些传统有所突破：士始有诔，有诔无谥；私谥私诔也悄然兴起。这些因素使得诔文逐渐摆脱制谥的目的而独立存在，内容上增加了寓哀的成分，抒情色彩更加浓重。春秋时期是诔文由应用文向文学作品发展的关键时期，后世如谥议、行状、哀辞等文体皆受其影响。陈鹏《论六朝诔文的骈化及其艺术成就》指出诔文在六朝时期的骈化进程是比较缓慢的，而且数量也不多。因为节奏短促的四言句在叙事功能上有着一些不足之处，所以以四言句式为主的六朝诔文，既要叙事又要追求骈偶显然是一件非常困难的事情。相对于散体诔文，骈体诔文的长处在于注重藻饰，缠绵凄怆。江波《唐代墓志撰书人及相关文化问题研究》（2010）以唐代墓志撰人、书人及相关墓志文化为对象，就墓志所唐代丧葬及志墓观念影响下的撰、书人生态进行整体性研究。涉及代墓志撰书人整体署名情况，撰、书人身份及其与志主的关系，墓撰书的制度与民俗等问题。从制度性撰文书写，亲属撰文书写，以及托撰文书写三个方面分别展开调查与分析。并就官供丧葬及非官刻情况下墓志的撰书置办问题、未署名墓志撰书人问题做了专题探讨。

历代各种文学体裁中，或多或少，会有大量关于丧葬习俗的描写，这些描写，为我们了解不同历史时期的丧葬民间习俗提供了大量的资料，但是由于文学本身的限制，其中所能包含的文化内涵需要专门的研究人员进行发掘和探索。范志军《从〈日书〉看汉代人的葬日》（2006），从所出土的秦汉时期选择时日吉凶的《日书》中的《葬日》篇的针对性研究出发，通过考察两汉时期所见的葬日，发现汉代上至帝后、下至平民，他们的丧葬日期一般都不能符合先秦礼制文献的相关记载，却符合《日书》的记载。这说明在两汉时期的选择葬日问题上，深受巫觋之风的影响。张连举《元杂剧中的丧葬文化》（2006）着重对于元杂剧中所反映的元代汉族的丧葬仪式和风俗礼仪的描写进行研究，从多个侧面反映出了元杂剧丰富的社会和文化内涵。王丹《从宋人笔记小说探看宋代城市丧葬文化的若干新取向》（2006）一文选取了宋人笔记小说中记载的很多有关城市丧葬文化的内容为研究对象，着力于探讨城市丧葬习俗中“礼”与“俗”的矛盾在两宋社会中的反映，从而试图揭示孝道观向私利观转化、商业文化日渐浓厚的城市发展趋势。

郑勇《从〈冥祥记〉看丧葬习俗》（2007），《冥祥记》是佛教通俗读物，文中记载了大量死而复生的事件，从中可见当时人们对死亡的看法；同时还保存当时的殡殓习俗，反映出晋宋之际殡殓时间通常较短，但很多时候因身暖而多日不殡殓，而殡殓仍用棺含之具；再者，文中提供了死后还魂方式以及人死后要设斋转经等习俗；最后简要介绍了葬法。这些内容简要勾勒出魏晋南北朝时期的丧葬信仰。陈贵领《〈红楼梦〉与丧葬文化》（2006），归纳和阐述了作者对于《红楼梦》一书中所刻画和反映出的明清时期的丧葬文化的看法。邵丽光《〈金瓶梅〉丧葬描写研究》（2009），说明《金瓶梅》丧葬的描写为了解明代的丧葬制度与风俗提供了素材；从文学意义上来讲，大量的丧葬描写还具有塑造人物、推动情节、表达内容的功能，展现出独特的美学意蕴。韩爱娜《〈儒林外史〉礼俗描写研究——以婚礼、丧礼、祭礼为中心》（2010），通过对《儒林外史》中，婚礼、丧礼、祭礼这三大礼俗描写的研究对理解全书及书中蕴涵的作者的思想有着极其重要的作用。陈兴贵《从〈金翼〉看东南汉族的习俗及其象征意义》（2009），将《金翼》中所反映的婚礼、节日、丧葬内容出发，从象征人类学的角度解读东南汉族的民俗印象。

六、 丧葬音乐研究

曹本冶教授曾在2010年度上海音乐学院“中国仪式音乐研究中心”课题工作坊中谈及：“仪式行为描述的不同用词代表了研究者对仪式行为的不同看

法和对不同局内、局外观的取向。”其主编《中国传统民间仪式音乐研究》（2003）（西北卷、西南卷、华东卷、华南卷），共计四卷六本，是“中国传统民间仪式音乐研究计划”的重要成果汇集，其理论架构与研究范式已经成为当前中国“仪式音乐研究”的一个重要的风向标。曹氏“音声”概念，“信仰—仪式行为—仪式中的音声”命题及“定活”、“远近”、“内外”两极变量思维方法已为学界对“意识中的音声研究”提供了实用性的理论基础。全卷积累了大量田野调查一手资料，为音乐学以至人类学、民俗学提供重要的资料基础。丧葬习俗与丧葬仪式中的用乐情况以及音乐在丧葬仪式中所起到的作用，这在近年是中国音乐史研究过程中取得重大的突破。不仅是产生了大量的专著，以区域研究、功能研究和不同种类的音乐分类研究为重点领域的论文，更是体现了丧葬音乐史研究的深入和细分。

曹本冶、谈敬德《上海南汇、浙江舟山大洋山、江苏太仓丧葬仪式》（2010）中对三地仪式与音声进行了比较，着重对仪程之“送终、停尸、三朝、做七”四个环节中的音声给予了深入分析，提出哭泣、恸哭是丧葬仪式中的主要音声形式，值得再做进一步研究。

薛艺兵《神圣的娱乐——中国民间祭祀仪式及其音乐的人类学研究》（2003）全文分为上、下两篇。是笔者在人类学、民族音乐学已有理论的基础上，通过比较中国几个不同地区不同类型的民间祭礼和祭祀音乐，分析它们在仪式结构、音乐结构及祭祀群社会结构方面的同构关系，提出中国民间音乐祭礼的类型理论，并对各种类型作出文化的解释。从新的视角对仪式、仪式音乐、祭祀仪式及其音乐的理论阐释和方法探讨。张振涛的《尊祖敬宗、敦乡睦里——葬丧仪式中的音乐功能》（2003），论述了葬礼用乐不仅体现着晚辈对祖先的怀念追穆，隐含着祈获先祖亡灵护佑的原始心愿，更重要的是它为一个以血缘关系为纽带的宗法制社区中，确立祖先地位、平衡乡族关系、稳定闾里秩序的重要仪式服务。举哀致孝的曲目和族人聚集、风格祥和的曲目，保持着自古已有的原有功能并置于同一仪规之中。张振涛又另撰文《国家礼乐制度与民间仪式音乐》（2002）认为，解决京畿地区民间音乐会的建立与传播何以如此广泛的问题，了解明清时代的里社制度暨国家颁定的祭祀仪式，才能解开这个死结。各乡各社，祭祀五土五谷，是明代朝廷颁发的典令，没有政府行为的强大贯彻力以及这种政策所起的倡导作用，民间结社，断难成立。上行下效，上令下达，是大一统政治制度的基本传导方式。国家礼仪，为乡民参与仪式和接触音乐，起了指导和参照作用。先立社坛、后建大寺的体制与演变过程，是国家意识与民间信仰结合的过程。执行社祭派生出的祭祀组织，结社建会，竖起自家的旗幡。并非艺术的普及，而是国家礼仪的推广，把礼乐输进乡村。杨殿斛《濡化·互惠：乡邻参与丧葬仪式音乐活动的价值取向——黔中营盘民间丧葬"救苦"仪式音乐活动的人类学解读》（2008）发现黔中腹地营盘社区的民间音乐文化中，一些民间歌乐如山歌等面临传承危机，濒临失传，而仪式音乐特别是与丧葬仪式相关联的仪式音乐却得到了复兴这一现象，并解释着民间音乐的"一兴一衰"的原因。齐琨《空间：仪式音乐分析中的一个维度——以上海南汇婚礼和丧葬仪式为例》（2006）将空间作为仪式音乐分析的一个维度，并将空间的概念分为物质、关系、意识三个层面，以此探寻仪式音乐所隐喻的等级、秩序与结构，以及在社会变迁过程中，仪式音乐所反映的失序与解构状态。她的另一篇文章《仪式空间中的音乐表演——以安徽祁门县马山村丧葬仪式为例》（2010）通过对仪式中的物质空间、意识空间、关系空间进行表述，以展现仪式进行过程中人与神、鬼、祖先的关系，进而以音乐形态比较阐释音乐在仪式中的表述作用。汤洁《民间信仰、仪式行为、仪式音声互动关系之研究——以博爱县北石涧村丧葬仪式为例》（2009）一文认为在北石涧村的丧葬仪式中，佛、道并没有截然分开，而是呈现出互相沟通、互相融合的趋势，表现出佛、道兼具、合二为一的特点。丧葬仪式中的音声与整个仪式过程紧密相连，实现着生者、亡魂、神灵之间的对话，同时也沟通着生者之间的交流和亲友、邻里之间的和睦之情。通过对北石涧村丧葬仪式的实地考察，对信仰、仪式和音声进行重新阐述，以揭示其丧葬仪式符号所体现的象征意义。康平《鄂西北丹江口丧葬仪式音乐中的女性解读》（2010）一文，在丹江口传统丧葬仪式特定空间的观照下，女性亲友及女性艺人两种身份的女性共同诠释了性别角色塑造的社会建构理论，女性的角色不是刻板而不能改变的，在一定的条件下她展示了自己潜藏的独立、自由、勇敢等气质。梁伟

《都市化背景下的民间礼俗音乐——山西省城市八音会丧葬仪式音乐个案考察》（2008），以山西省晋城市民间八音会丧葬仪式音乐个案考察为基础，在田野资料描述的基础上，认为其在当代都市化的社会背景下有着“人神皆娱的审美对象”、“丧葬仪式的音声符号”、“丧葬仪式的行为符号”、“社会秩序的构建工具”等四个方面的社会功用及文化意义。曾娜妮《灌溪镇丧葬仪式音乐及乐班的调查与研究》（2006），研究对象是分布于湖南省常德市灌溪镇中的民间乐班。这是一种在民间丧葬仪式中从事音乐活动，以血缘、地缘关系为基础的民间社会组织。本文是以该地区的民间丧葬仪式音乐及其乐社为考察重点、围绕其进行定向的微型实地考察报告，并引发相关理论的阐述。其另文《民间丧仪音乐中的器乐部分及其功能》（2011）将民间丧葬仪式音乐包括声乐和器乐两部分。器乐部分是丧仪音乐的主体。各类仪式中的音乐，情绪变化多端，单靠经文诵唱的表现力远远不够，诸多法器演奏出的鸣响，不仅使诵唱者的表演更加有声有色，而且在衬托醮坛气氛、表述仪式情节中，起着更直接的作用。所以说，器乐部分在丧仪活动中有十分重要的作用，是仪式不可缺少的演法器具。乐师们操办仪式时，为显示法力而使用的各种器具统称法器。法器平时陈列于班主的法器架上，表演时乐师们使用。林林《海城丧葬音乐的功能分析》（2011）以田野工作为手段，运用民族音乐学和人类学的理论与方法对海城民间丧葬音乐进行分析和归纳，将整个仪式音乐的功能分为五种，即民俗信号、款待宾客、教化后人、礼乐相随、情感表达，继而论证了民间音乐与民俗活动的依附关系。张虹《湖南石鼓镇丧葬仪式音乐研究》（2010）作为一篇博士学位论文，以石鼓镇丧葬仪式音乐为研究对象，将这一民俗事项置入特定文化背景中，通过民族音乐学的实地考察方法，详细记录仪式过程，采用近些年间“仪式音乐”的理论，阐述仪式、音乐、信仰三者之间的关系。胡亮、营娟《徽州丧葬仪式音乐研究——以歙南岔口丧葬仪式音乐为例》（2011）认为徽州丧葬仪式音乐的用乐程式与其信仰观念和仪式行为密切相关。文章选取歙县岔镇丧葬仪式音乐作为田野个案，结合音乐形态学、民族音乐学和仪式音乐民族志的研究理论来剖析徽州丧葬仪式音乐功能与作用，通过研究丧葬事项和音乐事项、音乐事项与仪式事项之间的相互结合关系，揭示其蕴涵的“礼非乐不行，乐非礼不举”的徽州民间礼乐思想。段文《山东德州宁津县丧仪音乐调查报告及其反思》（2006）分四个部分：一、丧仪音乐研究现状；二、宁津丧仪音乐的地理人文背景；三、宁津苏德志鼓乐班概况及表演形式；四、关于传承与变迁的思考。把山东德州宁津县作为个案，力图了解德州地区民间吹打班及仪式音乐的现状，通过对其历史渊源、人文背景、风格形态的分析与研究，对民间吹打乐在现阶段的传承与变迁进行反思。冯建至《婺源县溪头乡下呈村丧葬仪式考察报告》（2006）记述了江西婺源县澳头乡下呈村丧葬仪式及音乐运用，以此个案展现中国民间丧葬仪式中普遍存在的民间信仰、仪式行为、仪式音声之互动关系。陆栋梁《湘桂走廊丧葬仪式音乐文化研究》（2010）认为民歌作为丧葬仪式音乐建构的材料，是丧葬音乐与其它仪式音乐共用内容素材和结构式样；小调转化为器乐曲牌等。丧葬仪式音乐具有戏曲因素，它用桂剧、彩调、花鼓戏的润腔手法装饰旋律，用戏曲的发声方法演唱它与戏曲共用曲牌，将彩调、文场唱腔转化为曲牌，甚至直接用戏曲片段代替法事环节；它自身的歌、舞、乐亦具戏曲化，这是湘桂走廊作为人口迁徙、文化交流通道，所带来的多元文化长期碰撞、交融，然后积淀的见证之一。李萍《仪式音声的“表演”与“展现”——以湖北省石首地区丧葬仪式音声为例》（2010）认为不同的仪式观都源于“思想”与“行为”的两级。仪式行为是人们“思想”的产物。思想是文化、宗教、历史、社会等不同合力的结果，音乐的创造是仪式行为的一部分。在音乐学界，置音乐于文化中的研究已经广泛地被学者接受和运用。事实也证明，可以有多个语境来描述音乐现象，但研究对象和焦点还是音乐。所以，笔者将仪式中的音乐“表演”，取用音乐学表演实践与口传表演研究的概念将文化、宗教、历史、社会等多个语境作用下的仪式行为（包括音乐）归纳为仪式的“展现”，以此将研究对象与更广泛的语境相区别。

吴涤《我国丧葬仪式中的“哀乐”在多元文化背景下的演变》（2010），说明多元文化背景下的哀乐在当今表现形式上也发生了巨大变化。不同的审美角度、文化传统以及仪式音乐的社会功能成为哀乐在多元文化背景下的演变的因素。周苇风、张志宏《儒家丧葬用乐观念述析》（2008）探讨了自先秦以来受儒家文化影响的汉文化丧葬习俗中的用乐规制与用乐观念的变化，对于音乐在葬仪过程中的功能的多样性也进行了分析。王志毅《先秦“丧葬歌曲”考》（2010）一文，根据文献记载和考古发掘双重证据法，证明了在西周以前就已经有丧葬歌曲存在的现象，并考证出先秦丧葬歌曲的条目，为丧葬音乐发展的起源研究作出了贡献。宋照敏《周代丧葬“禁乐”制度与儒家礼乐观的关系》（2005）对周礼丧葬仪式中的“禁乐”制度进行归纳，探讨产生此制度的儒家思想基础，揭示周代丧葬音乐制度的某些特征。

王莉《汉乐府挽歌歌辞考论》（2009）论说了汉代挽歌歌辞能够在丧葬活动中实际演唱的情况，一改先秦“禁乐”的丧葬制度，佐证了汉代挽歌送葬的丧葬礼制。杜鹃《汉代礼仪用乐探析》（2009）说明仪仗用乐的发展和演变体现了异域音乐在中原的传播，养老礼和射礼用乐体现了先秦古礼和古乐对汉代礼乐的影响。黄门鼓吹可以使用在仪式开始或者仪式结束环节，起到标志作用。宫廷礼仪中出现黄门鼓吹是黄门鼓吹署出现的重要原因。项阳《关于佛教、道教与民间乐社用乐相通性的思考》（2009）针对寺院、道观、民间乐社某些层面用乐的相通性、一致性，从历时与共时相结合的视角，从功能性仪式用乐，从文化整体的层面，结合文献和当下实际进行考察分析，力求能够对传统音乐有如此众多的适应性作出相对合理的解释。李跃忠的《论丧仪中的戏曲演出特点及其民俗文化功能》（2009）说明了丧仪戏曲演出的特殊之处：一方面是有特用于这种场合的“例戏”，以引荐亡灵升天，另一方面是演出的“正本”戏中多带有祭灵、吊孝的情节。

丧葬音乐史当中的区域细分研究，结合了民俗学、人类学、社会学、宗教学等多种研究手法，是近年丧葬史研究的重点。彭继宽《南石门跳丧舞》（1992），是丧葬音乐史与人类学现象研究相结合的早期论文之一，从跳丧舞的形式和跳丧舞的配乐，来归结地方文化特色。张振涛《冀中乡村礼俗中的鼓吹乐社》（2002）、齐柏平《鄂西土家族丧葬法事锣鼓乐的结构分析》（2004）、赵宴会《苏北赵庄唢呐班研究》（2005）、王东涛《文化人类学视野中的鲁中南鼓乐班》（2006）、李卫《鲁西南丧葬礼俗与鼓吹乐》（2006）、蔡际洲、许璐、《鄂州牌子锣的变迁》（2008）、曾娜妮《灌溪镇丧葬仪式音乐及乐班的调查与研究》（2006）、杨永兵《晋南丧葬锣鼓考述》（2007）、吴凡《庙会乐班家族——链接群体仪式与家族仪式的象征文化》（2006）等文，都是从不同的角度、不同的历史时期的材料入手，介绍和分析各地的鼓乐班的产生和作用，以及在丧葬习俗和民间集会两方面的文化传承和扩散作用。

潘世东《论汉水流域丧歌多文化向度的价值系统结构》（2005）一文中认为汉水流域丧歌作为一个典型的汉水文化事象，其中蕴涵着丰富而典范的孝文化、乐感文化和伦理习俗文化等中国文化的核心内容。陆栋梁、蓝雪霏《三乐共响时空超越——桂东北灌阳县上乡丧葬音乐文化初探》（2006）认为位于广西、湖南省交界的灌阳县，也是东部的都庞岭和西部的海洋山两大山脉自然分界屏障，为珠江和长江流域的分水岭，因此，文化和民间丧葬音乐习俗方面，也具有特色。段文《山东德州宁津县丧仪音乐调查报告及其反思》（2006）把山东德州宁津县作为个案，力图了解德州地区民间吹打班及仪式音乐的现状，通过对其历史渊源、人文背景、风格形态的分析与研究，对民间吹打乐在现阶段的传承与变迁进行反思。李彪《江西省上饶县丧葬音乐传承初探》（2007）介绍江西上饶的丧葬音乐内容，透露出当地的文化信息。上饶的丧葬音乐，主要来自道教音乐。覃春霞《双柏县大麦地彝族尼苏支丧葬仪式音乐考察》（2008）力图通过对双柏县大麦地彝族尼苏支丧葬仪式的记述，将贝玛丧葬经腔还原到丧葬仪式过程中，来展现当地彝族尼苏支的仪式信仰、仪式行为和仪式音乐三者之间的互动关系。同时对所有的贝玛丧葬经腔提出了两点初步认识。欧阳亮《恩施民间道教度职仪式音乐调查报告》（2008）在深入田野实地调查的基础上，对湖北恩施民间道教度职仪式及其音乐进行了个案实录，并以此为据，对贯彻仪式始终之音乐及相关音乐文化做了初步分析。

刘铁峰《南楚上梅山区域内葬俗中的丧歌演唱习俗》（2009）指出湖南新化县丧葬民俗的丧歌演唱体现出梅山文化中丧葬习俗中鲜明的民俗特征。南楚的古梅山系指湖南中部以新化和安化两县为中心的一块多山林地。李婷婷《全州孝歌研究》（2008）以搜集到的全州孝歌文本资料为依据，根据一定的分类标准对全州孝歌的内容进行研究，并分析孝歌的特点，以及重点分析其所蕴涵的文化内涵。康平《鄂西北丹江口丧葬仪式音乐中的女性解读》（2010）

论述了在丹江口传统丧葬仪式特定空间下，女性亲友及女性艺人两种身份的女性共同诠释了性别角色塑造的社会建构理论。余云华《〈散花歌〉：回归华人“花”祖的安魂仪典——以彭水县、黔江区为例》（2008）论述了《散花歌》作为丧葬仪典歌在黔江地区的作用。李刚《陇东婚丧唢呐音乐特征分析》考证了陇东婚丧唢呐四百多年的历史以及与当地民间风俗仪式之间千丝万缕的联系。潘世东《论汉水流域丧歌多文化向度的价值系统结构》（2005），汉水流域丧歌创作和流传巨大的习俗传承价值、伦理教育价值、历史认识价值、社会心理价值和美学认同价值是其长期而广泛流传的最直接的现实动因。演唱丧歌是汉水文化习俗的最重要的组成部分和最普遍的表现形式。周耘《荆楚遗风——湖北跳丧初探》（1989）介绍了跳丧这一楚文化园地里的奇葩。匡蔚《湘南宁远民间丧葬仪式音乐考察研究》（2010）分别从“宁远丧葬仪式音乐研究的历史状况”、“宁远丧葬仪式中的音乐（主要包括锣鼓经和唢呐曲牌、孝歌与哭丧）”、“宁远丧葬仪式音乐的当代思考”等三个方面对宁远丧葬音乐的情况进行了相对全面细致的研究。

七、 丧葬习俗与美术

丧葬行为与美术史的发展，近年的研究主要包括：通过 Jean M James《东汉享祠功能的研究》（2000）研究早期以及近年发现于山东、安徽、江苏的一些享祠画像石的图像充分表明，中国东汉时期的享祠与世界其他地方的丧葬纪念碑一样，是一种象征性建筑，它的存在是为了哀悼和纪念死者，使已死去的先辈确信他们没有被遗忘。范志军《汉代帛画和画像石申所见丧服图与行丧图》（2006）通过对已发现的几幅丧服图或行丧图作比较研究，为我们了解当时的丧礼过程及丧葬仪节，提供了丰富多彩的实物资料。杨建宏《论宋代民间丧葬、祭祀礼仪与基层社会控制》（2006）研究表明丧葬与祭祀礼是形形色色的礼制规范中最重要的环节，宋代政府规范民间丧葬与祭祀礼仪，明确丧葬礼仪等级规定，以此确立民间精英及大家族的地方权力场域，形成地方社会整合的核心权力，而宋代民间大家族则通过家族墓祭与祠祭礼，团结家族成员，建构族长权力，加强对宗族成员控制。李杨《外来佛教本土化的滥觞——吴地魂瓶上的佛像、胡人形象》（2007），文章从吴地魂瓶上的佛像和胡人形象入手，透视佛教初传吴地时的本土化特征，从而揭示了作为外来宗教，佛教在中国的发展与兴盛是一个不断中国化的过程，本土化是佛教初传时被迫的选择，也是明智的选择。王文权《丧葬文化中的陵墓雕刻》（2008）对于中国历代帝王陵墓的雕刻形制的文化特征进行了总结和归纳。黄汝训、黄喆《花山崖壁画附近岩洞葬略考》（2001）对花山崖壁画附近岩洞葬的葬地位置与环境、葬具及棺材制作法、葬制和置棺方式、岩洞葬的年代问题、岩洞葬人的骆族属以及它跟福建江西崖葬墓的关系作了初步的探讨。

八、 考古研究

考古学研究，一直以来都是对于丧葬史研究的基础方法之一。各种考古报告为丧葬史研究提供了大量的材料。这里仅将确切跳出考古报告，对于丧葬形制进行专门研究的论文，依据断代的排列顺序，做简要的介绍。

余扶危、李月娥、贾彩霞三人合著《洛阳仰韶和龙山文化时期墓葬研究》（2007），说明洛阳仰韶文化和龙山文化墓葬的发现概况，墓葬形式，丧葬习俗，随葬品情况都有其特征。尤其对墓葬中涉及的一些问题如二次葬、屈肢葬、俯身葬、涂朱习俗、墓向等诸多问题结合其他地区的资料和研究成果作了探究。王龙正、倪爱武、张方涛《周代丧葬礼器铜翣考》（2009）明确了铜翣数量的多少与该墓葬墓主身份的高低有着密切的内在联系。高崇文《再论西汉诸侯王墓车马殉葬制度》（2008）对西汉诸侯王墓殉葬车马有否定制的问题进行深入研究。李久昌《虢国车马坑葬初探》（2003）指出三门峡上村岭虢国墓地车马坑是迄今为止发现的西周春秋时期规模较大、等级齐全、排列有序的贵族墓葬车马坑。虢国车马坑葬继承和沿用商周车马殉葬制，又适应和迎合社会进步及变革需要，对车马坑的殉葬内容和形式进行变通与革新，显示出传统车马坑葬制开始出现瓦解的苗头。大量车马坑葬在虢国墓地出现，反映了虢国生产力发展水平和崇勇尚武世风。田河《出土战国遣册所记名物分类汇释》

（2007）以上述七批出土遣册为研究对象，结合古文字学、考古学、名物学，采用分撷研究的方法，对于遣策的分类形式作分辨、取拾和补充。刘国胜《楚丧葬简牍集释》（2005）在资料原整理者所作释文与考释基础上，充分吸收已有研究成果，针对已经公布的6批楚丧葬简牍在出土、整理以及文字释读等方面逐一进行讨论，为系统研究楚丧葬简牍所反映的楚国物质文化及社会习俗建立比较可靠的史料基础。刘允东《先秦车马殉葬制度初步研究》（2005）通过对墓葬资料进行整理分析，结合文献记载，试图找出先秦时期车马殉葬制度的起源、发展的动态过程，揭示出其中的阶段性特点，并对这种制度产生与发展的社会背景进行分析推断。雷依群《秦汉兵马俑文化比较研究——以秦始皇陵和汉景帝阳陵为中心》（2001）一文指出作为帝王丧葬制度内容的兵马俑从葬，秦朝与西汉两朝尽管在本质上没有区别，但在构成内涵、从葬布局、艺术风格等方面却表现出诸多差异。除政治、经济等原因外，历史文化渊源不同，秦楚文化观念的冲突，不同的价值体系是最根本的原因。周学鹰、宋远茹《汉代建筑明器的性质与分类》（2010）认为汉代墓葬中随葬的建筑明器是集防御性、生产性、娱乐性、生产与生活、娱乐与防御性等为一体的建筑模型，是汉代庄园经济条件下的产物。象征着现实生活中的建筑实体。曹楠《试论晋侯墓地出土的葬玉》（2001）对于专门为保存尸体而制作的随葬玉器——主要包括玉衣、玉塞、玉珍、玉握四种，依据发掘简报发表的资料，对山西侯马天马—曲村遗址北赵晋侯墓地出土的大量珍贵葬玉资料所反映的葬玉制度作探讨。仝涛《从魂瓶看吴晋时期的庄园生活和丧葬礼俗》（2004）一文从魂瓶上的雕塑内容探讨当时地主庄园的生活情况，包括庄园建筑的特点以及为庄园生活服务的舞乐杂技俑和家兵僮仆俑，再现了吴晋时期江东世家大族的奢靡生活。关于魂瓶所反映的丧葬习俗方面有四个特点，可见其对汉代丧葬礼俗的继承性。

李随森、焦建辉《石窟寺佛教瘗葬形式与传统丧葬礼俗之关系》（2002）认为西魏以降石窟寺中大量出现的瘗葬形式，是佛教传入我国后，佛教信仰特别是其中的“轮回”说与我国“灵魂不灭”传统丧葬观念和“事死如事生”传统丧葬礼俗相结合的产物。（李随森、焦建辉 2002：65—69）董健丽《唐代双龙柄尊及其相关问题》(2008)一文对北京故宫博物院所藏及各地出土的唐代双龙柄尊进行了分类，阐述了其特点、属性及用途，并划归了相应的窑口，指出其为唐代贵族、士大夫使用的高级随葬品，保留着战国丧葬遗风，是当时通天保平安的神器。贺世伟《略论三峡地区六朝隋唐墓所见的多人葬习俗》(2010)通过对于三峡地区发现的数百座多人埋葬墓研究说明三峡地区六朝隋唐墓所见的多人葬习俗中的拾骨葬，是结合了隋志所谓蛮、左葬俗的结果。它是我们从考古学上区分蛮人与长江中下游夏人的重要指标。从墓葬形制和随葬品的组合情况看，三峡地区六朝隋唐墓与长江中下游地区大同小异。但葬入人数阶段性的差异还是反映了蛮人与夏人的巨大差别。

九、丧葬习俗的地域研究现状

随着对于多元化材料的重视和挖掘以及地方史研究的深入，近三十年来，中国史学研究早已不能够满足于通盘而宏观的概括，对于细节得精益求精，要求学者们充分地理解和把握各地域的差异，充分利用具有地方特色的史料，来具体地分析各地域不同历史时期、不同文化现象的差异和联系。丧葬习俗的地域化深入研究，也在这一阶段得到了很快的发展。

李禹阶、邹登顺《三峡地区丧葬文化的地域特色研究——兼论秦汉以后汉族移民对三峡地区丧葬文化的影响》(2002)一文注意到秦汉以后三峡地区发生的了多次汉族移民潮，汉文化与三峡地区原文化相互融合并影响到三峡地区的丧葬文化会聚成独具特色的三峡地区丧葬文化现象。说明这种流承和会聚使得该地墓制演变及随葬物自成体系；内部地域性变异亦很突出。李松柏《陕西关中丧葬礼俗的文化探究》(2002)，通过对陕西关中新中国成立前、新中国成立后到改革开放前及改革开放后三个时期丧葬礼俗的葬前礼俗、葬礼、葬后服丧之礼的简要描述，探讨了丧葬礼俗的沿革及规律。同时通过对陕西关中传统丧葬礼俗细节的考察，阐述了这种丧葬礼俗的文化特征及功能。潘慧生《从丧葬习俗看人的道生死观——以五台山地区为例》(2005)一文选取了山西五台山地区为研究对象，通过深入分析具有传统地方习俗和地方特色的丧礼，揭示和表现出该地区人民的生死观念，并进一步探讨了改革丧葬风气的途径与建议。吴天霞《传统孝道的传承及演变——以陕北绥德农村丧葬礼俗为例》（2008）主要分析了丧礼中的孝道思想。丧葬礼俗中体现的孝道思想有六方面值得当前社会学习。即感念亲恩、尊重老人、长幼有序、死事哀戚、慎终追远、以身作则。当然丧葬礼俗中所体现出的思想也有需要批判的方面。刘荣军、袁胜昔《民国时期湖南丧葬礼俗的演变》（2009），民国时期湖南传统的丧葬礼俗在西方近代丧葬礼俗的影响下发生了深刻的变化，戴黑纱、登讣告、设吊唁处、开追悼会、送花圈等仪式与礼节，已经体现了现代丧葬意识，火葬、设立公墓已经适应近代社会流动和城市化管理的丧葬理念。但与沿海相比，民国时期湖南的丧葬礼俗近代化的步伐还是迈得比较缓慢，更多地表现在对旧式丧礼的改良上。戴聪《汉族社会丧葬仪式个案探讨——以贵阳市城郊刘氏葬礼为例》（2009），文章主要运用人类学家范·根纳普的通过仪式理论，从分离、过渡和融合的三段式视角，对贵阳市城郊刘氏家族的一场丧葬仪式过程进行了详细描述和研究，再现了汉族社会丧葬仪式的整个过程。文章以此个案揭示汉族社会对丧葬仪式的郑重处理，实质是对生的执著追求的生死观。高晓虹、万丽华《山东章丘的丧葬风俗及其对先秦丧葬风俗的保留》（2010），在实地调查的基础上，对山东章丘的丧葬风俗进行了详细的描写，并对其中与先秦三礼相关的部分进行了比较分析，归纳出章丘丧葬风俗的主要特点。最后比较山东章丘、费县以及陕西岸底的丧葬风俗的异同，指出三地的相同之处一定程度上源于先秦丧礼对后世的影响，而不同之处则体现了各地的特色。毛晓阳《历代福州丧俗批判综述》（2010），历代学者多从儒家正统礼仪文化的立场，对福州丧俗中注重酒食，盛设酒宴；迷信佛道，举行道场；拘泥风水，停柩不葬；鼓乐葬亲，丧礼高歌；更改丧仪，违反礼制等陋习进行批判。文章指出应顺应时代发展需要，提出合理的风俗改良意见。

十、 丧葬史与其他学科的交叉研究

近年来，随着考古学、民俗学、人类学、社会学、宗教学等学科在我国的发展和传播，将各种学科与历史学问题结合的研究越来越多，呈现多元化的趋势。丧葬史研究也不例外。

段塔丽《战国秦汉时期巴蜀丧葬习俗——船棺葬及其民俗文化内涵》（2002）一文运用民俗学和文化人类学相结合的方法，从船棺葬的发现与地理分布、船棺葬与巴蜀先民生产与生活的关系、船棺葬的特点及其民俗文化内涵等三个方面，探讨这一古老的丧葬习俗形成的原因，以及它所蕴藏的民俗文化内涵。马延孝《湟水流域汉族丧葬习俗的宗教学解读》（2007）运用宗教学理论，解读了湟水流域汉族的丧葬礼仪及其过程中制约人们恪守传统、尊崇祖先的重要精神支柱——灵魂观。俞江《论清代的继子孙责任——以顺天府宝坻县刑房档为线索》（2007）从宝坻县衙档案中的继书和案件分析发现，家业传承与父债子还相联系的，承继是指整个家庭的所有内容向下辈移交；因此，继父母考察继子孙能否承继，不是就事论事，而是综合地考察继子孙的行为。只要继子孙有影响家业承继的不良行为，就可能导致废继。魏琳《从丧葬仪式看村落文化的涵化——对一个多民族村寨丧葬仪式的调查与思考》（2010）经过对宝坪村丧葬仪式的调查后，发现宝坪社会中各个族群的文化在丧葬这个特殊的仪式空间中正发生着互动、交融和涵化。根据民俗学、文化人类学的社会空间建构理论对宝坪村的多元文化力量相互整合的丧葬习俗空间进行描述，认为宝坪村民的空间观念、空间布局和空间安排一方面是其丧葬仪式得以展演和延续的重要语境，同时也是村落文化涵化的重要呈现。

齐月娜《葬礼：面对死亡的社会安排——城市环境下葬礼仪式浅析》（2008）通过实地观察和对殡仪馆工作人员的访谈，描绘了天津市城市内部现有的国家规范框架下葬礼仪式的具体过程以及附着在这个框架下的民间习俗的现状，试图通过对国家规范框架下的“正式”葬礼仪式及与其相对的“非正式”仪式展现在城市中普通个人的葬礼基于公共环境和家庭环境不同场景所采用的不同仪式过程。董敬畏《关中地区丧葬中互惠共同体——以临潼区S村丧葬仪式为例》（2008）表达了“人类学关注的不是礼物和互惠本身，而是它背后的人群结合关系，这种关系在不同文化背景中呈现不同面相”这一学术观念。（董敬畏2008：118—122）张明《宗教市场论视野下鲤城丧葬仪式的象征与功能》（2009）通过口述史访谈、田野调查和民间文献的解读，重点考察近代以来福建省仙游县鲤城镇民间丧葬仪式，分析在该区域市场内一些宗教经济现象的历史变迁，展现代表外来宗教的基督教与代表本土宗教的三一教间的竞争与合作，建构动态的宗教市场运行模式，并拟就该宗教区域市场的发展趋势与社会影响略述一孔之见。钟静静《河北省乡村汉人社会丧葬仪式的考察与探微——基于河北省献县地区的个案研究》（2010）在对河北省献县地区丧葬仪式调查搜集的基础上发现，近年来仪式呈现出墓地家族属性弱化、丧事采办用物市场化、丧礼仪式情感与场所的部分缺失等一些变化，但是，群众心目中的仪式依然具有抚慰生者、安慰亡灵的双重作用，同时，仪式对民间社会及相关利益群体发挥着慰藉、聚合、规范和教化等功能。何衡松、何成合著《明清国家丧葬礼制与地方丧葬习俗初探——以广东广惠两府为例》（2011）一文就明清时期广东广惠两府的丧葬习俗和国家礼制之间的关系，进行初步的探讨，以求更好地了解该地区的风俗习惯和当时的社会经济状况。

十一、 中西丧葬礼俗对比研究

中西文化的交流，自明清以来，日益成为中国历史发展的重要比重，但是对于中西传统文化的比较研究，仍旧是中国哲学、史学、文学和社会学研究的薄弱环节。关于中西丧葬礼俗比较的专门研究，就更加少了，此项研究应当引起专门从事丧葬史研究的学者们的注意。倪俭《中西传统丧葬习俗差异的文化解析》（2007）一文认为葬礼仪式作为人类文化重要的一部分，其历史同人类文明一样古老。东、西方之间在丧葬习俗上存在的巨大差异基于它们对死亡有着各自不同的理解。从儒家思想、基督教、宗族和教会的角度可以解析中西各具特色的丧葬习俗形成的文化内因。郭金秀《从丧葬礼仪看中西方死亡文化中的宗教因素》（2009）以丧葬礼仪为切入视角，比较分析了中西方死亡文化中的宗教影响的异同表现，以及造成该差异的原因。比利时学者钟鸣旦《礼仪的交织——以抄本清初中国天主教葬礼仪式指南为例》（2009）以清初的丧葬礼仪为例，从社会学及人类学的角度分析中国儒家与欧洲天主教礼仪的互动与交织。在17世纪中期，中国天主教葬礼已经变得较为巩固，然而传教士和中国信徒仍然在为葬礼的具体形式寻求共识。广州事件过后，传教士和中国信徒移植天主教礼仪的方法发生了变化，由原来的简单调整，改为进行一系列的重组，因为中国的文化传统是如此之强势。

十二、 总结

从对于中国丧葬史研究的概述中，我们可以发现，丧葬行为和丧葬习俗与历史时期的社会生产力水平、生产关系状况以及意识形态的变迁，乃至于地域差异的形成，有着密切的关系，其外延和内涵都具有相当的复杂性和延展性。研究丧葬史问题，不仅仅是史学问题，更是民俗学、人类学、美学、宗教学多学科共同努力的结果。这对推进学科发展和学理进步，都具有重要的意义。

参考文献

巴姗姗

2007《唐代公主丧葬研究》[D] 陕西师范大学硕士学位论文。

蔡际洲、许璐

2008《鄂州牌子锣的变迁》[J]《中国音乐学》Ⅳ：5—13。

曹本冶、谈敬德

2010《上海南汇、浙江舟山大洋山、江苏太仓“丧葬仪式”音乐的比较研究》[A]《仪式音乐研究的理论与实践》上海：上海音乐学院出版社。

曹本冶主编

2003《中国传统民间仪式音乐研究》（西北卷、西南卷、华东卷、华南卷）[M] 昆明：云南人民出版社。

曹　楠

2001《试论晋侯墓地出土的葬玉》[J]《考古》Ⅱ：78—86。

陈贵领

2006《〈红楼梦〉与丧葬文化》[J]《名作欣赏》（22）。

陈华文

1999《丧葬史》[M] 上海：上海文艺出版社。

陈兴贵

2009《从〈金翼〉看东南汉族的习俗及其象征意义》[J]《宁德师专学报》Ⅳ：28—32。

陈　颖

2009《三国时期的薄葬与厚葬》[J]《成都大学学报》Ⅵ：81—85。

程　建

2010《纸行于汉俗丧葬》[J]《学理论》(24)。

戴　聪

2009《汉族社会丧葬仪式个案探讨——以贵阳市城郊刘氏葬礼为例》[J]《红河学院学报》Ⅲ：33—36。

丁双双

2002《唐宋时期民间的丧葬消费习俗》[D] 河北师范大学硕士学位论文。

程民生

2008《宋代婚丧费用考察》[J]《文史哲》Ⅴ：106—113。

杜林渊

2009《汉代丧归制度初步研究》[J]《江汉考古》Ⅲ：85—94。

董芬芬

2008《春秋时代的谥制与诔文》[J]《甘肃理论学刊》Ⅰ：117—120。

董健丽

2008《唐代双龙柄尊及其相关问题》[J]《中原文物》Ⅱ：60—63。

董敬畏

2008《关中地区丧葬中互惠共同体——以临潼区S村丧葬仪式为例》[J]《青海民族研究》Ⅲ：118—122。

杜　鹃

2009《汉代礼仪用乐探析》[J]《集美大学学报》(哲学社会科学版) Ⅰ：60—63。

段塔丽

2005《从夫妻合葬习俗看唐代丧葬礼俗文化中的性别等级差异》[J]《陕西师范

大学学报》Ⅲ：61—68。

段塔丽

2002《战国秦汉时期巴蜀丧葬习俗——船棺葬及其民俗文化内涵》［J］《中国历史地理论丛》Ⅰ：118—123。

段　文

2006《山东德州宁津县丧仪音乐调查报告及其反思》［J］《中国音乐学》Ⅲ：101—106。

范志军

2006《从日书看汉代人的葬日》［J］《河南社会科学》Ⅲ：89—91。

范志军

2006《汉代帛画和画像石申所见丧服图与行丧图》［J］《文博》Ⅲ：85—87。

冯建至

2006《婺源县溪头乡下呈村丧葬仪式考察报告》［J］《中国音乐学》Ⅰ：101—104。

高崇文

2008《再论西汉诸侯王墓车马殉葬制度》［J］《考古》（11）。

高二旺

2008《北朝葬礼之"尼礼"探析》［J］《宁夏社会科学》Ⅲ：98—101。

高晓虹、万丽华

2010《山东章丘的丧葬风俗及其对先秦丧葬风俗的保留》［J］《中国文化研究》（2010年夏之卷）。

郭金秀

2009《从丧葬礼仪看中西方死亡文化中的宗教因素》［J］《湖北第二师范学院学报》（10）。

郭于华

1992《死的困扰与生的执著——中国民间丧葬仪礼与传统生死观》［M］北京：中国人民大学出版社。

韩爱娜

2010《〈儒林外史〉礼俗描写研究——以婚礼、丧礼、祭礼为中心》山东大学硕士学位论文。

何衡松、何成

2011《明清国家丧葬礼制与地方丧葬习俗初探——以广东广惠两府为例》［J］《中国市场》Ⅰ：172—173。

贺世伟

2010《略论三峡地区六朝隋唐墓所见的多人葬习俗》［J］《考古与文物》Ⅳ：63—72。

胡亮、营娟

2011《徽州丧葬仪式音乐研究——以歙南岔口丧葬仪式音乐为例》［J］《黄山学院学报》Ⅱ：5—10。

胡玉兰

2006《唐代亡故宫女墓志铭文的文化意蕴》［J］《哈尔滨工业大学学报》Ⅲ：136—139。

华琛（James L. Watson）

Death Ritual in Late Imperial and Modern China（Berkeley：University of California Press，1988。

华海燕

2007《中国古代冥币研究》［D］四川大学硕士学位论文。

黄汝训、黄喆

2001《花山崖壁画附近岩洞葬略考》［J］《南宁师范高等专科学校学报》Ⅱ：37—40。

霍　巍

1990《宋元时期的敦煌葬俗》［J］《敦煌研究》Ⅰ：38—42。

［美］Jean M James

2000《东汉享祠功能的研究》［J］《美术研究》Ⅱ：40—46。

江　波

2010《唐代墓志撰书人及相关文化问题研究》［D］吉林大学博士学位论文。

姜守诚

2010《十王信仰：唐宋地狱说之成型》［J］《湖南科技学院学报》Ⅲ：81—87。

金爱秀

2004《北魏丧葬制度初探》[J]《河南科技大学学报》(社会科学版) Ⅳ: 15—18。

靳凤林

2000《窥视生死线——中国死亡文化研究》[M] 北京:中央民族大学出版社。

康　平

2010《鄂西北丹江口丧葬仪式音乐中的女性解读》[J]《艺术探索》Ⅲ: 62—68。

匡　蔚

2010《湘南宁远民间丧葬仪式音乐考察研究》[D] 湖南师范大学硕士学位论文。

雷依群

2001《秦汉兵马俑文化比较研究——以秦始皇陵和汉景帝阳陵为中心》[J]《文博》, Ⅵ: 31—33。

雷玉华

1999《唐宋丧期考——兼论风水术对唐宋时期丧葬习俗的影响》[J]《四川文物》, Ⅲ: 82—86。

李　彪

2007《江西省上饶县丧葬音乐传承初探》[J]《四川教育学院学报》Ⅲ: 103—104。

李焕有

2009《周代丧礼思想文化及其河洛延续探微》[J]《洛阳理工学院学报》Ⅵ: 5—11。

李建宗

2008《仪式与意识:对丧葬的解析》[J]《文化学刊》Ⅱ: 6—19。

李久昌

2003《虢国车马坑葬初探》[J]《宝鸡文理学院学报》(社会科学版) Ⅲ: 10—17。

李　娟

2008《婚嫁丧葬文化词语研究》[D] 江西师范大学硕士学位论文。

李　萍

2010《仪式音声的“表演”与“展现”——以湖北省石首地区丧葬仪式音声为例》［J］《音乐研究》Ⅵ：6—19。

李如森

2003《汉代丧葬礼俗》［M］沈阳：沈阳出版社。

李松柏

2002《陕西关中丧葬礼俗的文化探究》［J］《西北农林科技大学学报》（社会科学版），Ⅳ：85—88。

李随森、焦建辉

2002《石窟寺佛教瘗葬形式与传统丧葬礼俗之关系》［J］《中原文物》Ⅳ：65—69。

李婷婷

2008《全州孝歌研究》［D］广西师范大学硕士学位论文。

李　卫

2006《鲁西南丧葬礼俗与鼓吹乐》［J］《中国音乐学》Ⅳ：36—41。

李　杨

2007《外来佛教本土化的滥觞——吴地魂瓶上的佛像、胡人形象》［J］《艺术探索》Ⅲ：49—51。

李禹阶、邹登顺

2002《三峡地区丧葬文化的地域特色研究——兼论秦汉以后汉族移民对三峡地区丧葬文化的影响》［J］《重庆三峡学院学报》Ⅳ：5—9。

李跃忠

2009《论丧仪中的戏曲演出特点及其民俗文化功能》［J］《青岛大学师范学院学报》Ⅳ：102—106。

梁　伟

2008《都市化背景下的民间礼俗音乐——山西省城市八音会丧葬仪式音乐个案考察》［J］《艺术百家》Ⅳ：28—32。

林　林

2011《海城丧葬音乐的功能分析》［J］《乐府新声》（沈阳音乐学院学报）Ⅱ：

84—90。

刘二辉、张俊丽

2010《〈论语〉所见丧葬礼俗管窥》［J］《大连理工学院学报》：48—50。

刘国胜

2003《楚丧葬简牍集释》［D］武汉大学博士学位论文。

刘荣军、袁胜昔

2009《民国时期湖南丧葬礼俗的演变》［J］《长沙民政职业技术学院学报》Ⅱ：10—12。

刘铁峰

2009《南楚上梅山区域内葬俗中的丧歌演唱习俗》［J］《南通大学学报》Ⅰ：31—35。

刘喜珍

2009《论传统丧葬制度的伦理根基及其伦理意涵》［J］《船山学刊》Ⅰ：91—95。

刘先维

2010《墓志资料所见唐代归葬习俗研究》［D］华东师范大学硕士学位论文。

刘 勇

2009《〈说文解字〉土部的文化说解》［J］《扬州教育学院学报》Ⅱ：18—22。

刘允东

2005《先秦车马殉葬制度初步研究》［D］山东大学硕士学位论文。

陆桥梁、蓝雪霏

2006《三乐共响时空超越——桂东北灌阳县上乡丧葬音乐文化初探》［J］《音乐研究》Ⅰ：41—52。

陆栋梁

2010《湘桂走廊丧葬仪式音乐文化研究》［D］福建师范大学博士学位论文。

罗娟娟

2007《大唐开元礼丧葬礼词汇研究》［D］四川大学硕士学位论文。

罗开环

1990《丧葬与中国文化》［M］海口市：三环出版社。

罗　莹

2008《镜子的魔力——浅析中国民俗中的镜崇拜》［J］《内江师范学院学报》Ⅴ：44—48。

马国荣

1995《唐以前西域的丧葬文化》［J］《西域研究》Ⅱ：92—100。

马延孝

2007《湟水流域汉族丧葬习俗的宗教学解读》［J］《青海民族研究》Ⅲ：41—44。

毛晓阳

2010《历代福州丧俗批判综述》［J］《闽江学院学报》Ⅲ：31—35。

倪　俭

2007《中西传统丧葬习俗差异的文化解析》［J］《重庆职业技术学院学报》Ⅰ：117—119。

欧阳亮

2008《恩施民间道教度职仪式音乐调查报告》［J］《艺术探索》Ⅵ：47—52。

潘慧生

2005《从丧葬习俗看人的生死观——以五台山地区为例》［J］《山西广播大学学报》，Ⅳ：53—55。

潘世东

2005《论汉水流域丧歌多文化向度的价值系统结构》［J］《郧阳师范高等专科学校学报》Ⅴ：14—19。

彭继宽

1992《湖南石门跳丧舞》［J］《中南民族学院学报》Ⅲ：36—37。

彭兰红

2006《丧葬礼俗的文化意蕴及文学功能》［D］兰州大学硕士学位论文。

彭卫民、贺碧霄

2010《中国古代的家奠弔祭仪制》［J］《湖南人文科技学院学报》Ⅰ：94—100。

蒲生华

2005《〈左传〉中春秋贵族的葬礼、丧祭礼及其丧葬思想》［J］《青海师范大学民族师范学院学报》Ⅱ：29—34。

齐柏平

2004《鄂西土家族丧葬法事锣鼓乐的结构分析（上）》［J］《中央音乐学院学报》Ⅲ：40—48

覃春霞

2008《双柏县大麦地彝族尼苏支丧葬仪式音乐考察》［J］《民族艺术研究》Ⅴ：64—69。

齐东方

2006《唐代的丧葬观念习俗与礼仪制度》［J］《考古学报》Ⅰ：59—84。

齐 琨

2006《空间：仪式音乐分析中的一个维度——以上海南汇婚礼和丧葬仪式为例》［J］《黄钟》（武汉音乐学院学报）Ⅳ：49—56。

2010《仪式空间中的音乐表演——以安徽祁门县马山村丧葬仪式为例》［J］《中国音乐学》Ⅱ：32—47。

齐月娜

2008《葬礼：面对死亡的社会安排——城市环境下葬礼仪式浅析》［J］《中国农业大学学报》（社会科学版）Ⅰ：124—135。

冉 凡

2004《祭品与祥物——纸钱与传统丧葬风俗心态谫论》［J］《广西民族学院学报》（哲学社会科学版）Ⅳ：108—111。

任辉、李波

2009《鲁南丧葬文化中的道德哲学研究》［J］《枣庄学院学报》Ⅳ：109—112。

任同芹

2002《太平天国丧葬礼俗初探》［J］《洛阳师范学院学报》Ⅳ：82—84。

孙 冰

2010《明代宫妃殉葬制度与明朝“祖制”》［J］《华中师范大学研究生学报》Ⅳ：72—75。

邵丽光

2009《〈金瓶梅〉丧葬描写研究》［D］河北师范大学硕士学位论文。

盛会莲

2005《唐五代社会救助研究》［D］浙江大学博士学位论文。

宋德辙

1981《丧葬仪观》［M］北京：中国青年出版社。

宋艳萍

2008《先秦秦汉丧葬习俗中的数术行为》［J］《管子学刊》Ⅱ：71—77。

宋照敏

2005《周代丧葬“禁乐”制度与儒家礼乐观的关系》［J］《中国音乐学》Ⅳ：61—64。

孙文福、王占琦

2006《丧葬禁忌生成的社会文化原因》［J］《理论界》Ⅳ：154—155。

汤　洁

2009《民间信仰、仪式行为、仪式音声互动关系之研究——以博爱县北石村丧葬仪式为例》［J］《美与时代》Ⅳ：122—126。

田　河

2007《出土战国遣册所记名物分类汇释》［D］吉林大学博士学位论文。

仝　涛

2004《从魂瓶看吴晋时期的庄园生活和丧葬礼俗》［J］《四川大学学报》（哲学社会科学版）Ⅱ：137—143。

万军杰

2009《唐代“妾”的丧葬问题》［J］《魏晋南北朝隋唐史资料》（第25辑）。

万军杰

2008《唐代多娶习俗之下的夫妇丧葬实态》［J］《武汉大学学报》Ⅵ：773—777。

万军杰

2007《唐代改嫁再嫁女性丧葬问题探讨》［J］《天津师范大学学报》Ⅴ：59—64。

王　丹

2006《从宋人笔记小说探看宋代城市丧葬文化的若干新取向》［J］《语文学刊》（11）。

王东涛

2006《文化人类学视野中的鲁中南鼓乐班》[J]《中国音乐学》Ⅲ：23—28。

王计生

2002《事死如生：殡葬伦理与中国文化》[M] 上海：百家出版社。

王 莉

2009《汉乐府挽歌歌辞考论》[J]《安徽大学学报》（哲学社会科学版）Ⅵ：61—65。

王 立

2001《悼祭文学主题与丧悼文化的精神史意义》[J]《苏州大学学报》Ⅲ：68—73。

王龙正、倪爱武、张方涛

2009《周代丧葬礼器铜翣考》[J]《考古》Ⅸ：61—70。

王文涛

2007《从丧葬福利看汉代社会的等级性特征》[J]《河北师范大学学报》Ⅳ：125—129。

王志毅

2010《先秦"丧葬歌曲"考》[J]《艺术研究》Ⅳ：70—73。

王子今

2010《再议曹操高陵葬制——以对曹丕黄初三年诏的分析为中心》[J]《南都学刊》，Ⅳ：28—31。

王文权

2008《丧葬文化中的陵墓雕刻》[J]《延安教育学院学报》Ⅳ：78—90。

魏建震

2002《先秦赵国丧葬文化初探》[J]《邯郸师专学报》Ⅱ：7—12。

张 涛

2001《经学与汉代的丧葬、祭祀活动及复仇之风》[J]《山东大学学报》（哲学社会科学版）Ⅳ：60—67。

魏 琳

2010《从丧葬仪式看村落文化的涵化——对一个多民族村寨丧葬仪式的调查与

思考》［D］云南大学硕士学位论文。
魏灵水
2005《从汉墓遣策看汉代的丧葬文化》［J］《塔里木大学学报》Ⅳ：44—46。
吴　涤
2010《我国丧葬仪式中的“哀乐”在多元文化背景下的演变》［J］《内蒙古大学艺术学院学报》Ⅰ：105—107。
吴丽娱
2008《唐代的皇帝丧葬与山陵使》［J］《魏晋南北朝史资料》（第24辑）。
吴天霞
2008《传统孝道的传承及演变——以陕北绥德农村丧葬礼俗为例》［D］陕西师范大学硕士学位论文。
吴　凡
2006《庙会乐班家族——链接群体仪式与家族仪式的象征文化（上）》［J］《中国音乐学》Ⅳ：51—62。
项晓静
2003《从古代丧葬制度中投射的伦理思想及宗教观念》［J］《安康师专学报》Ⅲ：32—35。
项　阳
2009《关于佛教、道教与民间乐社用乐相通性的思考》［J］《天籁》（天津音乐学院学报）Ⅰ：1—6。
谢晓燕、魏红友
2010《汉代丧葬文化意识浅识》［J］《兰州教育学院学报》Ⅵ：48—50。
徐吉军、贺云翱
1991《中国丧葬礼俗》［M］杭州：浙江人民出版社。
徐吉军
1998《中国丧葬史》［M］南昌：江西高校出版社。
薛艺兵
2003《神圣的娱乐——中国民间祭祀仪式及其音乐的人类学研究》［M］北京：宗教文化出版社。

雪犁主编

1994《中华民俗源流集成·仪礼丧葬卷》[M] 兰州：甘肃人民出版社。

夏之乾编

1989《中国各族葬俗研究论著目录索引》[M] 中国社会科学院民族研究所民族学研究室编印。

游 彪

2005《“礼”“俗”之际——宋代丧葬礼俗及其特征》，载《云南社会科学》Ⅰ：103—108。

叶春芳

1993《北宋皇帝丧礼探考》[J]《深圳大学学报》Ⅷ：81—91。

杨殿斛

2008《濡化·互惠：乡邻参与丧葬仪式音乐活动的价值取向——黔中营盘民间丧葬“救苦”仪式音乐活动的人类学解读》[J]《中央音乐学院学报》。

杨 华

2003《襚·赗·遣——简牍所见楚地助丧礼制研究》[J]《学术月刊》Ⅸ：49—59。

杨建宏

2006《论宋代民间丧葬、祭祀礼仪与基层社会控制》[J]《长沙大学学报》Ⅳ：56—58。

杨 宽

1985《中国古代陵寝制度史研究》[M] 上海：上海古籍出版社。

杨树达

2002《汉代婚丧礼俗考》[M] 上海：上海古籍出版社。

杨永兵

2007《晋南丧葬锣鼓考述》[J]《天籁》（天津音乐学院学报）Ⅱ：57—65。

余扶危、李月娥、贾彩霞

2007《洛阳仰韶和龙山文化时期墓葬研究》[J]《洛阳大学学报》Ⅲ：56—61。

余云华

2008《〈散花歌〉：回归华人“花”祖的安魂仪典——以彭水县、黔江区为例》

［J］《钦州学院学报》Ⅴ：29—33。

俞　江

2007《论清代的继子孙责任——以顺天府宝坻县刑房档为线索》［J］《现代法学》Ⅵ：38—48。

张鹤泉

2009《东汉丧葬吊祭考》［J］《古代文明》Ⅳ：88—97。

赵宴会

2005《苏北赵庄唢呐班研究》［J］《中央音乐学院学报》Ⅱ：29—35。

［比利时］钟鸣旦

2009《礼仪的交织——以抄本清初中国天主教葬礼仪式指南为例》［J］《复旦学报》（社会科学版）Ⅰ：26—39。

曾娜妮

2006《灌溪镇丧葬仪式音乐及乐班的调查与研究》［J］《中国音乐学》Ⅳ：41—48。

2011《民间丧仪音乐中的器乐部分及其功能》［J］《科技资讯》Ⅲ：185。

张　虹

2010《湖南石鼓镇丧葬仪式音乐研究》［D］中国艺术研究院硕士学位论文。

张连举

2006《元杂剧中的丧葬文化》［J］《宁夏社会科学》Ⅲ：132—137。

张　明

《宗教市场论视野下鲤城丧葬仪式的象征与功能》［D］郑州大学硕士学位论文。

张振涛

2002《国家礼乐制度与民间仪式音乐》［J］《中国音乐学》Ⅲ：82—92。

2002《冀中乡村礼俗中的鼓吹乐社》［M］济南：山东文艺出版社。

2003《尊祖敬宗、敦乡睦里——葬丧仪式中的音乐功能》［J］《星海音乐学院学报》，Ⅰ：17—21。

郑晓江

1999《善死于善终——中国人的死亡观》［M］昆明：云南人民出版社。

郑　勇

2007《从〈冥祥记〉看丧葬习俗》［J］《内江师范学院学报》Ⅲ：33—37。

钟静静

2010《河北省乡村汉人社会丧葬仪式的考察与探微——基于河北省献县地区的个案研究》［J］《河北科技师范学院学报》（社会科学版）Ⅳ：27—31。

周　洪

2002《江西丧葬风俗中的古礼遗存》［J］《江西师范大学学报》（哲学社会科学版）Ⅱ：81—86。

周　玫

2003《六朝青瓷中的丧葬礼俗》［J］《东南文化》（11），75—79。

周苏平

1991《中国古代丧葬习俗》［M］西安：陕西人民出版社。

周苇风、张志宏

2008《儒家丧葬用乐观念述析》［J］《沧桑》Ⅳ：134—135。

周学鹰、宋远茹

2010《汉代建筑明器的性质与分类》［J］《华夏考古》Ⅳ：114—121。

周　耘

1989《荆楚遗风——湖北跳丧初探》［J］《黄钟》（武汉音乐学院学报）Ⅰ：71—77。

朱小琴

2005《古代丧葬制度与丧俗文化》［J］《西安文理学院学报》Ⅵ：43—45。

丁宇文

汉族丧葬仪式民俗研究综述

【摘 要】 死亡是人类永远需要面对的问题，学者对丧葬文化的研究也是对人类的终极关怀。1910 年以来，学界有关汉族丧葬仪式的研究成果非常丰富，但仍然存在值得拓展的学术空间。根据民俗学领域的汉族丧葬仪式研究情况，本文以 1949 年新中国成立为界，分别探讨之前汉族丧葬仪式的早期研究和之后汉族丧葬仪式的近期研究状况；同时，梳理和讨论这一研究领域关注的主要问题和使用的理论研究方法，希望对今后研究有所裨益。

【关键词】 汉族；丧葬仪式；民俗研究；现状；前景

【作者简介】 丁宇文（1987—），北京大学中文系在读硕士。

从古至今，死亡都是人类生活中的一件大事，“为死亡而举行的葬礼也是人生礼仪中最为繁杂隆重的一项仪式活动”。（王娟 1994：34）人们通过一系列丧葬仪式活动来追念死者，安抚生者。丧葬仪式过程包含着丰富的文化内容，蕴涵着深层次的民族文化心理，具有不可替代的社会意义和民俗功能。有关汉族丧葬仪式的现代学术研究始于 1910 年，张亮采《中国风俗史》一书以“欲镜今俗，不可不先述古俗”为宗旨，阐述黄帝以前至明代的历代风俗。他将丧葬习俗单列一个子目进行历时地梳理。其后，有关丧葬习俗的历时性、描述性著述陆续问世，而理论性研究相对薄弱。40 年代，由于抗战的影响，研究重心偏向西南地区和少数民族丧葬习俗。50—70 年代延续了这一趋势，少数民族丧葬习俗研究全面发展，汉族丧葬习俗研究相对较少。80 年代以后，随着研究学者的增多，民俗学领域有关汉族丧葬仪式的描述性研究和理论性研究都有了长足的发展。目前，这一研究领域已经有了较为丰富的文献资料和田野资料。近年来，学者们运用这些资料对汉族丧葬仪式进行了较为全面的研究，开拓了许多新的研究领域，发表了许多有创见的学术论文。当然，由于种种主客观因素所限，这一领域还存在较大值得拓展的学术空间。

根据民俗学领域的汉族丧葬仪式研究情况，本文以 1949 年新中国成立为界，分别探讨之前汉族丧葬仪式的早期研究和之后汉族丧葬仪式的近期研究状况；同时，梳理和讨论这一研究领域关注的主要问题和使用的理论研究方法。

一、1949 年以前汉族丧葬仪式的早期研究

20 世纪初期，历史学和考古学领域取得的成果在一定意义上促进了学界对古代丧葬文化史的研究。这一时期，民俗学领域对丧葬文化的研究基本上还处于准备阶段。其研究成果也基本以资料编撰和介绍为主。

（一）考据性研究

在丧葬仪式研究领域，以考据丧葬习俗为主的历时研究较早起步。最早有 1910 年张亮采的《中国风俗史》。其后，虽然涉及这方面研究的学者不多，但仍然有相关著述陆续问世。1932 年，娄子匡上发表《土葬风水源流考》；杨树达发表《汉代丧葬制度考》，1933 年补充汉代婚姻史资料后汇编为《汉代婚丧礼俗考》一书，对研究我国古代婚丧习俗都有一定参考价值。其礼俗混合的研究方式也给当时资料相对欠缺的丧葬文化史研究，提供了一种很有影响的模式，乃至后来一些丧葬文化研究著作也明显带有这样的痕迹，如徐吉军、贺云翱的《中国丧葬礼俗》等。同样是 1933 年，郭昭文发表《古今丧仪之比较研究》；1934 年，陈怀祯撰《中国婚丧风俗之分析》；1935 年，尚秉和的《历代风俗事物考》、瞿宣颖的《中国社会史料丛抄》等著作考释、辑录了中国历史上一些丧葬仪式事象。

40 年代后，民俗学与考古学、历史学、文化人类学互相影响，关注丧葬

史、丧葬礼俗的论文逐渐增多。如文藻《中国丧礼沿革》、蔡介民《中国祭礼考源》、《中国祭礼源流考》，钱穆《论古代对于鬼魂及葬祭之观念》等。这一时期还没有更加深入的理论研究，研究重心在史料辑录、考释上，研究方式也与历史学、考古学有不可分割的紧密联系。

（二）描述性研究

这一时期，学者们的研究工作除了对丧葬文化史进行考据性研究以外，比较普遍的还有描述性研究，即对民间丧葬仪式习俗进行搜集、记录、描述。此类工作的开展最早可以追溯到1923年北京大学“风俗调查会”拟定《风俗调查表》，其中就包括“丧礼：分别贫富；坟墓；风水观念及坟墓的筑造法”等调查内容。还有1923年上海广益书局出版胡朴安编成的一部全国风俗百科书《中华全国风俗志》，书中对地方志和古今笔记等资料中所载风俗进行了汇编。书中的“礼仪”、“风俗琐记”等章至今仍然是研究礼俗的重要资料，也是新中国成立前少有的全国性风俗研究专著。书中对民间风俗的记录相对比较简单。

另外，还有一些学者的研究论著，如1928年顾颉刚、刘万章的《苏粤的婚丧》，书中描述了江苏、广东地区婚丧习俗。此外，顾颉刚还有《两个出殡的导子账》和《厦门的墓碑》等专门研究文章。1929年，郑祖荫、刘天华记录苏州、北京婚丧音乐，编《俗乐谱》。1930年，叶镜明的《关于死的种种》发表在《民俗周刊》上。《民俗周刊》还专门出“清明专号”发表与丧葬习俗有关的文章。此时，比较研究也开始起步。1934年，陈怀祯在燕京大学社会学系出版的《社会学界》上发表《中国婚丧风俗志分析》，开了汉族丧葬习俗比较研究的先河。这篇论文依据地方志所载清代资料，分黄河流域、长江流域、珠江流域、关外区域四大地区分别叙述婚丧习俗，进而比较不同地域习俗的差异性，得出汉族内部随着地域差异也存在葬俗的不同。1935年，林耀华的《义序的宗族研究》受到功能主义理论影响，把丧礼作为个人生命历程研究，描述了具体民俗事象，并论及丧礼的社会功能。随着民俗实地考察研究工作的开展，个案研究也开始发展起来，1938年，燕京社会学系学生陈封雄在田野调查基础上撰写《一个农村的死亡礼俗》，较详细地呈现了一个丧俗研究个案。

40 年代，因为抗战的关系，研究关注重心偏向西南地区和少数民族丧俗，有关汉族丧葬仪式的研究相对沉寂。

二、 1949 年以后汉族丧葬仪式的近期研究

新中国成立以后，50—70 年代，少数民族丧葬习俗研究全面发展，汉族丧葬习俗研究相对较少。80 年代，在学者们的努力下，汉族丧葬仪式研究工作在深度和广度上都有了极大的拓展。1983 年 5 月，中国民俗学会成立。钟敬文在《开幕词》中说："有了全国性民俗学会，就可以更有效地促进这个学科的发展，使它在建设社会主义精神文明、提高民族科学文化和发扬民族文化优良传统等方面，发挥应有的作用。"（王文宝 1995∶369）在民俗学学术研究快速发展的背景下，丧葬仪式民俗研究也打开了新局面，拓展了新的研究领域和研究方向。特别是新的研究视角和理论方法的引进，使得包括汉族在内的各民族丧葬习俗研究都有了长足的发展，相关研究论著也相继问世。

其中比较重要的有：梁容若《中国丧葬制度之回顾与前瞻》（1982），吴昌《民歌与民俗——鄂西北"丧歌"初探》（1986）。还有罗开玉《丧葬与中国文化》（1988），分上编与下编。上编是"丧葬与文化"，共包括"丧葬与宗教"等七章，下编是"中国丧葬习俗概说"，包括"葬前礼仪"等三章。这是 80 年代以来，第一本具有理论性和整体研究思想的学术著作。书中对各族古今丧葬做了系统而简略的阐述，为后来的研究打下了一定基础。

20 世纪 90 年代，研究涉及内容更加广泛，更加深入，参与的学者也明显增多，出现了颇多有分量的学术成果。如宋德胤的《丧葬仪观》，徐吉军、贺云翱的《中国丧葬礼俗》，周苏平的《中国古代丧葬习俗》，刘亚勇、李忠孝的《中国殡葬忧思录》，张铭远的《生殖崇拜与死亡抗拒》，靳凤林的《窥视生死线：中国死亡文化研究》，郑小江的《中国死亡文化大观》，郭于华的《死的困扰与生的执著：中国民间丧葬仪礼与传统生死观》，霍巍、黄伟的《四川丧葬文化》，刘健的《吴越民间丧葬习俗初探》，邓卓明、邓力的《中国

丧俗》，常人春的《红白喜事——旧京婚丧礼俗》、《老北京的风俗》，何彬的《江浙汉族丧葬文化》，向明生的《殡葬习俗与指南》，万建中的《中国历代葬礼》、《丧俗》，张捷夫的《中国丧葬史》，陈华文的《丧葬史》，黄景略、吴蒙麟、叶学明的《中华文化通志：丧葬陵墓志》，郑晓江的《善死与善终：中国人的死亡观》，陈明芳的《中国悬棺葬》等。

其中，徐吉军、贺云翱《中国丧葬礼俗》（1991）是一本比较系统地研究历史上丧葬礼俗的著作。这本书在对历史典籍中丧葬礼制相关材料的挖掘方面相当成功，也为徐吉军另一部著作《中国丧葬史》奠定了基础。另外，周苏平的《中国古代丧葬习俗》是一本叙述丧葬习俗中的丧俗丧制以及葬式的著作，共九章。其中有一章关于盗墓的研究，这是其他丧葬文化研究中很少见的。还有邓卓明、邓力的《中国葬俗》（1992），介绍了不同的葬法，如悬棺葬、树葬、塔葬、天葬、水葬、土葬和火葬等。此外，霍巍、黄伟《四川丧葬文化》是一本研究地方性丧葬文化的著作。陈明芳《中国悬棺葬》对遍及中国南方诸省的悬棺葬这一丧葬文化现象进行了全方位透视，进而勾勒出其分布区域、置葬时间、置葬方式、悬棺材料和葬制，最后深度剖析了悬棺葬的原因。该著述“历时十载有余”，通过大量田野作业和文献检索而完成，资料翔实，颇有深度，影响很大。

除了这些研究论著之外，各省市编纂的民俗志以及各地民俗工作者的著述中也有许多关于各地区汉族丧葬礼俗的资料。比如《中国地方志民俗资料汇编》（1991），李伯涛《泰山民俗》、山曼等《山东民俗》、叶涛等《孔子故里风俗》。有些杂志还专门出版有关丧葬习俗研究的专辑，如上海民俗学会编辑、学林出版社出版的《中国民间文化》1996 年第 1 期为“丧葬文化研究”专辑，包括 19 篇与丧葬习俗与改革有关的论文。

进入 21 世纪，民俗学有关丧葬仪式的研究论著在数量和质量上都有更为可观的成果。重要论著如陈淑君、陈华文的《民间丧葬习俗》、《吴越丧葬文化》，丁凌华的《中国丧服制度史》，石奕龙的《中国民俗通志·丧葬志》、《闽南乡土民俗》，王增永、李仲祥的《婚丧礼俗面面观》，姜越的《婚冠丧祭：传统婚丧民俗解析》，雷绍锋、张俊超的《丧葬习俗》，江新建的《佛教与中国丧葬文化》，徐吉军的《长江流域的丧葬》，李如森的《汉代丧葬礼俗》，王计生的《事死如生：殡葬伦理与中国文化》，徐杰舜的《汉族风俗史》，朱洪斌的《中国民间婚丧习俗》，白国琴的《百年中国社会图谱：从旧婚丧嫁娶到新礼仪风俗》，张剑光的《入土为安：图说古代丧葬文化》，周吉平的《北京殡葬史话》，李劭南的《当代北京丧葬史话》，德国学者罗梅君的《北京的生育、婚姻和丧葬：19 世纪至当代的民间文化和上层文化》，等等。如果继续罗列这一时期成果，除了证明研究者不断增加，成果越来越丰硕之外，似乎没有更多裨益。于是，下文将进入具体的研究层面，探讨近期汉族丧葬仪式民俗研究关注的问题、研究方法和取得的成果。

三、汉族丧葬仪式民俗研究关注的问题

近年来，汉族丧葬仪式民俗研究虽然范围广泛，角度各异，但基本可以归结为一般研究和专题研究两方面，以下进行具体分析：

1. 关于汉族丧葬仪式的一般研究

整体来说，民俗学领域的汉族丧葬仪式研究主要包括三个层面的内容：第一层：仪式层面的研究，关注内容是丧葬仪式的起源流变、仪式特性、仪式过程、艺术形式等具体表现。主要通过田野调查和文献资料进行呈现，以描述为主。第二层：礼制层面的研究，关注与丧葬仪式相关的礼仪制度、政治经济、宗族伦理、人际交往、社会功能等内容，这方面的研究既有宏观概述，又有因时因地的探讨。第三层：信仰层面的研究，关注丧葬文化中最核心的部分，即人的精神意识观念。探讨不同地域人们丧葬习俗活动中包含的思想感情、道德观念和生死观念、民间信仰。

（1）关于丧葬文化的宏观研究

研究丧葬仪式的第一步工作即是对丧葬文化进行宏观把握、系统研究。这部分研究比较有代表性的有陈玉文的《我国丧葬文化浅论》。这篇论文逐一探讨了丧葬文化的形式、内容及其来源。并且，在简略介绍了丧葬文化中的宗教信仰文化、伦理孝道文化、社会礼仪文化、文学艺术文化之后，作者对丧葬文

化特性概括为以下几点：原始落后性、相对稳定性、社会礼仪性、地域民族性，进而总结丧葬文化的功能：维系功能、教育功效、认识功能，最后回顾丧葬文化的流变，提出对其进行控制和改革的建议。（陈玉文 1993：78—87）俗语云："麻雀虽小，五脏俱全。"这篇论文具有比较完备的系统框架，论述也颇多亮点。当然它在某些观念与表述上还有值得商榷之处，比如"原始落后性"的论断和有关丧葬文化流变的分析基本坚持进化论观点，而进化论在今天的民俗研究看来，本身不具有合理性。

另外，徐吉军、贺云翱《中国丧葬礼俗》作为我国迄今为止第一部系统研究中国丧葬礼俗的学术专著，也值得特别关注。这本书系统阐述了历代丧葬观念的演变、严密而烦琐的丧葬礼仪、形式多样的葬式葬法、精心选择的墓地，以及死者眷属的丧服制度、居丧生活等内容，进而揭示蕴涵于丧葬礼俗之中的宗教信仰、伦理道德观和等级观念。这为今后的进一步研究提供了很好的借鉴。王夫子《殡葬文化学——死亡文化的全方位解读》也是对丧葬文化比较理论化、系统化的研究。这部著作从死亡文化的界定，不同地区对死亡文化的理解讨论到中国丧葬文化诸多方面，试图构建一个丧葬文化研究的框架。除此之外，对丧葬文化进行整体性研究的著作还有徐吉军《中国丧葬史》，陈淑君、陈华文《民间丧葬习俗》，周苏平《中国古代丧葬习俗》，万建中《中国历代葬礼》，王计生《视死如归——殡葬伦理与中国文化》等。

这类著作着眼全局，对丧葬仪式起源与发展、葬法葬式、丧礼制度等进行研究，提供了许多可资借鉴的材料和观点。但是，全局式宏观把握的另一面是对地区及个案丧葬仪式关注的不足，研究角度也比较单一。

（2）关于丧葬文化的具体研究

当然，目前业已出版刊载的研究著述中也有数目可观的从具体层面着手、以小见大的研究，可以弥补宏观研究的不足。这部分论著虽然仍然保持对丧葬文化的整体观照，却有具体切入的角度，研究有所侧重。比如有的侧重描述文化现象，有的侧重考证丧葬制度，有的侧重探究观念信仰。这些研究角度虽然并不能展现出丧葬仪式文化的全貌，却提供了新的研究视角，其意义不言而喻。

比如，近年来政治经济教育等因素在研究中逐渐受到重视。如张国蜀、丁燕平、司裕强的《丧葬习俗与殡葬文化》（1995）从对政治、法律、殡葬改革的关注视角，探讨了丧葬习俗在殡葬文化形成过程中的表现形式及其对殡葬文化形成所产生的影响和相互关系。还有徐畅《近代中国农村的丧葬互助组织》（1999）介绍了近代中国农村丧葬合作组织的特点。高丙中《民间的仪式与国家的在场》（2001）关注国家如何出现在民间仪式中，通过仪式审视国家与社会的关系。他认为，民间社会在已经与国家疏离的场景中又主动用符号把国家接纳进来，而国家也在征用自己曾经完全否定的民间仪式。民间社会复兴自己的仪式，总是要强调自己的民间特色和身份，但同时又要利用国家符号。越是能够巧妙地利用国家符号，其仪式就越容易获得发展。国家把民间仪式纳入国家事件，让民众通过仪式参与国家活动，在当前具有重要的政治和经济意义。

此外，丧葬仪式的民俗文化功能也受到了广泛的关注。比如《从江县占里丧葬仪式及其教育功能研究》（2007）一文在田野考察基础上，运用文化场等概念探讨丧葬仪式中的教育功能，梳理文化传承在文化发展中不同的方式。还有张明在《宗教市场论视野下鲤城丧葬仪式的象征与功能》（2009）中认为，丧葬仪式能够折射出宗教信仰、风土民情、经济情况、人际关系等诸多社会层面。他的研究思路是运用经济学分析宗教在现代社会中的转型。具体研究方式是通过口述史访谈、田野调查和民间文献的解读，重点考察近代以来福建省仙游县鲤城镇民间丧葬仪式，分析该区域市场内一些宗教经济现象的历史变迁，展现代表外来宗教的基督教与代表本土宗教的三一教间的竞争与合作，了解区域风俗流变与宗教社会功能的历史演绎，以及它们所带来的文化的承袭与发展，观察人们对丧葬仪式的理解与接受程度，借此窥见宗教之间的竞争与合作，从而获知特定区域内宗教市场的经济脉络。这篇论文中突出强调的市场经济等现代化因素对丧葬仪式的影响是前人研究中没有充分关注到的。

这些新的研究角度对以往丧葬仪式的研究有所突破，也有助于我们对丧葬仪式有更为全面的认识。

（3）相关理论研究方法

实际上，无论研究者具体研究对象、研究内容、观点结论是什么，其研究都有一定的人文关怀和研究方法。近年来，随着学科交叉互动，一些新的理论与方法不断被引介和运用到民俗学研究领域，如文化人类学、宗教学等学科相关理论与概念范畴，使得民俗学者对汉族丧葬仪式研究的角度更加新颖，探讨也更加深入。在对待材料的问题上，历史文献与考古资料相结合的二重证据法与民俗学田野调查材料相互参证，为研究所涉及的问题提供了更加丰富的参考资料和思考途径。此外，对其他学科理论方法的借鉴也为这一研究领域带来新鲜的生命力，显示出新一代学者的学术敏感和学术视野。就理论研究方法而言：人类学派、功能主义、结构主义、社会性别理论等都是比较常用的理论阐释工具。以下择取研究中比较常见的几种理论研究方法进行介绍。

首先，凡·遮耐普（A. Van Gennep）的研究对人生礼仪的研究影响很大，民俗学者在对丧葬仪式进行阐释分析时经常参考。如朱爱东《过渡礼仪：云南巍山坝区汉族丧葬习俗研究》（2002）等。凡·遮耐普《通过仪式》（The Rites of Passage，1909）一书中将丧葬仪式作为人生仪礼整个过程的一环来阐述。他根据自己的观察将人生礼仪分为分离仪式（rites of Separation）、通过仪式（transition rites）和（再）进入仪式（rites of incorporation）三部分。而且，遮耐普注意到“语境”在文化研究中的重要意义。他认为，关于礼仪的研究必须放置在活的、完整的社会“场合”和具体语境中，通过实证和观察进行研究。他的观点与当代民俗研究中的“语境论”（contextual theory）有异曲同工之妙。“语境论”认为应该把民俗事项与其产生的语言、行为、交流、表演和表达环境联系起来研究，即将民俗事项还原到具体语境中认识。（王娟2007：187—190）实际上，早期丧葬仪式研究虽然获得了一定成果，但还缺乏从具体语境对礼仪进行的理论和实践研究。这种情况在近年来学者对丧葬仪式进行地域研究、个案研究时更加重视田野调查工作的研究趋势下有所好转。

另外，以马林诺夫斯基（Malinowsk）为代表的功能学派的研究强调田野调查的重要性，并且注重对仪式的社会文化功能进行分析。他们通过长时间田野调查收集民俗材料，将研究重点放在各种民俗事项为什么能够在民间保存和流传这一问题上。“任何一种民俗文化事象，只要它在现实生活中依然存活着，必然存在着或多或少、或大或小、或隐或现的特定功能，无论它多么古怪，多么古老。没有任何功能的民俗文化事象，在现实生活中不可能存在。”（仲富兰 1998：240）就丧葬文化研究而言，学者重点关注的民俗功能不是满足生理需要，而主要是社会整合功能。比如孙文福《丧葬禁忌的民俗功能》（2005）一文认为丧葬禁忌具有聚合功能、教育功能、规范功能、强化和稳固宗法伦常关系，对习俗的熏陶养成起着重要的作用。并且提出丧葬禁忌的民俗功能既具有正功能，又具有反功能，即丧葬习俗既有“良俗”，又有“陋俗”。还有孙文福、王占琦《丧葬禁忌生成的社会文化原因》（2006）从祖先崇拜、宗法制度、风水信仰、儒家孝道观念、道教佛教与丧葬禁忌的关系综合阐析丧葬禁忌的社会文化原因。

此外，列维—施特劳斯（Claude Levi—Strauss）的结构主义二元分析模式也体现在学者对丧葬仪式反映的生死观念的阐释过程中。还有弗雷泽（James Frazer）著名的关于人类死亡意识的“巫术宗教科学”三阶段进化论也为学者研究丧葬仪式的起源流变提供了一种思路。此外，近年为研究者引介运用到汉族丧葬仪式研究领域的理论方法还有社会性别理论。比如王璇《从丧葬礼俗看性别关系与女性地位》（2004）探讨了“男女两性在制度性结构中主导与从属地位的区别”。（2004：190）还有康平《鄂西北丹江口丧葬仪式音乐中的女性解读》（2010）通过考察鄂西北丹江口地区丧葬仪式中女性的不同身份和地位的上升，探讨丧葬仪式的时代变迁。

总而言之，理论是随着研究的推进而不断更新的，一家之理论也自有其不足和弊端。比如人类学派的一些理论观点已经被研究验证并不可取。实际上，文化并没有先进、落后之分。依此我们再回顾有的研究文章中将丧葬文化界定为“原始落后文化”，可以说正是在进化论影响下的一种观点。所以，在研究中运用理论工具也需要时刻保持理性的、反思的眼光。也有的学者能够不局限于一种理论方法，并且在综合应用多种理论工具的同时，保持扬弃的态度，让理论“为我所用”。例如郭于华在对丧葬仪式进行功能研究之外，又采用格尔兹阐释人类学方法探求丧葬仪式的深层文化结构，并且在论述过程中借鉴结构主义二元分析模式：“中国的民间传统的丧葬活动是有文化意识结构作其内在支持的一套行为体系，即有着文化意义的行为方式。我们从中可以离析出一种二元的文化结构，即生—死、人—鬼、阴—阳两个世界的相对存在与相互通达”，（郭于华 1997：148）能够比较灵活地运用各种理论对丧葬仪式的意识结构进行分析。

此外，国外汉学研究也为汉族丧葬仪式民俗的研究领域带来了新的理论风貌。比如德国历史学家罗梅君（Mechthild Leutner）女士的著作《北京的生育、婚嫁和丧葬习俗：19 世纪至当代的民间文化和上层文化》运用布尔迪厄的实践理论研究晚清至当代北京生育、婚姻和丧葬在民间文化和上层文化之间的实践性关联。她在研究中注重书面资料和现实资料的比较，强调习俗与社会变迁的关系，把民俗的历史变迁放在民间文化和上层文化的社会变迁大背景中考察。既有对民俗事象的描述，又有对社会根源的探究，将社会学分析和历史学考察结合起来研究民俗。这样的研究无疑是值得肯定的。

总结上文，对丧葬仪式民俗事项的描述、特性的认识、功能的分析属于宏观把握，也是对丧葬仪式进行研究的第一步。而丧葬仪式作为人生仪礼重要组成部分，既自成体系又与其他文化因素交叉勾连。丧葬习俗丰富而复杂，要对丧葬习俗有更加细致深入的探讨，自然就要对其进行专题研究。

2. 关于汉族丧葬仪式的专题研究

有关汉族丧葬仪式的专题研究主要包括丧葬习俗的历史流变研究、地域特征研究、个案研究、信仰观念研究和文化艺术研究五个方面。

（1）丧葬习俗的历史流变研究

丧葬习俗是中华传统文化传承中的一部分。对丧葬习俗历史流变进行探讨，有助于从纵向的研究角度对汉族丧葬文化作历时的把握。而且，以古鉴今，这项研究也有助于对丧葬习俗的发展和改革的趋势做出一些前瞻。从历时角度对汉族丧葬习俗的流变和发展做一番探讨，这一研究方式与历史学、考古学联系紧密。

许多学者在研究中同时关注丧葬习俗中的传统因素和新的因素。即便是单一朝代的丧葬习俗研究，也会着眼于历史发展变革的脉络。比如朱瑞熙《宋代的丧葬习俗》（1997）强调宋代丧葬习俗对宋之前丧葬习俗、葬礼制度的变革。还有董江爱《近代华北农村丧葬礼制的特点及成因》（1997）、严昌洪

《民国时期丧葬礼俗的改革与演变》(1998)、王青《民国后抗战前山东婚丧礼俗的嬗变》(1999)等。周洪《江西丧葬风俗中的古礼遗存》(2002)从当代江西民间风俗中寻找古礼遗存及这些民俗对今天江西社会的影响。此外，还有傅建成《民国时期乡村婚丧礼俗与变迁》(2002)、朱丽娟《论秦汉时期汉族丧葬风俗的特点》(2004)、齐东方《唐代的丧葬观念习俗与礼仪制度》(2006)等。宋月《明代江南地区丧葬习俗演变——以苏松为中心》(2006)从明代江南地区丧葬习俗的演变、原因与影响等几个方面，对明代江南地区丧葬习俗的总体状况进行了描述，体现以苏州府、松江府为代表的江南地区丧葬习俗的变化，与政治环境、经济发展和社会意识的变化息息相关。这种变化对清以及民国时期的丧葬习俗产生了深远影响。还有邓红、陈善本《民国时期皖北农村丧葬礼俗述论》(2006)探讨民国时期皖北农村丧葬礼俗的特征，批判落后、迷信的“陋俗”。

张国庆《石刻资料中的辽代丧葬习俗分析》(2009)涉及汉族丧葬文化对其他民族的影响，认为辽代建国后逐渐“汉化”，学习并大量接受中原汉族文化，将两个民族的丧葬习俗文化糅合并用。从侧面反映了辽代建国后，以儒家文化为核心的中原地区汉文化已为当时各民族、各阶层人士普遍接受，并融合到日常生活中。王林林《清至民国时期陕北丧葬习俗研究》(2009)认为晚清至民国时期社会发生了巨大变化。新观念逐渐传播，西方现代文明输入。对于地处偏僻的陕北，这一切变化同样在丧葬习俗方面留下了深刻影响。从清代向民国的过渡中，丧葬礼仪从总体上表现出由盛而衰的特点，具体表现为丧葬礼仪的简化和新式葬礼的出现。这篇论文从时空两个维度纵横结合讨论地域性丧葬仪式的流变，以小见大。

除了纵向的历时变迁之外，对民间丧葬习俗横向的地域差异的研究也同样是学者关注的重点。

(2) 丧葬习俗的地域特征研究

这一类研究主要立足于某一地区的丧葬习俗特征，强调当地丧葬习俗对于传统文化的继承和独特的地域性特征。在丧葬文化的初期研究中，研究者更多关注的是丧葬文化的共性，而对丧葬文化因各地历史文化背景、地理环境等因素不同而造成的区域性差异尚未充分重视。从这个意义上，结合地方民俗文献和田野调查资料，联系该地区丧葬文化的历史背景、自然人文环境、文化经济发展情况，对一个区域的丧葬文化或习俗的独特特征进行概括和研究，考察当地丧葬习俗特征。这项工作很有意义。

首先，在研究材料方面，近代各地编撰的地方志提供了大量较为真实、详细的丧葬民俗资料。而且，由文化部、国家民委和中国文联三家单位协作组织编纂的全套中国民族民间文艺集成志书也提供了大量参考资料。随着中国民间文学三套集成的文化项目的开展，各地文化部门对民俗搜集工作更加重视，与丧葬文化相关的民俗资料更加丰富。此外，现当代学者的区域丧葬文化研究著作也为后来的研究者提供了可资借鉴的材料和观点。如席克定《灵魂安息的地方》，何彬《江浙汉族丧葬文化》，霍巍、黄伟《四川丧葬文化》等。这些著作对地方性丧葬文化的探讨研究帮助人们更深入理解丧葬文化是如何打上地域文化特征的。如霍巍、黄伟《四川丧葬文化》从历史学、考古学、民俗学等角度对四川丧葬文化的内涵、社会功能及其在各个历史阶段的特色作了综合论述，基本上理清了四川地区丧葬文化的发展脉络，对四川丧葬文化史进行了较为全面的研究。

除此之外，报刊上登载的地域性丧葬仪式研究的相关论文数目也相当可观。浙江省民间文学集成办公室汇章的《浙江丧葬型式见闻》（1989）一文根据作者在浙江各地农村工作过程中看到的丧葬形式，着重介绍三种比较特殊的丧葬形式：室内厝、髡骨头和坐化坟。刘家训、王全宝《费县北部山区丧葬习俗——鲁东南民俗系列调查之二》（1991）描述了费县丧葬类型和葬礼程序等。在这样的研究氛围和背景下，从事丧葬仪式地域性研究的研究者人数也越来越多，其中也不乏根据家乡田野资料撰写的学术著作。

1995 年，何彬的著作《江浙汉族丧葬文化》出版。1996 年，方百寿《安徽方庄的丧葬礼仪》是作者对安徽一个汉人村庄的田野调查之后形成的文字报告。作者通过对丧葬仪式程序的细致描述，探讨其中个人角色转变、信仰转变、人际交往等诸多内容，认为当地丧葬礼仪既反映出汉民族“事死如生”的一般特点，又蕴涵着与方庄村民生计模式相关的独有内容。张明义《武当山丧葬习俗谈》(1996) 描述了武当山地区丧葬习俗。他认为，武当山地区丧葬习俗的特点是重视忠孝和扬善积德等传统伦理观念，同时作者对丧葬习俗中存在的迷信现象提出了批判。莫道才《生命的终结——汨罗民间丧葬招魂习俗考察札记》(1997) 提到，他收集的成系统的汨罗民间招魂词手抄本有近20万字，而且，关于汨罗地区丧葬招魂习俗和招魂词的研究还有许多可发掘的内容，希望能够对汨罗民间招魂习俗及招魂词这一民俗现象作一全面的研究。

陈志兵的《梅山地区丧葬习俗研究》(2000) 从梅山丧葬习俗形成的特定环境、流传模式、丧歌特色、巫风色彩、文化蕴涵及功能等五个方面，运用田野作业资料、考古挖掘资料、文献丧俗资料进行综合研究，结合政府政策、丧葬改革、市场经济影响等因素多角度观照当地丧葬习俗的变革。彭维斌《闽南丧葬仪俗的民间考察》(2001) 关注闽南民间丧葬仪俗的历史发展过程。他认为闽南民间丧葬仪俗的突出特点在于人们对鬼神和亡灵侍奉甚于对生人的侍奉。这独具特色的丧葬仪俗是在当地土著居民的灵魂崇拜与外来多种信仰文化，宗教仪式与丧葬制度相互影响下形成的，而闽南特殊的山海环境和以海为中心的社会经济文化也对民间丧葬习俗的形成起到重要作用。王勤《江苏宜兴丁蜀的丧葬祭奠习俗模式与内涵》(2002) 从文化史论的角度对江苏宜兴丁蜀地区的丧葬祭奠习俗模式进行了分析。

朱爱东《过渡礼仪：云南巍山坝区汉族丧葬习俗研究》(2002) 一文是作者于2001年参加由美国福特基金会“美中艺术交流中心”资助的研究项目“民族文化的保护与传承”，在云南省巍山彝族回族自治县进行了为期一个月的田野调查，继而以云南巍山坝区汉族丧葬习俗为对象，运用“过渡仪礼”等理论和概念，如E. 杜尔干的信仰观念与献祭仪式、神圣仪式与世俗仪式、积极仪式与消极仪式、仪式与社会力量的展示和集体意识的唤起等，还有拉德克利夫—布朗的仪式心理功能和社会功能理论，以及美国人类学家关于“加强仪礼”和“危机仪礼”等理论，综合分析当地丧葬习俗的结构特征与仪式的功能、意义。作者认为从习俗视角转变到仪礼或仪式视角对丧葬活动进行研究将会对民俗学研究起到重要参考作用。而且，在“过渡仪礼”等理论的观照下，丧葬仪礼本身的内在逻辑可以得到理解，仪式的象征意义和功能也可以获得一些新的解释。

陈华文《论吴越丧葬文化的区域性特征》（2003）通过对吴越区域文化内丧葬习俗的独特特征进行概括和研究，揭示丧葬文化与区域文化历史背景、自然生态环境、文化经济发展之间的紧密关联，强调文化的区域性。张成材《商州丧葬习俗的文化蕴含》（2003）对文献记载的商州丧葬习俗进行一些挖掘和钩沉，并对一些当代人已经感到陌生的习俗文化加以解读。曹媞《淮北汉人社会丧葬仪式过程及其分析：以淮北地区颍上县农村葬礼为例》（2005）提出，人们对冥间的想象来自于人们对现世的模仿，于是丧葬习俗也随着现实社会变迁而变化。作者认为提出导致丧葬习俗变化的因素包括国家政策、市场经济、教育水平等。而无论丧葬仪式以何种形式存在，都会发挥相应的社会功能。陈华文、陈淑君《论吴越丧葬文化的改革与对策——以浙江省为例》（2005）从社会政治经济各个角度对浙江省丧葬文化作了较为全面的概述，并特别关注了丧葬习俗市场化的趋势。

王焰安《江淮传统丧葬习俗》（2008）描述了江淮传统丧葬习俗中制寿衣与寿木、设灵与报丧、入殓与吊丧、做七、出殡与下葬等习俗内容，并简略探讨了其背后的文化内涵。此外还有韦夷、吴俪蓉《广西全州县丧葬礼俗文化现象解读》（2009）①。同年方秋梅的《变易中的武汉市郊乡村丧葬习俗》一文，作为武汉市科技局计划项目“当前武汉市郊丧葬中存在的问题及其对策研究”阶段性成果之一，记录了从20世纪80年代中期以来，武汉市郊乡村的丧葬习俗——包括入葬方式、丧葬消费和葬礼三方面——所发生的变化，关注其变化原因。作者认为在影响当代武汉市郊乡村丧葬习俗变易的诸种因素中，国家政策的调整、丧葬制度的改变是最重要、最直接的因素，其次才是观念和具体经济利益等因素。同年张明义《湖北丧葬习俗与伦理作用初探》概括了湖北丧葬习俗的地域特征和文化功能。他提出，湖北丧葬习俗沿袭了楚人的风俗，是建立在以土地为根源，以儒家的礼制、孝道为基础，以佛教、道教的教理教义为指导下的一种文化传统。习俗中的礼仪联系与强化了血缘和亲族关

---

① 参见 http：//www. qikan. com. cn/Article/csxk/csxk200901/csxk20090125. html.

系，体现了对先人的孝道，抚慰了情感，调节了心理，和谐了社会。而各礼仪环节中乐器的演奏、歌手的唱腔，不仅丰富了礼仪的气氛，也达到了畅神娱神的效果。李清《沂蒙丧葬仪式过程研究》（2010）通过对沂蒙丧葬仪式过程的研究引发对沂蒙丧葬文化的现代化思考，也对殡葬改革情况作了一番反思。

随着地域性研究的深入和田野调查工作的进展，民俗学界对于丧葬习俗的个案研究也逐渐发展起来。

（3）丧葬习俗的个案研究

丧葬习俗个案研究的材料来源往往包括地方民俗志文献资料以及田野作业收集资料，尤其是家乡田野调查采集的资料。个案研究有助于在具体语境中对丧葬习俗的民俗事项做更细致的观察，虽然家乡田野工作在早期民俗研究中业已开展，但在丧葬习俗研究领域，细致的田野工作是近几年才兴盛起来。

邓康宁《葬礼仪式的延续与变迁——对湘北MT村的个案研究》（2007）对湘北一个村落的葬礼仪式过程进行了详细描述和研究，再现了整个葬礼仪式过程。强调葬礼仪式随宗教因素，文化环境变化，国家权力干预等原因产生的变迁。赵宇共《岸底丧俗与〈周礼〉记述的比较研究》（1998）依据作者在陕西武功县岸底村观察记录的一次丧葬仪式过程。他发现该仪式过程与三千年前《周礼》描述的仪礼契洽吻合，于是他将岸底村丧葬的仪礼程序与儒学经典《仪礼》、《周礼》、《礼记》中的记述对照，进而认为，岸底村的丧葬习俗基本遵循、模仿、承继了“三礼”中记载的古人丧葬仪规。在丧仪的内容、仪式的程序、仪礼的原则、丧葬的组织方面，古今大体一致。他提出，空间较为封闭、外来人口少，延续农耕传统是丧葬习俗比较完整的保留传承下来的原因。文中，作者反复强调对民间活态习俗进行田野调查的重要性。我认为，其研究中将《礼记》、《周礼》、《仪礼》的不同成书背景和内容侧重遮蔽，放在同一层面上单独抽取出习俗记录，混合作为参照系。这样的比较方式尚值得商榷。

肖坤冰、彭兆荣《汉民族丧葬仪式中对“运”平衡观念的处理——对川中地区丧葬仪式中“找中线”环节的分析》（2009）参考维克多·特纳的象征——仪式理论，分析川中丧葬仪式“找中线”这一仪式环节的内涵和深层原因——汉族民间宗教的宇宙观。陈小锋《农村丧葬仪式的现代性与民间传统——对于陕西关中地区紫石村的个案研究》（2009）通过叙述陕西关中一个村落社区的丧葬仪式及其生活世界的逻辑，体现民间传统蕴涵的生存价值和社会秩序。作者提出站在农村社会本位去思考仪式问题、认识农村社会，能帮助我们对丧葬仪式的认识更加完善。

戴聪《汉族社会丧葬仪式个案探讨——以贵阳市城郊刘氏葬礼为例》（2009）运用凡·遮耐普的“通过仪式”理论，从分离、过渡和融合的三段式视角，对2009年2月17日—23日贵阳市郊望城坡汉族刘姓家族一次丧葬仪式的过程进行了详细描述和研究。期望以此个案揭示出汉人社会对传统丧葬仪式的郑重处理实质是对生的执著追求。这篇论文对汉族丧葬仪式蕴涵的生死观做了一番探讨。实际上，丧葬仪式内蕴的生死观念和民间信仰的关系也是学者们研究的重点之一。

（4）丧葬习俗的信仰观念研究

这方面研究成果除了上文中郭于华《死的困扰与生的执著——中国民间丧葬仪礼与传统生死观》（1992）等论著之外，还有报刊上登载的各种研究论文。

王娟《从民间丧葬习俗看中国人的生死观》（1994）结合结构主义理论观点讨论分析得出：丧葬习俗的出现应该源于古代人对死亡的否定意愿。也就是说，葬礼是古代人为克服生与死的困扰而提供的一种行为模式。从民间丧葬习俗之中，我们可以发现人们怎样面对和阐释死亡。中国民间关于死亡的观念是多种宗教（儒家、佛家、道家）学说综合影响的结果。文中记录了河北唐山郊区的丧葬习俗，并探讨了丧俗反映的中国人的生死观。

丁玲《谈丧葬礼俗中的习俗控制》（1994）尝试从汉族丧葬礼俗中的观念行为看丧葬习俗中对人的行为与观念的控制，观察丧葬礼俗具有怎样的约束力和影响力。她认为，表现在丧葬礼俗中的观念意识主要有：一、灵魂不灭观念，二、鬼神观念，三、孝道观念，四、宗族观念。

靳凤林《死亡与中国的丧葬文化》（1996）联系我国的民族思想传统与丧葬文化的基本特征，提出儒家文化“一天人”、“重伦理”的两大基本特征对我国（特别是汉族）丧葬活动的各个环节产生了深远的影响，由此形成了我国丧葬文化两大特色：一是从天人合一、主体与客体相互消融的高度来认识和处理丧葬问题。二是受传统伦理思想的支配，强调尊卑等级，不容犯上僭越。此外，丧葬文化的社会作用包括维护宗法家族制度、推崇以孝为本、宣扬封建伦理道德、尊重社会传统、保持文化发展的连续性等。作者在这部分的讨论明显带有对封建礼教的批判色彩。

韩国青云大学中国学系崔昌源《古代丧葬仪礼结构之分析》（1999）针对中国古籍志书中的各项记载，从传统社会结构及宗教信仰诸层面进行整体探讨，尝试提出中国古代传统文化中的丧葬仪礼要义、结构及其社会文化意义及信仰内涵。文中提出，中国人传统的价值观念认为“和谐”乃宇宙的本体，死亡是一种和谐秩序，使人类整体得以进化。生命的真正不朽在于群体，并在于群体的绵续不绝，因而必须有一套礼仪来维系群体的完整，保持整体的和谐。这就是中国古代丧葬仪礼之理念基础。通过各种丧葬仪礼的进行，不仅使生者与死者以及整个社会成为一体，还可以维持一定族群的和谐与全体认知体系的完整。丧葬仪礼就是从一种“社会均衡状态”到另一种“社会均衡状态”中的过渡仪式行为。陈华文《迷失的孝道：中国厚葬之风透视》（1999）对厚葬风俗背后蕴涵的文化观念作了一番探讨。

孙文福《丧葬禁忌存续的文化心理分析》（2005）从文化心理等方面来阐析丧葬禁忌存续至今的原因：生活中异己力量的存在和人们认识水平的局限；从众心理的驱使；现实生活的不确定性导致的求吉心理的驱使；民众遵循先验模型习惯而代代相传的结果。

倪俭《中西传统丧葬习俗差异的文化解析》（2007）认为东西方之间丧葬习俗上的巨大差异基于它们对死亡有着各自不同的理解。作者从儒家思想、基督教、宗族和教会的角度解析中西各具特色的丧葬习俗形成的文化内因。比较研究的视野值得肯定，但文中对中国“隆丧厚葬”与西方“简丧薄葬”的概括有点简单化了。

李建宗《仪式与意识：对丧葬的解析》（2008）一文以甘肃省陇中地区的丧葬习俗为研究对象，参考凡·遮耐普的“通过仪式”理论、格尔兹的阐释理论和涂尔干的社会学观点，对丧葬仪式中隐含的灵魂意识、亲情意识、恐惧意识、狂欢意识四种意识进行分析，探讨丧葬活动中仪式和意识之间的关系。

刘喜珍《论传统丧葬制度的伦理根基及其伦理意涵》（2009）① 认为传统丧葬制度作为宗法等级制的载体和宗法伦理的重要体现，以孝道作为伦理根基。其伦理意涵主要体现在感恩为重、丧主敬哀、哀而不伤、追思承志、丧祭致和五个方面。谢晓燕、魏红友《汉代丧葬文化意识浅识》（2010）试图从有关历史文献及出土资料中简析汉代丧葬礼俗所反映出的古人的丧葬文化意识。

除了对丧葬仪式过程及其信仰内核、文化功能进行研究之外，近年来民俗学界对与丧葬仪式紧密相关的口头民俗、物质民俗研究也相当重视。这一点在学者对与丧葬习俗相关的文化艺术形式的研究中有所体现。

（5）丧葬习俗与艺术文化研究

民间丧葬仪式与音乐舞蹈、绘画工艺、语言文学等艺术形式都有直接或间接的联系，丧葬仪式相关的文化艺术研究也是近年来许多学者着力探究的内容。

① 丧葬仪式与音乐舞蹈

丧葬仪式音乐作为丧葬仪礼的重要组成部分，需要研究者对其进行细致的分析探究工作。到目前为止，有关丧葬仪式与音乐的研究成果大致可分为两种：一种是研究民间传统仪式音乐的专著论文。专著如曹本冶等学者合著的《中国传统民间仪式音乐研究》（西南卷、西北卷、华南卷、华东卷），包括仪式音乐研究的理念与方法、各地区仪式音乐的专题综述、个案研究三方面内容。其研究理念和研究方法为研究者进一步研究汉族丧葬仪式音乐文化提供了很好的指导。论文如赵凌《松木塘丧葬仪式音乐考述》（湖南师范大学）、曾娜妮《灌溪镇丧葬仪式音乐及其乐班的调查与研究》（中国艺术研究院）、田耀农《陕北礼俗音乐的调查与研究》（中国艺术研究院）等。这些论文对民间仪式音乐作了具体深入的专题研究，也为相关研究提供了宝贵的田野调查资料。另一种是各地、市、县有关部门收集整理的民间音乐资料集，较为真实地

---

① 参见 http：//www. qikan. com. cn/Article/csxk/csxk200901/csxk20090125. html

展示当地民间音乐特色，为研究丧葬仪式音乐保留了丰富材料。以下具体介绍部分研究文章和专著：

吴昌《鄂西北与民俗“丧歌”初探》（1986）分析探讨民歌中的“丧歌”与民间丧俗的血缘关系，并对鄂西北丧歌的名称加以考证，为探讨民歌与民俗的内在联系做出了有益的尝试。特别是文中关注了人口迁移流动对丧葬习俗和丧歌的影响，记录了外地的丧俗和丧歌“武唱”形式随着移民传进鄂西北山乡，之后日渐被山里人所习惯的“文唱”形式所同化，“武唱”形式被淘汰的文化现象。文中还探讨了丧歌的起源，认为鄂西北丧歌与《楚辞》、《九歌》有着一脉相承的渊源关系，是古楚风的延续。虽然在具体观点结论上有待商榷，但其研究角度是值得肯定的。

宋德胤《民俗文化：丧葬中的歌与舞》（1993）分别讨论汉族丧葬仪式中的歌舞和少数民族丧葬仪式中的歌舞。他认为，丧葬中的歌与舞含有取悦鬼灵的意味。

齐琨《空间：仪式音乐分析中的一个维度——以上海南汇婚礼和丧葬仪式为例》（2006）将空间作为仪式音乐分析的一个维度，并将空间的概念分为物质、关系、意识三个层面，探寻仪式音乐所隐喻的等级、秩序与结构，以及在社会变迁过程中，仪式音乐所反映的失序与解构状态。进而提出，我们需要保护、发掘传统仪式音乐在建构现代物质空间、关系空间、意识空间之秩序与结构中的意义。而作者的另一篇论文《仪式空间中的音乐表演——以安徽祁门县马山村丧葬仪式为例》（2010）是对仪式中的物质空间、意识空间、关系空间的进一步研究。

任方冰的论文《河南省豫北丧葬仪式用乐考察报告》（2006）以田野调查为依据，对河南省豫北地区丧葬仪式及其用乐制度做了一番分析和考察。作者将当地丧葬用乐分为两类：第一类是为死者演奏的，如各种传统曲牌；第二类为生者演奏，又可以分为两小类，一者是为族人演奏，如各种戏曲悲曲等，一者是为乡邻演奏，如戏曲闹剧、流行歌舞等。

曾娜妮《灌溪镇丧葬仪式音乐及其乐班的调查与研究》（2006）对常德灌溪镇民间丧葬仪式音乐及其乐社进行了定向的微型实地考察，并且参考了田野民俗志研究的相关成果，如顾颉刚、费孝通、王铭铭、高丙中、赵世瑜、董晓萍、刘铁梁等专家学者的著述，以及历史学、人类学、社会学、民俗学关于宏观社会研究及农村地区民俗文化、农村社区变迁的研究。论文包括灌溪镇民间丧葬仪式音乐本体分析、仪式记录以及由此引发的文化人类学追问三部分内容，为民间丧葬仪式音乐研究提供了一个鲜活的、来自田野考察第一手材料的个案。

孔美艳《试论丧葬歌、舞、戏及其民俗文化功能》（2008）依历史脉络从先秦到明清梳理丧葬歌、舞、戏的发展，强调政府对丧葬歌、舞、戏的政策措施。进而分析丧葬歌、舞、戏具有的民俗文化功能：悼念死者，教育生者；驱赶邪祟，安抚死者；驱逐鬼魂，护佑生者；聚众喜乐，娱鬼娱人。《民间丧葬演戏略考》（2009）为她的另一篇论文，认为丧葬演戏是一种纯粹的民间习俗，源于丧礼上人们本能的歌哭擗踊和用乐，具有娱神娱人、歌颂美德、感情宣泄、教育惩戒以及驱邪超荐等一系列民俗文化功能。而且，民俗是戏曲生存的重要土壤，戏曲的生命力在民间。

汤洁《民间信仰、仪式行为、仪式音声互动关系之研究——以博爱县北石涧村丧葬仪式为例》（2009）通过对博爱县北石涧村丧葬仪式实地考察，对信仰、仪式和音声进行重新阐述，揭示其丧葬仪式符号所体现的象征意义。同年罗亮星《川东北汉族丧葬仪式及其音乐文化研究》在实地考察川东北平昌县驷马镇革新村等地汉族丧葬仪式及其音乐的基础上，结合相关文献资料，从丧葬仪式、音乐和仪式音乐文化三个角度，梳理、总结了川东北汉族丧葬仪式的程式、行为，系统分析了丧葬仪式音乐的本体形态、文化意义，进而提出：丧葬仪式与音乐文化同生共存，互为表里。同年李跃忠《论丧仪中的戏曲演出特点及其民俗文化功能》探讨了丧仪中戏曲演出多方面的民俗文化功能：借其超度亡灵升入天堂、除煞驱邪、使丧家“清吉”、“热闹”丧场、招待前来吊唁的宾客、昭示孝道、显示身份等。

除了以上论文，在专著方面也不乏成熟的研究著述。在此仅举一例：臧艺兵《民歌与安魂——武当山民间歌师与社会、历史的互动》（2009）运用口述历史的方法、符号互动理论、“社会维护—历史构成—个人体验和创造”的结构研究方法作为理论工具，系统探究了湖北省丹江口市官山镇武当山地区婚丧仪式上表演的民间歌师班与社会、历史文化的互动关系。

② 丧葬仪式与工艺美术

人类早期艺术活动并不是单纯出于审美需要，而关联着更为广泛的生活意义。这一点也体现在丧葬仪式中的工艺美术事项上，如丧葬仪式中的剪纸，引魂升天的“非衣”，等等。这些与丧葬仪式相关的民间工艺美术作品背后蕴涵着原始宗教、祖先崇拜等民间信仰观念。可惜的是目前学界对于这方面的研究还不够，笔者找到的相关研究论文也很少。

李新华《山东丧葬纸扎工艺的形态及其开发利用》（2004）对山东民间流行甚广的丧葬纸扎艺术作了一番初步的探讨。他认为，这一艺术形式的内蕴是当地的民间丧葬信仰。此外，易磊《荆楚之地丧葬美术现象与民俗文化初探》（2009）对荆楚墓葬出土器物的美术视觉图式体现的文化特征、巫术思想、精神意识进行研究。作者从墓葬器物的图饰、功用、形制等外在可见的因素着手，探寻当时楚国的文化背景、民俗、宗教和楚民的心理特征，等等。文章后半部涉及荆楚之地民间傩面、剪纸、服饰等民间艺术。

③ 丧葬习俗与语言文学

丧葬习俗作为人生礼仪的重要组成部分，在许多文学作品中都有体现。近年来也有一些从文学作品角度，侧面对丧葬民俗进行考察的研究著作和论文。例如2008年上海古籍出版社出版的赵睿才的《唐诗与民俗关系研究》是他探讨唐诗和民俗关系的研究成果。全书从服饰、饮食、居行、婚姻、丧葬、祭祀、节令七个方面分析唐诗反映的唐代民俗习惯及其影响。

此外，有的研究者将《红楼梦》作为一部记录中国古代民俗材料的风俗百科全书进行研究。如刘永生《〈红楼梦〉丧葬习俗论》（1987）、高连凤《论〈红楼梦〉中的丧葬习俗》（2008），对《红楼梦》反映的当时社会的丧葬礼仪、观念和习俗进行探讨。基本上，这种研究方式属于文学研究和民俗学研究的学科交叉领域，其研究路数也更偏向于文学研究。

此外，还有语言民俗相关的研究论文。例如白振有《汉字蕴涵的丧葬文化》（2009）通过分析汉字，从中挖掘史籍语焉不详的古代丧葬文化信息。还有项菊《从一些民俗词语看鄂东丧葬习俗》（2009）以一些民俗词语为例，从语言民俗的角度对鄂东丧葬习俗作一番考察。她认为语言与民俗文化的联系非常密切。方言是民俗的沉积，考察鄂东方言民俗词语，犹如欣赏一幅鄂东民俗画卷。民俗词语作为一种符号系统，反映了人们深层的文化心理，比如鄂东丧葬仪式中“烧寿钱”、“叫茶”、“暖棺”、“暖井”等民俗词语反映了人们信仰阴曹地府、重视相墓术、求吉避凶、祈福禳灾的文化心理，等等。考察丧葬习俗相关的语言文字符号系统，对认识丧葬文化的民俗功能有一定参考价值。

由以上诸种引介概述，我们可以看到，汉族丧葬仪式民俗研究在理论探讨与专题研究上都取得了一定进展，有丰富的研究成果。也证明了：对于丧葬仪式活动，我们可以从多种角度切入，进行不同层次的研究。比如丧葬仪式的历史流变、地域特征、具体个案、信仰观念、民俗功能及相关文化艺术，等等。同时，我们也应该看到，在民俗学领域对汉族丧葬仪式进行研究，还有很大发展空间。

四、 汉族丧葬仪式民俗研究的相关思考

首先，从近年民俗学领域对汉族丧葬仪式的一般研究到专题研究的众多论著看，有三点值得肯定：第一点，汉族丧葬仪式民俗的研究关注视野更加广阔。学者们在古今丧葬习俗的流变，地域性丧葬仪式的田野调查等方面进行了广泛的工作，对汉族丧葬礼俗作了纵横结合的全面观照，取得了丰硕成果；第二点，汉族丧葬仪式民俗的研究达到了新的高度。通过研究视角的变换，学术前沿理论方法的引入，许多学者对汉族丧葬仪式民俗进行了新的阐释和认识，产生了一批见解独到、观点新颖，甚至具有开创意义的研究成果，也基本形成了比较稳定、比较成熟的研究范式；第三点，在多学科交叉、互动的学术背景下，学者的研究背景、研究兴趣、理论储备也丰富多样，相应的研究面貌也显示出丰富的可能性。以上三点保证了汉族丧葬仪式民俗研究在广度与深度上的拓展。

当然，汉族丧葬仪式民俗研究在取得成绩的同时，也存在一些问题：首

先，就研究者而言，真正民俗学专业的学者研究较少；其次，就研究成果而言，描述性的、资料性的著作相对占有更大比重，而进一步的研究工作还有待将来深入。还有，通观汉族丧葬仪式研究的学术史，历史层面丧葬文化史的研究起步较早，相对也比较成熟。而近年逐渐发展起来的对当代活态丧葬习俗进行的田野调查和研究还不够。地方性丧葬文化的研究虽然有了一定进展，也仍需加强。此外，就研究方法而言，还存在理论与文献材料结合比较生硬等问题。

这些研究面临的问题也为我们今后的研究提供了一些启发：首先，重视古代民俗文献的考订钩沉工作，通过搜集整理有关丧葬习俗的历史文献，为丧葬文化史研究提供更加完备的资料；另外，还需要更加重视第一手的田野调查资料，对地方丧葬习俗和丧葬仪式个案倾注更多关注。对丧葬习俗的民俗学研究不可以脱离具体的语境。还有，在引介更多有助于丧葬习俗研究的理论的同时，对理论时刻保持思辨的态度。既不能成为材料堆积的泛泛而论，也不能陷入理论的陷阱。

总而言之，死亡是人类永远需要面对的问题，学者对丧葬文化的研究也是对人类的终极关怀。而我们相信，有关汉族丧葬仪式的研究必定会随着人们对民俗、对生命的更加重视而延续下去，并且取得更多成果。

参考文献

白振有

2009《汉字蕴涵的丧葬文化》［J］《延安大学学报》（社会科学版）Ⅳ：93—96。

曹　媞

2005《淮北汉人社会丧葬仪式过程及其分析：以淮北地区颍上县农村葬礼为例》［J］《华东理工大学学报》（社会科学版）Ⅲ：19—22。

陈华文、陈淑君

2005《论吴越丧葬文化的改革与对策——以浙江省为例》［J］《民俗研究》Ⅳ：1—11。

陈华文

1999《迷失的孝道：中国厚葬之风透视》［J］《民间文化》Ⅱ：24—30。

2003《论吴越丧葬文化的区域性特征》［J］《广西民族学院学报》（哲学社会科学版）Ⅲ：56—60。

陈怀祯

1934《中国婚丧风俗之分析》［J］《社会学界》Ⅷ：12—15。

陈　甜

2007《从江县占里丧葬仪式及其教育功能研究》［D］西南大学硕士学位论文。

陈玉文

1993《我国丧葬文化浅论》［J］《黑龙江民族丛刊》Ⅳ：78—87。

陈志兵

2000《梅山地区丧葬习俗研究》［D］湘潭大学硕士学位论文。

戴　聪

2009《汉族社会丧葬仪式个案探讨——以贵阳市城郊刘氏葬礼为例》［J］《红河学院学报》Ⅲ：33—36。

邓红、陈善本

2006《民国时期皖北农村丧葬礼俗述论》［J］《河北大学学报》（哲学社会科学版）Ⅳ：88—93。

邓康宁

2007《葬礼仪式的延续与变迁——对湘北 MT 村的个案研究》［J］《绥化学院学报》Ⅴ：174—176。

丁　玲

1994《谈丧葬礼俗中的习俗控制》［J］《青海师范大学学报》（社会科学版）Ⅳ：43—47。

董江爱

1997《近代华北农村丧葬礼制的特点及成因》［J］《晋阳学刊》Ⅲ：96—99。

方百寿

1996《安徽方庄的丧葬礼仪》［J］《民俗研究》Ⅱ：65—87。

方秋梅

2009《变易中的武汉市郊乡村丧葬习俗》［J］《学习月刊》Ⅷ：2—4。

傅建成

2002《民国时期乡村婚丧礼俗与变迁》［J］《近代中国与文物》Ⅻ：13—21。

高丙中

2001《民间的仪式与国家的在场》［J］《北京大学学报》（哲学社会科学版）Ⅰ：42—50。

高连凤

2008《论〈红楼梦〉中的丧葬习俗》［J］《作家杂志》Ⅹ：136—137。

顾颉刚

1998《两个出殡的导子账》［A］《顾颉刚民俗学论集》上海：上海文艺出版社。

郭于华

1997《生命的续存与过渡：传统丧葬礼仪的意识结构分析》［A］《象征与社会：中国民间文化的探讨》天津：天津人民出版社。

靳凤林

1996《死亡与中国的丧葬文化》［J］《北方论丛》Ⅴ：22—27。

康　平

2010《鄂西北丹江口丧葬仪式音乐中的女性解读》［J］《艺术探索》Ⅲ：52—55。

孔美艳

2008《试论丧葬歌、舞、戏及其民俗文化功能》［J］《中华戏曲》Ⅱ：323—341。

2009《民间丧葬演戏略考》［J］《民俗研究》Ⅰ：145—162。

李建宗

2008《仪式与意识：对丧葬的解析》［J］《学术论坛》Ⅱ：30—37。

李　清

2010《沂蒙丧葬仪式过程研究》［J］《青年科学》Ⅳ：407。

李新华

2004《山东丧葬纸扎工艺的形态及其开发利用》［J］《民俗研究》Ⅳ：176—181。

李跃忠

2009《论丧仪中的戏曲演出特点及其民俗文化功能》［J］《青岛大学师范学院学报》Ⅳ：102—106。

梁容若

1982《中国丧葬制度之回顾与前瞻》［J］《北京师范大学学报》Ⅴ：50—60。

刘家训、王全宝

1991《费县北部山区丧葬习俗——鲁东南民俗系列调查之二》［J］《民俗研究》Ⅳ：65—68。

刘喜珍

2009《论传统丧葬制度的伦理根基及其伦理意涵》［J］《船山学刊》Ⅰ：91—93。

刘永生

1987《〈红楼梦〉丧葬习俗论》［J］《内蒙古大学学报》Ⅰ：104—109。

娄子匡

1932《土葬风水源流考》［J］《大陆》Ⅰ：页码不详。

罗亮星

2009《川东北汉族丧葬仪式及其音乐文化研究》［D］四川师范大学硕士学位论文。

莫道才

1997《生命的终结——汨罗民间丧葬招魂习俗考察札记》［J］《民族艺术》Ⅱ：194—192。

倪　俭

2007《中西传统丧葬习俗差异的文化解析》［J］《重庆职业技术学院学报》Ⅰ：117—119。

彭维斌

2001《闽南丧葬仪俗的民间考察》［J］《南方文物》Ⅰ：75—78。

齐东方

2006《唐代的丧葬观念习俗与礼仪制度》［J］《考古学报》Ⅰ：59—82。

齐　琨

2006《空间：仪式音乐分析中的一个维度——以上海南汇婚礼和丧葬仪式为例》［J］Ⅳ：49—56。

2010《仪式空间中的音乐表演——以安徽祁门县马山村丧葬仪式为例》［J］《中国音乐学（季刊）》Ⅱ：32—47。

任方冰

2006《河南省豫北丧葬仪式用乐考察报告》［A］《山西长治赛社与乐户文化国际学术研讨会论文集（下册）》。

宋德胤

1993《民俗文化：丧葬中的歌与舞》［J］《延边大学学报》（社会科学版）Ⅱ：73—77。

宋　月

2006《明代江南地区丧葬习俗演变——以苏松为中心》［D］吉林大学硕士学位论文。

孙文福、王占琦

2006《丧葬禁忌生成的社会文化原因》［J］《理论界》Ⅳ：154—155。

孙文福

2005《丧葬禁忌存续的文化心理分析》［J］《理论界》Ⅹ：145。

2005《丧葬禁忌的民俗功能》［J］《辽宁教育行政学院学报》Ⅶ：46—47。

汤　洁

2009《民间信仰、仪式行为、仪式音声互动关系之研究——以博爱县北石涧村丧葬仪式为例》［J］《美与时代》Ⅳ：122—126。

王　娟

1994《从民间丧葬习俗看中国人的生死观》［J］《中国典籍与文化》Ⅱ：34—39。

2007《民俗学概论》［M］北京大学出版社，第187—190页。

王林林

2009《清至民国时期陕北丧葬习俗研究》［D］延安大学硕士研究生毕业论文。

王　勤

2002《江苏宜兴丁蜀的丧葬祭奠习俗模式与内涵》［J］《东南文化》Ⅴ：46—47。

王　青

1999《民国后抗战前山东婚丧礼俗的嬗变》［J］《山东师大学报》（社会科学版）Ⅵ：45—47。

王文宝

1995《中国民俗学史》［M］巴蜀书社，第369页。

王　璇

2004《从丧葬礼俗看性别关系与女性地位》（转引自杜琴芳、王政《社会性别》）［A］天津：天津人民出版社。

王焰安

2008《江淮传统丧葬习俗》［J］《淮北职业技术学院学报》Ⅵ：67—70。

韦夷、吴俪蓉

2009《广西全州县丧葬礼俗文化现象解读》［J］《神州民俗》Ⅲ：42—44。

吴　昌

1986《民歌与民俗——鄂西北“丧歌”初探》［J］《江汉大学学报》Ⅱ：36—41。

项　菊

2009《从一些民俗词语看鄂东丧葬习俗》［J］，《湖北社会科学》Ⅸ：196—198。

肖坤冰、彭兆荣

2009《汉民族丧葬仪式中对“运”平衡观念的处理——对川中地区丧葬仪式中“找中线”环节的分析》，《民俗研究》Ⅰ：179—189。

谢晓燕、魏红友

2010《汉代丧葬文化意识浅识》［J］《兰州教育学院学报》Ⅲ：48—50。

徐　畅

1999《近代中国农村的丧葬互助组织》［J］《民俗研究》Ⅱ：56—57。

严昌洪

1998《民国时期丧葬礼俗的改革与演变》［J］《近代史研究》Ⅴ：169—174。

易　磊

2009《荆楚之地丧葬美术现象与民俗文化初探》［D］中国美术学院硕士学位论文。

曾娜妮

2006《灌溪镇丧葬仪式音乐及其乐班的调查与研究》［D］中国艺术研究院硕士学位论文。

张成材

2003《商州丧葬习俗的文化蕴含》［J］《商洛师范专科学校学报》Ⅲ：1—7。

张国庆

2009《石刻资料中的辽代丧葬习俗分析》［J］《民俗研究》Ⅰ：95—109。

张国蜀、丁燕平、司裕强

1995《丧葬习俗与殡葬文化》［J］《民政论坛》Ⅱ：75—77。

张　明

2009《宗教市场论视野下鲤城丧葬仪式的象征与功能》［D］兰州大学硕士学位论文。

张明义

2009《湖北丧葬习俗与伦理作用初探》［J］《湖北社会科学》Ⅳ：185—188。

张明义

1996《武当山丧葬习俗谈》［J］《武当学刊》（哲学社会科学版）Ⅰ：22—28。

赵宇共

1998《岸底丧俗与〈周礼〉记述的比较研究》［J］《民俗研究》Ⅲ：12—17。

仲富兰

1998《中国民俗文化学导论》［M］浙江人民出版社。

周　洪

2002《江西丧葬风俗中的古礼遗存》［J］《江西师范大学学报》（哲学社会科学版）Ⅱ：81—85。

朱爱东

2002《过渡礼仪：云南巍山坝区汉族丧葬习俗研究》［J］《广西民族研究》Ⅰ：38—42。

朱丽娟

2004《论秦汉时期汉族丧葬风俗的特点》［J］《广西右江民族师专学报》Ⅳ：25—29。

朱瑞熙

1997《宋代的丧葬习俗》[J]《学术月刊》Ⅱ：69—74。

朱松林

2002《试述中古时期的招魂葬俗》[J]《上海师范大学学报》Ⅱ：64—69。

[韩] 崔昌源

1999《古代丧葬仪礼结构之分析》[J]《内蒙古师大学报》（哲学社会科学版）Ⅲ：70—82。

书评

Benjamin Brinner 著
李　亚　评

《理解音乐，制造音乐：爪哇甘美兰以及音乐能力和交互的理论》
Knowing Music, Making Music: Javanese Gamelan and the Theory of Musical Competence and Interaction①

【摘 要】 美国民族音乐学家Benjamin Brinner 的《理解音乐，制造音乐：爪哇甘美兰以及音乐能力和交互的理论》是一本关于音乐的能力和交互问题研究的著作。作者的主要目的在于解读如甘美兰这般的音乐形式中，人们如何一起“作乐”（music - making）的奥秘，以此探讨人类音乐能力和交互的普遍问题。本文以该著作为对象，就作者书中的概念、内容和研究方法进行述评。

【关键词】 音乐能力；交互理论；爪哇甘美兰；表演

【作者简介】 李亚（1986—），上海音乐学院硕士研究生。

音乐是人类社会生活的重要部分，人创造了音乐，并形成多样化的音乐形式。但在类似欧洲音乐传统的工业社会中，人类潜在的音乐能力却没有像语言一样得到更多的承认或培养。音乐成为一门理论深奥、技术精道的技艺，只存在一小部分人群中，往往通过人们是否能表演书写下来的音乐作品来判断这个人是否具有音乐性。但这基于一个特殊的前提，即拥有这种音乐能力的人属于

① Knowing Music, Making Music: Javanese Gamelan and the Theory of Musical Competence and Interaction. University of Chicago Series in Ethnomusicology. University of Chicago Press, 1995.

一个特殊的社会阶级。正是在这种社会环境中，所谓的音乐能力成为分化一个人社会地位和社会阶级的因子。

西方民族音乐学不断积累的跨文化研究，打破了以欧洲古典音乐作为判断音乐能力的“欧洲中心”观念，大量非欧地区的音乐文化研究表明，人的音乐性是人类共有的天性，它存在于人的体内，具有普遍性。音乐作为人的感情表达方式，能引起人们共有的音乐体验，这也正是人的音乐性的表现，只是不同的人因为不同的社会文化背景而有所差异。要判断人类具不具备音乐性、具有怎样的音乐性等问题，不是将人放入由欧洲人建立起来的“欧洲艺术音乐体系”中，而是要将特定人群及其音乐放入相应的社会、文化体系中去考察，这样才能清楚地认识到人的音乐性。

延续以上的学科议题，美国民族音乐学家 Benjamin Brinner① 依据自己在印度尼西亚（Indonesia）的田野调查材料和经验，在对爪哇音乐家和爪哇甘美兰（Javanese gamelan）表演进行长达 16 年的研究基础上，写成《理解音乐，制造音乐：爪哇甘美兰以及音乐能力和交互的理论》一书，该书是在作者的博士论文基础上形成的关于音乐的能力和交互问题研究的著作，以解读如甘美兰这般的音乐形式中，人们如何一起“作乐”（music - making）的奥秘，探讨人类音乐能力和交互的普遍问题。

作者将音乐家的能力和交互看成是“作乐”（music - making）的重要因子，关注的是音乐能力和交互在“作乐”（music - making）过程中起到的实际意义。此书在广泛比较的基础之上，探讨解决这个问题的可行性。全书的主体部分共十一章，分为两大部分：

---

① Benjamin Brinner 为加州大学伯克利分校（University of California at Berkeley）民族音乐学教授和系主任，主要著作有：（1）Playing Across a Divide：Israeli - Palestinian Musical Encounters. Oxford University Press，expected publication November，2009.（2）The Music of Central Java：Experiencing Music，Expressing Culture. Global music series. Oxford University Press，2007.（3）Knowing Music，Making Music：Javanese Gamelan and the Theory of Musical Competence and Interaction. University of Chicago Series in Ethnomusicology. University of Chicago Press，1995.（4）“Competence and Interaction in Central Javanese Pathetan Performance.” Ph. D. diss. University of California，Berkeley，1995.

Part 1：理解音乐（knowing music）：

Ⅰ音乐能力的塑造（Modeling Musical Competence）；Ⅱ爪哇音乐的能力（Javanese Musical Competence）；Ⅲ个人的能力（Individual Competence）；Ⅳ谁知道什么？（Who Knows What?）；Ⅴ获得能力（Acquiring Competence）；Ⅵ我的经验来自于我的老师：爪哇音乐能力的获得（My Experience Is My Teacher: The Acquisition of Javanese Musical Competence）

Part 2：制造音乐（Making music）

Ⅶ 音乐交互的理论（Toward A Theory of Musical Interaction）；Ⅷ 音乐交互在爪哇甘美兰中（Musical Interaction in Javanese Gamelan）；Ⅸ音乐交互在爪哇多媒体音乐中（Interaction in Javanese Multimedia Productions）；Ⅹ 音乐组合中的个人制造（Individual Making Music Together）

结论：Ⅺ 音乐的能力与交互（Musical Competence and Interaction）

根据以上的内容，笔者将此书论及的议题分为两方面内容来叙述：

一、 相关理论问题：人的音乐能力

社会学家将社会和音乐组织之间的关系概括为成因（causative）和反射（reflective）；认知心理学的研究①虽然触及到人的音乐能力相关问题，但是认知心理学家所用的方法就是从可观察到的现象来推测观察不到的心理过程，通常通过实验、认知神经科学、认知神经心理学和计算机模拟等多方面的证据的共同支持，而其中的社会文化之隐性的影响无法进行实证分析。作者虽受到社会学家和认知理论的启发，但是认为以上这些研究少有提及音乐交互与能力之间关键性的联系。因此，作者在此书中力图阐述的是音乐能力如何形塑之理论问题。

在第一章，作者将音乐能力定义为："个人掌握一系列特定传统和文化所需求的相关的技能和知识，以及在符合一般的和特殊的文化、社会和音乐条件

① 比如 Ellen Koskoff（1992），以及 Davidson 和 Torff 的"situated cognition"模式的研究。

的要求和可能性下，这些所掌握的技能和知识能获得和发展。”（1995：28）“能力”在社会学中通常被认为是“知识的储备”或者是“学习和知识的备忘录”，一些社会学家用这种方法区分社会能力的特征。但是“备忘录”（checklist）很难告诉我们需要和使用这些知识储备时思维实际发生的过程。为了明白人类如何管理和制造音乐的多样性方法，有必要深入“备忘录”的背后考察。

因此，作者建构了一个关于音乐能力的普遍模式，它包含由不同维度所建构的知识类型：主动（active）/被动（passive），详述（explicit）/直觉（intuitive），意识（conscious）/无意识的（automatic），程序的（procedural）/说明（declarative）。这些知识类型被运用于以下领域：声音特性（sound quality）；① 声音模式（sound pattern）；② 符号的表征（symbolic representation）；转化（transformation）；交互（interaction）；定向（orientation）；合奏（ensembles）；剧目（repertoire）；表演语境（performance context）；意义或象征（meaning or symbolism），以及其他相关音乐能力但不是音乐表演的知识领域，如语言艺术，舞蹈，戏剧，宗教仪式。其中声音的特性与旋律的构成，交互的知识，以及声音和乐器的习语相联系。

第二章关注于音乐能力的代表性和普遍性，作者观察和分析了集中于印尼城市 Surakarta 的音乐家，通过访谈、排演以及表演来评估个别音乐家实际能力的性质和程度。作者认为，实际的能力和群体的音乐能力源于个人经验，大多数知识不是被详细教授的，而是被每个音乐家演绎的，我们需要不同的个人的“理论”，习惯于组织个人的知识；在接下来的第三章，作者考虑的不是音乐学习的顺序，而是音乐家精神成熟的路径。其中，年龄、教育以及个人与其他音乐家的联系，这些都主要影响了音乐家养成。作者将个人的音乐能力做了区分：总体的能力（global competence），专门的能力（specialized competence），核心的能力（core competence），独立的能力（discrete competence），

① 音乐能力领域的讨论首先考虑的便是声音组织的特征。

② 对模式的感觉和表述行为知识同声音特性一样重要，这依赖于对人类认知研究的发展。

以及全面的能力（well - rounded competence），被限制的能力（limited competence）。作者认为以上的区分是有用的工具，而不是能力本身，运用它们需要考虑到在既定音乐社会中共时的不同和历时的变化，这种区分有助于考察个人特殊的经验程度，以及帮助我们明白音乐能力的性质和分布。

传播知识的组织是理解音乐能力的重要方面之一，被结构的音乐能力可能比起那些圈内人秘而不宣的隐性知识更必要。此书的第四章和第五章，便是关注音乐家如何获得音乐能力，以及在一个共同体中的音乐家之间获得音乐能力的不同方式，并认为社会文化语境决定了音乐的教育方式，形成不同的结果，爪哇与非爪哇学生学习甘美兰是如此不同，爪哇音乐呈现出与同一时期西方音乐传统完全不同的方式。第四章作者并未评价在 Dutch 殖民机构影响下的印度尼西亚表演艺术学校的发展，他描述和阐述了政府赞助艺术学校接管了皇家宫廷表演乐队的现实，涉及音乐家角色的转变和音乐能力的不同，其中关于爪哇音乐的“平均”概念是有限的有用。作者在文中避免了宫廷（court）和民间（village）音乐家这一僵化的分类，不同的能力相关特殊音乐家获得能力和表演交互的社会和文化的复杂语境。第六章，作者比较了传统的传播方式与那些机构学校基于乐谱规范方式的传播方法，并认为传统的传播方式有一定的合理性。

二、 交互的分析框架： 音乐交互的理论

此书的第七章阐述了“音乐的交互理论”（A Theory of Musical Interaction）。第八章和第九章则是用这个分析框架来解释爪哇甘美兰表演中的交互。

作者通过观察与参与甘美兰的表演，聚焦于 Gamelan 表演的交互关系和交互动态的问题，他用这四个相互叠加和影响的交互层面来阐述基于交互声音结构的声音和基于交互网络的人类组织之间的关系。这四层跨体裁和文化边界的交互分析概念是：交互网络（interactive network）、交互系统（interactive system）、交互的声音结构（interactive sound structure）、交互动机（interactive motivation）。其中，交互的网络，是关于表演者在乐队中的角色以及他们之间的权利关系；交互的系统是用来说明表演者之间如何进行交流和协调；交互的

声音结构，是一个关于声音形态的概念，指声音固有方式的互相限制和可能性方面的综合概念。作者用以上三个方面来回答“谁”（who），“如何”（how），“何时”（when），和“哪里”（where）；而交互的动机是用来回答交互的原因和目的（why），表演的目标，回报，缺陷，认可，都可归入“交互的动机”这一层面之下。以上四者是互相参照的，而不是互相排斥的。比如，交互网络之中表演者角色变化的多样性和稳定性，关系到交互的声音结构方面的变化。在这当中，研究者要明白这样的网络如何形成的，以及他们如何模仿、影响、否定或增强社会交互的模式，以及在独特音乐风格和流派的表演中，他们如何限制或发展个人音乐家和集体的关系。（1995：169—170）

（一）交互网络

交互网络是指一组以上的角色，即乐队成员之间的关系，以及由这些关系所完成的音乐领域。作者将表演者的角色归纳为三种，即领导者（leader）、协调者（mediator）、支持者（supporter）。如要抓住这个交互的方程式，我们就需要知道一个音乐家在这里面独特的角色，以及在这个交互领域中所实现的情况。这三者也是在实际的表演语境中，是可以互换的，角色不是一成不变的。

因此，作者首先考虑的是音乐家的角色和他在交互网络中的位置。角色在一个乐队是十分灵活的定义，任何演奏者都有可能成为领导者，比如，爪哇甘美兰的领导关系是在几个音乐家之间，每一个都有他自己的控制领域和影响。在甘美兰中，rebab 可以说是旋律的领导，但是作为跟随者（followers）的 pesindben，有时会与 rebab 变成轮替的关系，有时会选择忽略 rebab，而用一种不同的语汇来与人声兼容。这涉及要分析以下的问题：谁控制或影响了其他人的音乐行为？这个问题的回答要在特定的表演中来回答，不同的音乐表演有既定的音乐家组织、乐队类型、曲目。

其中，作者认为音乐交互中的领导关系应包含以下几方面：一个或以上演奏家之间领导能力责任的区分；领导角色的分配或养成；领导关系的明确和识别，与这些领导者的位置也有关，要有视觉上或听觉上的影响；领导能力是自发的性质还是排演的性质；控制的领域和控制的程度或影响涵盖的方面，比如协调和平衡，节奏配合，或速度的改变。而协调者的角色是来接替或加强领导者的演奏方向的，或者是作为临时的调解者帮助少数不具备很好音乐能力的音乐家跟上领导者，被看做是领导者的下属或者是第二领导者。

有领导者，就有跟随者（followers）。这是通常的划分，但是作者认为，在很多语境下，“follower”这个词并不适合，因为这些音乐家是与领导者互相作用，而不是完全的跟随（actually following），因此作者用支持者（supporter）来对应领导者；如要分析支持者的角色，需要关注以下问题：比如这个房间内有多少支持者的角色顾及其中一个人的掌控？在哪些领域这些人被其他表演者影响和命令？支持类型是否具有功能性（foundation）特征等。

最后，作者将音乐家之间的关系概括为影响、控制、独立、支持和响应能力（responsiveness），这些特征与特殊的音乐领域相关联。交互网络关系不仅表现在影响和控制的运用，其他成员对于影响和信息流动方向的感知这方面的响应能力也是有用的方面。

（二）交互系统

交互系统主要说的就是表演者之间的协调和交流。作者在这里探讨的，主要就是线索（cue）和回应（response）的关系：一个人在独特的时间点传达某种信息，试图要求或建议其他表演成员以同样的方式回应他。

媒介作用和信息作用是线索最主要的方面。因为表演者有多变的视角和声音，所以包括了声音的线索和视觉线索。声音线索除了是音乐表达，还包括语词，听觉线索要在精细的音乐结构中便于识别，可能是一个旋律和节奏一体的声音因素；而视觉的线索包括面部表情、姿态，身体移动的部分，乐器以及其他身体的支撑。一个表演者可能同时或连续地用几个不同的线索。线索的给定是为了引起其他表演者某种方式的回应。一个回应者（responder）必须注意给定的线索，以便正确地理解信息，选择合适的回应，在正确的时间奏出器乐或唱出来。正确理解的回应取决于：所有可能被传达的信息的知识，语境的因素，回应的要求，以及回应的时间。如果线索不是那么清晰，表演者必须采取主动。

作者认为，在交互线索的分析中，表演者的坐位也很重要。因为它限制或方便于某种特定的媒介和交流的路线，尤其这相关表演的声学空间。一组表演者的位置可能使视线和相等声线的交流没有阻碍，也可能使得这些交流通道可能部分或完全地限制。交互网络的结构在演奏中，次一组的演奏者的定位有加强表演交流和内聚力的作用。

作者接着阐述，线索的时间和可预测性显示线索传达的信息内容和交互有不同水平的区别，线索和回应之间的时间间隙是交互类型最重要的区别。如果是较长时间的间隙，说明线索是预备的，能很好地提示回应者在哪个时间进行回应；而回应者对于一个没有确定方向的线索，似乎很少受到通常习惯的时间间隙的限制，比如一个音乐家从其他音乐家那里听到美妙的声音片段，他的回应可能是立即试图与这个音调匹配，或者可能等一会儿，等一个合适的时间出现再回应，在循环或反复片段中，音乐家可能选择等待到下个反复段出现的时候回应。

（三）交互的声音结构

音乐织体（texture）是同时发生的声音线条之间的关系。织体相关交互的网络，织体的变化产生于交互网络的变化。在交互网络的部分中，作者探讨了乐队成员的角色以及他们之间互相影响和控制的程度。而在交互声音结构的探讨里，作者关注的是音乐“材料”是如何在表演者之间分享的。

表演者的网络产生了音乐的交互系统，在交互的声音结构中，由表演者形成的框架以及在什么地方使用什么样的形态决定，这些结构又反过来影响了交互行为。作者将交互声音结构分成两种性质：序列（Sequence）：概念模型，在表演者固定的记忆里，是表演的蓝图；连续（Progression）：是实际的表演过程。表演者从演序列（sequence）所有可能的方式里，选择一种来实现，这是一种潜在的选择。表演的序列（sequence）可能是固定的，但是连续（progression）常常是多变的，音乐需适应表演的需求。作者运用了甘美兰音乐的例子显示出交互如何能影响声音结构。

由此，在此书的第八章和第九章，作者用不同的甘美兰音乐类型对以上提出的分析框架进行了实际的运用。第八章，作者考虑到表演中交互情况的基本范围和多边的性质，选择不同类型表演的语境来进行对比。因此，作者分析了在 klenengan 中三种音乐类型 Gendhing,① Palaran,② Pathetan③ 的交互关系，即交互网络、交互系统和交互结构，进行了在一定语境下的交互关系和音乐制造方面人际作用因素的探讨。第九章，作者讨论了在学院创新的戏剧表演中交互方式的变化。

三、 启示与感想

综观全书内容，此书前半部分（1—6 章）通过对爪哇甘美兰音乐表演和音乐家的研究，试图解决人如何获得音乐能力以及如何评估人的音乐能力之理论问题，其中第一章阐述了音乐能力的相关定义、领域和组织，第三、四、五、六章阐述了个人音乐能力在整个音乐传统形成过程中的重要性，以及音乐能力的获得方式和过程；后半部分（7—10 章）根据爪哇音乐制造过程中的经验性分析，来讨论普遍的音乐交互的理论问题。最后一章作为整本书的结论，整合了能力和交互问题的阐述：作者认为音乐能力包含了音乐交互，但是从另一角度来说，能力作为其中的一个要素，带入到了音乐表演的交互之中，表演者的交互能激发音乐家的个人能力，音乐能力和交互是互为补充的两面。

此书的研究方法也值得参考，作者除了观察这些音乐家，与他们交谈，并且和他们一起演奏等这些常规的田野作业方式之外，还将自身在研究过程中身份转换的经验置入其中，在自我的“双重音乐能力”之体验与爪哇音乐家的音乐能力获得过程比较之中，来探寻音乐的能力和交互如何被特殊的环境所形塑，以及音乐交互与社会交互之间的关系。

西方民族音乐学者对“人的音乐能力”问题早有关注和探讨，比如 John blacking（1971），Laske（1977），Mcleod 和 Herndon（1980），Merriam（1964）。John Blacking 是初次涉及这个问题的学者，他将人类交互行为和

① 甘美兰音乐中一种复杂的循环结构。
② 甘美兰音乐的一个子集，是不太规律的分节歌形式。
③ 十分短小，被一小部分核心的音乐家演奏的非循环的音乐片段。

“不同文化系统为音乐天赋发展提供的机会”看做是形成音乐能力的关键因素，其专著《人的音乐性》（*How Musical Is Man*）探讨了音乐与社会结构的关系，并认为，人具有的天生的音乐潜能是为了人与人之间的交流而存在的，这种音乐能力的表现形式则与其社会和文化关系密切。作者延续了 John Blacking 对于“人具有怎样的音乐性”及相关问题的探讨，但是认为 Blacking 过多地关注于语言学的比较。与 Blacking，Laske 和 Feld 不同的是，作者并未假定如 Laske 所强调的被既定文化塑造的单一能力，以及如 Blacking 设想的普遍性音乐能力的观念。最具独到之处的是，他认为人的音乐能力是通过人类间的交互行为所建构和评估的，音乐家的角色可能是作为老师、学生、表演伙伴，或者听者，不同的角色导致不同音乐能力的形塑。与 Blacking，Laske 和 Feld 静态的，与历史无关的观点不同的是，作者倾向于将音乐能力的本质看做是灵活的，会随着个人生活和社会传统的历时性特征而变化。

作者分析爪哇音乐能力与交互的主要目的在于发掘音乐世界中不同能力类型和水平中的适应性。他从演奏实践的观察出发，将表演者的“主体性”交互置入其中，以此来阐述“作乐”活态过程以及相对应的音乐结果。由此及彼，中国传统音乐同样存在“以演奏家为中心，并以奏（唱）操作行为为核心的注重过程、动态、功能的整体性（Holistic）音乐观念”。（萧梅 2008：61）这种以“以身体行为为中心的实践性的音乐构成观”，恰恰是探寻中国音乐家音乐能力之重要切入点。

与作者从宗教、社会文化语境，以及音乐家之间的关系来探寻音乐能力如何形塑，以及音乐何以生成之研究相呼应的是，面对中国传统音乐的性质，许多中国民族音乐学者都有同样的体会，比如萧梅认为“其声音结构所表征（representation）的不仅仅为音响—听觉轴线上的时间维度，还是身体行为及其空间关系（proxemic）的综合展现，更包含了‘乐用’与‘乐效’的文化含义。在过程和产品的双向动态中，我们需要面对由仪式行为（执仪者及参与者）导出的音声产品之活态”。（萧梅 2011：14—15）这其中的活态体验，正是由表演者的音乐能力与交互语境所形塑。同样，齐琨在仪式音乐的研究中也提到：“执仪者力图在仪式过程中建立的关系，决定了物质空间的仪式操演行为、仪式音乐中的唱念、演奏行为等一系列内容，以及执仪者拟在意识空间建构的形象、观念、情境、秩序……关系决定了仪式表演时间行为的内容和形式。”（齐琨 2011：8—9）可见，音乐的能力和交互是一个动态且复杂的过程，由诸多因素共同构成，其中充满着即兴性和创造性，而这种创造性又在于相关语境及参与者关系的变化，“语境”成为是理解音乐能力与交互的核心。

虽然作者意识到了实际的能力和群体的音乐能力源于个人经验，关注个人知识的组织，但更多的是基于社会学的立场，试图将社会组织结构与音乐家交互关系相对应，作为社群共同体的“能力”来予以解释，提出关于音乐能力与交互的普遍理论，强调于外部社会文化语境对个人音乐能力构成的影响。而并未从相对的角度来探讨音乐家个人的观念认知、独特的生命经历、情感关系在音乐能力形塑中的重要作用。个体的音乐家对社会、文化、传统不是被动接受，而是主动的选择，或应对，或适应，或反抗，这些互动的因子又对音乐能力的形塑和交互关系造成什么样的影响呢？作者在此书中并未进一步阐述。

总的来说，此书展现了一个十分灵活的视角来解读社会、表演语境、音乐家的交互与声音形态结果之间的双向互动过程，其音乐交互理论这一分析框架不仅仅适应于爪哇甘美兰，即兴性强的乐队，如美国爵士、大量非洲传统音乐，中东音乐，以及其他亚洲音乐都可以参照其分析框架并结合对象自身的特点形成开放性的方法来运用。

参考文献

John blacking 马英珺译

2007《人的音乐性》［M］北京：人民音乐出版社。

萧　梅

2011《从 Music 到中国仪式之“乐”》［J］《思想战线》Ⅰ：14—15。

2008《“乐”蕴于身——中国传统音乐的实践观》［J］《人民音乐》Ⅴ：61。

齐　琨

2011《仪式空间中的音声表述——对两个丧礼与一场童关醮仪式音声的描述与分析》［M］北京：文化艺术出版社。

译文

Otto Abraham & Erich von Hornbostel（Berlin）著
邹 婧 译

关于异国音乐记谱的若干建议

【摘 要】本文为比较音乐学柏林学派先驱亚伯拉罕和霍恩波斯特尔共同合作完成，文章中为传统音乐记谱所提出的建议和总结为今后的学科发展产生了深远的影响，且至今仍具有深远意义。① 读者不仅能从中获取记录异国音乐的基本原则和方法，也能窥见民族音乐学学科早期发展的脉络和特点。

【关键词】异国音乐；记谱；建议

【作者简介】Otto Abraham（1872—1926），德国物理学家，比较音乐学柏林学派先驱代表。

Erich von Hornbostel（1877—1935），奥地利民族音乐学家，比较音乐学柏林学派先驱代表，德国柏林音响档案馆第一任馆长。

【译者简介】邹婧（1986—），女，上海音乐学院2007级硕士研究生。

译者前言

本文的作者亚伯拉罕（Abraham，1872—1926）和霍恩波斯特尔（Hornbostel，1877—1935），是比较音乐学柏林学派的先驱。这篇文章可看做是对传

① 本文译自英语版本“Suggested Methods for the Transcription of Exotic music”一文，由Geroge和Eve List译自“Vorschläge für die Transkription exotischer Melodien，”Sammelbände der Internationalen Musikgesellschaft，1909/10：1—25，该译文刊登于Ethnomusicology 3（1994）：P425—456上，本文的译者前言也是由Geroge和Eve List二人所撰写。

统音乐记谱的方法和符号所做出的第一次广泛性总结，它对后来从事比较音乐学和民族音乐学工作的学者都产生了深远的影响，也为此后这一领域的进一步工作奠定了必备的基本原则。（可参见由联合国教科文组织旗下的专家委员会所写的推荐信，载于《民间音乐的记谱》，CIAP，1949 年 11 月—12 月，第 15—16 期。）

本文包含了大量的深入性调查报告，至今仍具珍贵价值。比如，文中认为，对于一首歌曲的旋律的理解，如果没有考虑到歌词，以及在歌唱过程中的由听筒所导致的变化等因素的话，则是不够充分的。（霍恩波斯特尔也是一位哲学家）现在的很多田野工作者仍然需要注意到作者的提醒，即歌唱者常常不能将所唱的歌词和旋律分开，因此录制者应对歌词进行单独的录音。文中提到的很多简易型的技术至今仍适用，并适用于电子设备。比如，一段录音应该放在磁带录音机和蜂蜡圆筒录音机上以不同的速度去播放和听辨。在录音的前面进行忽然的中断可以迅速而有效地抬高后面的蜂蜡圆筒录音机的唱针，用以确定所听到的旋律的音高。这些建议方法至今仍旧广泛运用于非洲鼓乐的记谱中，尽管有些扩充，但并没有被别的方法所取代。

即使电子工业的发展使得作者提出的一些建议显得有些过时和陈旧，但是其历史重要性在于能提醒我们现在不再需要去面对很多困难。这并不是说磁带录音机、录像带、频闪仪和基础的分析器（如旋律仪）能解决我们所有的问题。作者在文中也涉及一些关于音阶发展和音乐体裁分类的问题，这些问题现已不被视为是记谱分析中的一部分。

总的来说，作者在注解中所给出的参考建议是不变的，尽管在某些情况下它的精确度受到质疑。而翻译者的注释会对读者来说比较有用。除非能在最开始标注八度记号，并用大写字母表示音高。这篇译文有一部分是基于 Judith Binkele Mcculloh 给我的不完整版本上，同样也要感谢 Franziska von Rosen 对译文的修改意见。

作者的前言注解

随着民族学家和音乐学家对于非欧音乐文化的兴趣日益增长，越来越多的田野工作者、传教士和殖民地官员记录非欧地区的歌曲和器乐，随之形成了专门的科学研究活动。此后，音像档案馆的收藏品与日俱增。① 但是，如果没有正确利用这些收藏品的话，即使数量再多也毫无价值。我们可以用电镀复制的方法对蜂蜡圆筒录音唱片进行永久保存，尽管这样做绝不会延迟对资料的科学研究②。但是通过这些研究，我们可以获得录音收集者在需要原始录音材料的时候必须用到的知识。

随着录音资料的增多，开始有更多的学者加入到这类研究中去，这使得完整建立这些材料的研究方法论的任务变得更加困难和迫切。但是只有建立了方法论才易于比较每位学者的研究结果，也能为普遍理论的发展奠定基础。如果将比较音乐学发展的现阶段作为一门独立学科来看，建立科学方法论的尝试会显得些许不成熟。然而，若是现在能提出一些供以讨论的问题也是非常有价值的。另一方面，目前在学科中形成的多样性工作方法也会使得在某些程序上很难达成一致。

在现今的比较语言学领域中，同时存在着不同的语音学书写系统，我们不能用一个普遍标准来定位这些书写系统。比如，用不同的标记来表示相同的意义，这使语言学家之间的书写难以统一。同样地，不同的文化有不同的音乐表达方式，相对准确地再现这种特性的唯一方法是对欧洲记谱法进行适当的改进和补充。不管我们的目的是研究音乐还是向他人传达音乐，这种记录旋律的方法是必不可少的。

Ⅰ 记谱的选择

1. 概述

我们应对标准记谱进行修改和扩充，以便能尽可能准确地表现所描述的音

---

① 译者注：参见柏林音响档案馆，霍恩波斯特尔曾在该馆任多年馆长。见 Kurt Reinhard，《柏林音响档案馆》（《民俗与民间档案 5》1962 年第 2 期）。

② 译者注：通过这种方法，可将永久的铜铸底片制成原始的蜂蜡圆筒录音机，此后这种底片就被用于浇铸生产拷贝制品。见 George List，《圆筒唱片的复制》（《民俗与民间档案 1》1958 年第 25 号）。

乐。同时，修改的幅度也要尽量小。如果是印刷记谱而非手写记谱，则要控制其低廉的印刷成本。如此，印刷者是否能轻松地掌握和运用这些符号就很重要了。我们不应使用一些区分的标志符号来模糊记谱的简易性和精确性。这些符号应该是那种便于学习和记忆的符号。因此，折中的办法是介于清楚和客观准确之中。

2. 音高

A. 五线谱

这里推荐的是常规的五线谱，五线谱的线间距可以表达一般的音程关系。这种设计建立起一种很强烈的感知联系，若是对它进行任何改变，都可能引起混淆并难以适用。比如，我们习惯用相邻的两条线或间的距离来表达三度音程。但如果要表示一个四分之一的音高，则需要插入一条辅助线，即使这条线很淡，我们在视觉上还是很容易认为这条线表示的是二度或者三度音程。事实上，增加辅助线的数量很容易引起外在的混淆（见例 1）。如果有人想在手写谱中做到像机器印刷的那样精准，就需要增加无数的辅助线。比如若是需要表示八分之一音，那么两条相邻的线就表示四度音程，这时候我们需要的就是 27 线而不是现在的 5 线！

在同一空间关系中增加辅助线也会带来同样的困扰。我们很可能看不懂在五条线上下和之间增加辅助线的记谱。相反，我们要像刚开始创造它一样去学习它。因此，我们会不太愿意用 Gileman 在最近的出版物中所使用的记谱方法。①

Gileman 的这本出版物中用了另外一种音高表示方法，不仅是将符头置于常规的位置来表示不同的音高，还用比相邻的线略高或者略低的位置来表示。（见例 2）这种方法在所有线之间的音程距离都是均等的时候是可行的。它不属于我所提到的常规五线谱。这种方法也可能给出版造成很多麻烦，比如手写、雕刻和校对等工作会变得更加困难，也会增加复印成本。

---

① 《霍比歌曲》（《美国民族志与考古学期刊》1908 年第 5 卷）。

例 1

例 2

如果要表示听起来音调相同的节奏性伴奏的话（如鼓、拍手），我们可以在五线谱下面附上没有加线的谱子来简明地表示拍子。这样，只要在五线谱下面添加一条线就可以表示 2 到 3 个不同的音或音色。这种记谱可能会代替上面的记谱。(见例 3)

例 3

在比较大量旋律的相似性和相异性时，用曲线或者轮廓的方法是比较有效的。垂直线可表示音高，横线则表示时值。当我们的目的是体现出旋律运动的大体方向，而不是考虑音乐的精确音高和准确时值时，可用 Gilaman 的方法，或是利用图表显示均等的空间音程，而不必显示重复的音调。(见图 1a)

E. Lindff 设计出另一种方法①。他的图表是用一条延伸的直线来表示音，而非单个的点。直线的长度代表时值（这种延伸直线与横坐标平行），直线的结尾点则用垂直线连接（见图 1b）。这种图表给人以直角的运动视觉效果，并不能准确地体现旋律的听觉印象。人们要时常提醒自己，尽管垂直线的长度不同，但它们并不能表示时值。

较为理想的办法是综合以上两种图表，即横坐标上的点表示音高，再用线连接这些点表示时值。(见图 1b) 需要注意的是，这种旋律表达方法也不能再现出听觉印象的每个细节，它表示的是旋律运动的大致轮廓。

---

① 《伟大俄国的农民歌曲》圣彼得堡帝国科学院（英语译本，译者 David Nutt，伦敦，1905 年）。

图 1

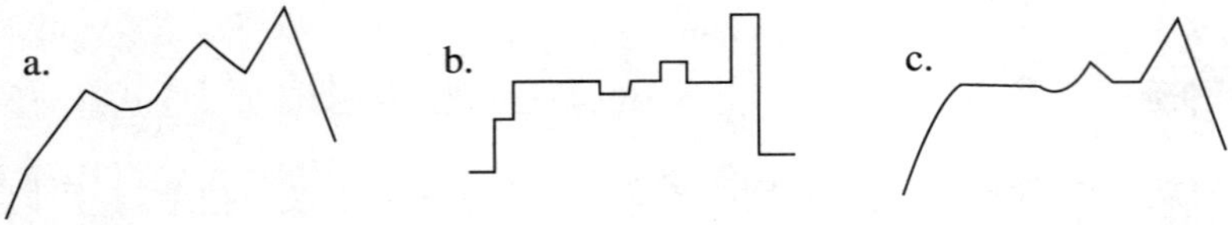

不管我们用什么方法去最为精确和清楚地表示所听到的音乐，同时使用常规的记谱体系是不可避免的，只有这种方法才能体现出记谱者对旋律的心理主观印象。

B. 谱号

记谱者应当尽量控制所用谱号的数量。大多数情况下，用高音谱号或者是 G 谱号就足够了。我们可以用 8^{a}（16^{a}）或 8^{a} b^{a}（$16b^{a}$）的方法来移高或降低八度的音阶转调，从而避免由限制谱号数量而引起的添加线过多。改变高音谱号的目的是为了表示男高音的音域，也就是说，没必要用到男高音谱号、双高音谱号①甚至是 ansatzstricbe②。

除了合唱和对唱中的男高音谱号之外，最好能使用低音谱号，特别是对于那些相距甚远的声部。在记谱中同时使用多个高音谱号的目的是为了显示不同的八度音阶，但这会使那些习惯钢琴记谱方式的人感到不便，因为这与他们的记谱概念不同。

C. 转调和临时变化音

为了确定声乐曲器乐片段的实际音域和调性，最理想的方法便是测出全部音高。但是，在记谱当中，没有必要一定坚持原始的音高。相反，如果一段旋律能转成只用几个临时变音记号的调的话，对记谱者和读者来说都更为省心。但这并不意味着所有音乐的主音都应该是 C 大调，也不是说任何情况下都应该转调。当转调后会产生以 C 为主音的音阶时，经常需要用到很多临时变音记号。（见第 2 部分的Ⅱ）此外，如果在没有必要的情况下，转调会转成一个高音的时候，这

① 在英国广泛应用，见 Woodridge，《牛津音乐词典》（双高音谱号）。

② 译者注：术语 ansattricbe 很明显是霍恩波斯特尔发明的，它所指的是一行乐谱的第一个音之前的斜线，是为了表示有一个滑音到这个音。

种转调也是不必要的，否则会有更多的麻烦出现，比如被转调的那个音与原音相距甚远。最理想的音高记录方法是记谱与转调同时完成，或是记谱后再转调。这两种方法都需要花费大量时间并且容易出错，因此最理想的方法是选择与原音相邻的音高，只需要在这个音高上加少量的临时变音记号。因此 G 可代替 A^b，F 可代替 F#。在最重要的地方可将原始音高附加在注释中。

升降号的概念是由欧洲的旋律和和声规律而形成的。例如，我们不会写成 d^1—f^1—$a\#^1$—b，或是 d#—f#—b^b—b，而是写 d^1—f^{b1}—b^1—b，或者 d#—f#—a#—b。为了避免使用欧洲音乐的概念，Gilman 开始尝试控制临时变音记号的数量，即只用一个升号①。这样做似乎过于苛刻了，也不能实现记谱作为激发声音印象的目的。我们很难理解这种独特的记谱方法，也很难抓住在异国音乐中普遍存在的音程，比如五分之一或者四分之一音。人们会很难理解 A#—F，F—A#。因此，我们还是建议尽量严格地使用普通欧洲记谱法中所用到的临时变音记号。在上述的例子中，我们会用 B^b 而不是 A#。我们会在半音上行时用升号，下行用降号。我们要避免在写半音音阶时改变主音，因此会写成 G—A^b—G—F#而不是 G—G#—G—G^b，另外，也要尽量避免使用重升、重降记号。

当谱子中有规律地出现一个升号或者降号时，我们可以根据谱号做相应的音高标记。但是，我们也要尽量避免欧洲音乐的“调”的概念，包括做标记时用到的临时变音记号，不管这个变音记号的音符是否会出现在旋律中。因此，一个含有五声音阶 F—G—A - C—D 的音阶，不应该标记降号（调）。这种做法会形成例 4a 和 b 两种写法。如果在高音谱号中的一个八度内出现两个调（E 和 F），那只能降低一个八度去处理，我们应该将调号写在实际旋律音高，也就是第一条线上。（见例 5）

例 4

a. 

b. 

例 5

记谱时应在两个八度中都标记好要转的调，就像常规的谱子一样，可在五

---

① 《祖尼人的旋律》（《美国民族学和考古学期刊》第 1 卷）。

线谱的上方写上临时变音记号。

我们可在五线谱中距离音最近的地方标记加号或者减号，用来表示介于半音之间的音高。这些附加的符号的符干朝上，目的是为了和歌词、力度记号等不起冲突。如果可能的话，可以用大一些或者小一些的加减号来表示更高一些或者更低一些的音。升高最近的那个低一些的音或者是降低最近的那个高一些的音乐的目的是为了表示介于半音之间的音，这样做的基础是建立在音乐的原谱再现和主观旋律印象之上的。最后一步是用振动频率来表示实际音高。（见第Ⅳ部分的计算表）

以上的标记方法应当在谱中所有发生过的地方都标示。用来表示音高差异的加减符号应该和临时变音记号同时出现在五线谱的开头部分。临时变音记号应位于所限定的音的前面，加减号位于变音记号之上。如果其没有适合的符号表示那些没有变化的临时变音记号的音调，则用没有符干的黑符头表示这个音，加减符号位于黑符头之上。这些符号应位于临时变音记号之前的，而带符干的四分之一音很容易引起混淆①。（见例 6）

D. 不确定音高

在很多情况下，不确定音高的出现可能是由于录音质量或是歌手的表演方式而造成的。如果在唱片中听见类似于刮擦声或回音之类的声音，应该在上方标注疑问号。如果一些音高不是很精确，比如一些很短很微弱或是过度调整的音调，可在圆括弧中标示符头。如果完全不能辨别音高的，如一些说唱体裁的音乐，则只需标注节奏和没有符头的音符就可以了，也可通过这些音符的片段勾勒出大致的旋律线条或者运动框架，如例 7（在特殊情况下用轮廓的方法可见第 10 部分）

例 6

例 7

当音高不明确时或不存在这个音的时候，应在其后附加一份相似的片段记

① 见 Dom L Pacisot, Papport sur une Mission Scientifiqueen Turauie d'asie, Paris, Leroux, 1899 年。

谱以供参考，所插入的推测性的音位于括弧之内。

3. 表演方式

鉴于该术语的广义运用范围，我在这里所指的是“表演方式”之中的音调关系（常用记号）和音色①。这个概念在那些特别值得关注的非欧音乐现象，以及相对精确的记谱中都显得尤为重要，但是欧洲的记谱系统在这方面却是最不完善的。因此我们提供了以下表格的标记符号用以说明这种情况（见表1）。表中的内容是在常规欧洲音乐标记方法之上进行的补充，也需要根据各种情况进行进一步补充。

表1　常用记号

	表示独立音节发音
	表示二个音用同一音节发音
	断奏（分开）
	居中的奏（介于断奏和连奏之间）
	连奏（相连）
	滑音（高度相连，滑行）
	滑音，从不确定音高到确定音高的下滑
	滑音，从不确定音高到确定音高的上滑
	滑音，从确定音高到不确定音高的下滑
	滑音，从确定音高到不确定音高的上滑

① 由于音色和音调关系在内在上和心理上都是相关的，我们将它们都放在一个标题之下。大多数情况下，在我们的音乐系统中，力度和速度在表演中都起着重要的作用。但是，这些现象可以更加突出地得到显示，也可以在不同的段落中进行处理。

 很滑的滑奏（极滑）

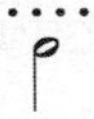 节奏性震动，吸气（表示正确的打点数量）

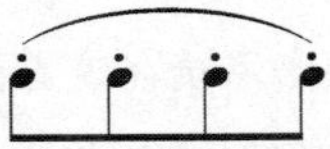 轻缓的节奏性震动

 强的节奏性振动

 很强的节奏性符号

 非周期颤音

 朗诵性的（见“音高”一条）

 带轻微音调的朗诵调

 可听见的吸气

A. 常用记号

另一些表示表演情绪的符号，如“激动的”，“加强语气的”等，以及某些表示乐器演奏的术语，如“拨奏”，应以简写形式在五线谱上方注明。如果通篇记谱都出现这种情况则应用文字注明。

B. 音色

事实上，用于表示不同音色的符号不如上述的常用记号丰富。我们对于音色的感知包含很多微妙的区别，它是一个极具审美意义的元素。而在实践中，用于表示音色的词语都起源于发声媒体（如“类似于喇叭的”）和其他思想领域（如黑暗，强烈）。只有少量普遍用于表示音色的词是涉及特殊技巧，其次才是涉及实际的音色。

因此，在记录异国音乐时，我们推荐一些在表演中运用到的特殊技巧符号。比如，这个用于记录六孔竖笛的符号，我们可以将其置于具有相似的音色的那个音的上方。它也可用来表示假声，管乐的自然声音，锣的回击声，等等。

我们也有必要区分一些特殊的音色，可在音符上方标注 X 符号。如果要区分几种不同的音色，则可用字母来表示。比如要注意到是用双手演奏鼓，或是用棒槌。我们也可以用不同方向的符干来区分是在鼓的边缘还是中间演奏的声音，号表示手掌演奏，用号表示指腹演奏，剩下的用指尖演奏的则不用标记。

在鼓乐中，可像不同音高的表示方法一样来表示不同音色的表示方法。

4. 装饰音

准确地记录装饰音是一件相当乏味和耗时的事情，尤其是要准确还原其节奏组织。我们只需用不确定的时值来记录装饰音，并只在最合适的位置做醒目的标志就可以了。如此，就可以很容易地辨别那些经过高度装饰的主要旋律。另一方面，如果将装饰音完全删除的话，可能会存在一种危险，即删除了那些在装饰效果中显示的重要音调。

除了普通的指示符号（*tr*，∽，∽ 等），表 2 中也有些符号值得借鉴。

表 2 装饰音记录符号

tr^0	上方音颤音
tr	下方音颤音
	不确定音高的装饰音
	不确定装饰音，相应的音调运动的轮廓
***kr*~~~**	喉咙震音
***dr*~~~**	上颚震音
***br*~~~**	双唇震音

要强调的装饰音通常写成  或 

5. 力度记号

同样，在乐曲中，或是由于某些特殊乐器的特性所引起的音量的渐变，应在相应的文本或资料中，而不是记谱中有所提及。记谱中的音量变化应用常规的缩写记号：$PPP_1PP_1P_1mf_1f_1ff_1$ 和 *fff*。要尽可能靠近所要标记的谱子，并在不与歌词或是其他记号相冲突的情况下置于五线谱下方。力度线应当一直延续到新的符号出现前，线条用打点线标记。渐强与渐弱分别用 < 和 > 表示，不要用 cresc. 或者 dim.

重音记号 …………>

稍弱的重音记号 ………(>)

中等的重音记号…………………>

强的重音记号 …………………≥

重音记号应置于所要标注的音的上方，它只表示旋律的力度。而由拍掌或是击鼓等产生的节奏性的重音记号应在五线谱的下方用单独的一条线表示（见第二部分的 A 部）。为了表示 *pianostubilo*（突弱）的音调力度记号，我们用与之相近的符号，如 sforzato 或是“P < ”等相近的力度记号来代替。〔>〕用来表示那些主观可以感知，客观却很模糊的重音记号。

6. 节奏

想要理解异国音乐的节奏组织形式并非易事，因其大部分节奏都比较复杂。我们很难找到能帮助我们理解音乐家的节奏意图的参考框架。

音乐的节奏意义可由以下几种元素结合而成：

1. 力度重音，由拍掌、击鼓等产生，可作为音律组合的指南。

2. 相似的节奏旋律组合。这些组合不一定是均等的时值长度。

3. 一个均等的时值单位数。这种组合方式，是根据我们所用的均等时值的“节拍”概念，这个概念只在看似不强求，但它只能通过以上两个特点进行调整的情况下才能适用，记录时也不必刻板地遵循。如果去严格划分均等的节拍的话，一个主题动机经常会被扩大或者缩小，也可能会破坏其旋律群的概念。

节奏组合的选择主要通过作品的重复和变化的语言学结构来决定。

我们可以用小节线来划分每组音，两条线之间的内容表示的是一个旋律节奏单位。我们通常所说的弱拍，即便是在旋律上跟随着其他东西，也应位于小节线之前。如果一段音乐的节奏组合有很多种解释，则应用不同的记谱版本或在五线谱上方用短垂直线来表示不同的概念。（见例 8）

对结构大一些的节奏组合可进行进一步划分，可用断的或是打点的小节线表示。如果上面的方法都不能达到比较合理的节奏分组效果的话，那小节线就只需放在有节奏韵律的那部分。

周期性的节奏单位循环可在该片段前注明①。两个有规律的单位循环的情况亦是如此，如例9。

例8

例9

我也推荐用单独的拍号来表示单个的韵律变化和无规律的节拍变化，但当谱子前用括弧标注了节拍时，这种方法就不完全适用了。这是由于一些自由节奏或者是重音与所给拍号不符的情况。不同的节奏表示符号参见表3。

表3　节奏符号

这两个拍号之间有规律地变化

主要是3/4拍，偶尔表示6/8拍，或者是间歇地表示5/8拍等等

主要是6/8拍，偶尔表示3/4拍，或者是间歇地表示5/8拍等等

可能是3/4拍，也有可能表示6/8拍

大致是在这两个拍号之间变化，也有可能中间出现其他拍号

注明每个音符组合的持续时间可以产生比较清晰的效果。比如，我们可以记成而不是。（我们可以用两条连音线表示没有强音的持续，如切分节奏）

有时候双拍子节奏中会出现三连音节奏，最好是能将在后面的记成双拍子，如例10，而不是将前面的记成三拍子，如例11②。

例10

例11

① 我们推荐4/4而不是c，以及2/4而不是。

② 译者注：可以看出第一组的拍号是6/4而不是6/8。

混合拍子的组合，包括双拍子和三拍子，应该用方括弧框起来，而不是用连续的连音符，如例12。如果是八分音符或者十六分音符，符干和连线在音符上方的，可将括弧删除，如例13。

例12

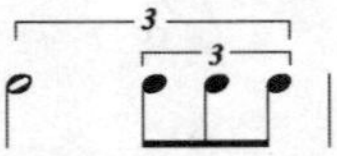

例13

鼓的节奏记谱应该用统一的时值单位，如或或，而不是。

我们不应对休止符的记谱做主观的节奏解释，休止必须与节奏单位相吻合①，因此是而不是。我们还应计算出节奏中的长休止时值，用以决定他们是否要与原先的节拍一致，或是他们显示的是特定的时值含义。建立在一个段落的语言学上的完全休止，若是建立在一个段落或动机的重复和变化之上的情况的话，则用［𝄽］表示②，这样做是为了表示其中所包含的拍子数量。如果能从其变体中就可看出来拍子数量的话，就不用这样表示。没有节拍意义的终止，如由呼吸产生的终止，可用在五线谱上方用ν标注。

7. 速度

准确地表示速度非常重要，原因是一段音乐的特性表达主要体现在速度中。而准确地记录速度也有助于建立相关的器乐或者声乐技巧。我们应尽量截取旋律中的任意一点，用节拍器检测其速度③。速度的变化也应该通过节拍器检测，后者用圆括号表示。

有些速度术语的使用是非常多余的，如 Allegro，Andante 等。我们应尽量避免使用这些意思模糊的术语。对于一些自由节奏音乐速度，可用“慢一些”

---

① 译者注：尽管没有给出拍号，但是很明显节奏单位是四分音符。

② 但是，（𝄽）表示变体（见第12部分）。

③ 在没有录音的情况下，节奏可以用手掌拍打，速度可以用每分钟的拍子数量来决定。

或者“快一些”这样的词进行描述。而“进行曲”这样的标题只能在音乐家自己来描述他们的表演时才能用，或者是这段音乐的实际的功能是这样的时候。(见第12部分《标题》)

对于那些由于自由表达中连续的节奏的小波动速度，可用不同变体的符号来表示，见表4。

表4　时值符号

𝄐	单音延长
(𝄐)	单音稍微延长
𝄐- - - ┐	突慢或柔板（专指短小乐段）
𝄑	单音缩短
(𝄑)	单音稍微缩短
𝄑- - - ┐	快板（专指短小乐段）

记谱时要记下延音记号的节奏时值，如休止（如上），并用一个数字来表示每拍的时值单位，如 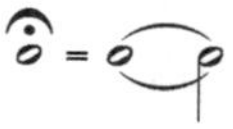 。如果一个声部的开始部分有较其他声部轻微的提前或者延迟的情况发生的话（如与鼓伴奏不一致），切分音的记录就会复杂一些。最好的办法是在五线谱上方标注一些符号来表示这些轻微的不一致。下面是音符有一些提前的例子。

例14

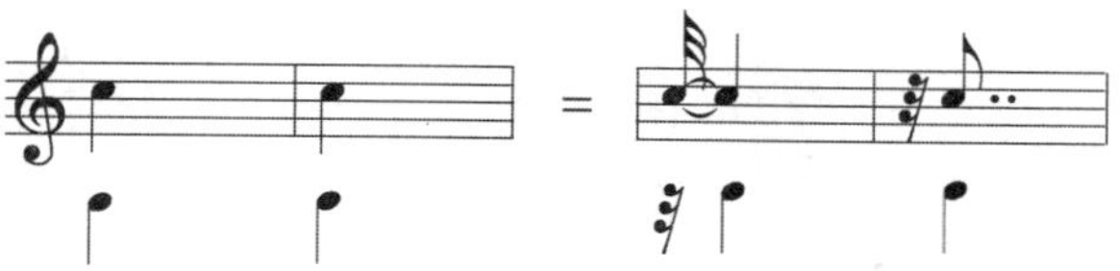

8. 织体

我们所指的“织体”是将旋律动机划分成几个大的部分。在五线谱上方，用日耳曼符号系统的一些标记符号（，；。）来表示并不是很清楚，因为它不能清楚地体现各部分之间的连接。因此，我们推荐改用双虚线 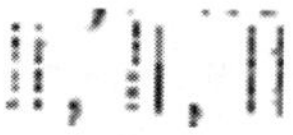，这主要是由每部分的长度和连接点的重要性决定的。

歌曲旋律下面所对应的每个歌词要尽可能清楚，这样歌词大意才能与相应的音符相吻合。当然，这样做就需要预留一些空间，也会增加成本①。

我们可用 A_1，A_2，（而不是 A^1，A^{11}，A^{1111}）等符号来表示不同形式的单位长度、动机或循环周期。第一次出现的那部分应该用 A_1，而不是 A。

为了能清楚地显示出鼓或其他伴奏声部与主声部的织体差异，可以用斜体字母或者希腊字母来表示②。旋律的反复部分用 :‖ 来表示，反复的次数应在谱子的末尾上方标注，见例 15。

如果重复的旋律的前面或者后面伴有新的材料或片段时，需要标示清楚，只需在五线谱中用明确的字母就可以了，见例 16。

例 15

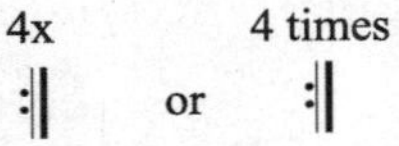

例 16

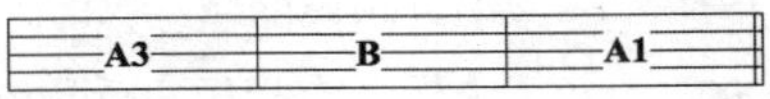

在记录音记谱时，符号 ‖ 只能在旋律尾部出现。当记谱没有完成时，可用"etc"标注。如果不是从音乐的开始部分就记谱，则要在谱子前加一个椭圆形标记。

9. 变体

在五线谱中，较小一些的变体可以记成小的音符置于大音符上面。（如普通书写记成的优美符号一样）在五线谱上方标示变体可以避免不清晰的效果，如例 17。

例 17

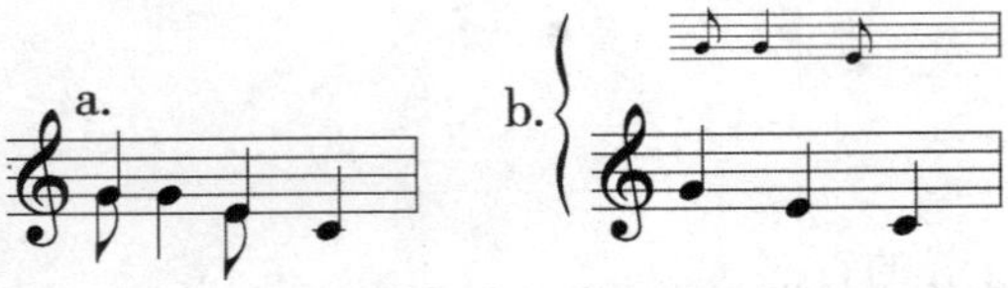

变体之所以被认为非常重要是因为它们的发展和出现的频率能在"理解

① 比较 Natalie Curtis, The Indians Books, New York and London, Harper and Brothers, 1907 和 P. W. Schmidt in Anthropos, Vol. 1（P. Fr. Witte, Lieder und Gesänge der Ewhenegern）.

② 希腊字母在很多印刷体中无法显示，很多雕刻师不认识这些符号。

性记谱”中得以最好的单独呈现。也就是说，与变体相对应的拍子也应置于记谱的下方，但不要将上下两个谱子的小节线连起来。那些较少出现但是在旋律上很重要的短小变体可以记成脚注放在谱子下方，并在主旋律中插入参考号码。通常只要用一个最常出现的变体作为“主旋律”就够了，一般是第一次听到或是最明显的旋律，它是发展了的最重要的变体的“主旋律”。有时候，也会出于理论兴趣而将所有变体都逐一记下。

我们可以通过对变体之间的比较发现一段旋律最基本的几个方面。人们能以此来确定其中哪个方面是最稳定持久的（如印度“拉格”），同时，在不失去音乐的典型形式的情况下，可以看出表演者是用什么方式来改变旋律的。变体中所暗含的不同时代的人或者不同时代的信息是非常值得关注的。我们要杜绝为旋律中最常出现的变体而合成的旋律型。

我们可用上述符号表示一些轻微的变化（包含只是单音变化的变化）。音高变化可用（♯）、（♭）、（♮）、（ + ）、（ − ）表示，力度记号则用（>）表示。

旋律中若是包含一到两个吟诵性音调的，只需用图解来呈现就可以了，而不必将每个细节都展现出来。主要的几个音可用不带符干的符头来记，例如，记的是最重要的或者出现频率最高的音，是其次重要的音，可参见例 18 的吟诵性谱例：

例 18

10. 复调乐段

如果声部之间的互换很明显①，或是两个声部会同时唱一个音，则可以记在同一行五线谱中，但各个声部的符干位置要相反。另外，如果出现新的声部，则需用一个关键词或字母来标注，如“Voc”或者“V”，或是“Fl”和“F”。这种情况也适用于在谱中出现了两个以上独立但连续的声部复调。最好

① 译者注：这时候德语的意思不是很清楚。

能将那些声部运动是平行的，或是同度和八度音的复调记在一行五线谱上，即使他们由不同的乐器演奏。

如果不能完全听清楚每个声部的话，可以用定音记号（）记下听得最清楚的那个辅助声部或是第二声部，并将其与第一声部的谱子记在一起。协和的音程或和弦可用同一符干连接所有的音，即便这些音是由不同乐器所演奏的。

复杂一点说，记录复调音乐是为了让人记住那些在不停变化的主要声部和附属声部的旋律印象①。

11. 歌词

歌词的重要性不仅体现在其文学性和语言学方面，也体现在旋律之间的关系上。为了配合旋律，我们经常会增加或者删减歌词内容。一个音乐动机可能会在旋律上或者节奏上发生变化，也可能为了配合歌词而进行扩充或缩减。例如一些音调语言，如汉语或是埃维语等。语调与音高之间的关系也是一个值得研究的问题。

音乐旋律类型的结构常常过多地依赖于歌词。如果没有考虑到歌词因素，则很难在音乐的"民族精神"这个问题上有所见解。因此，记谱旋律要尽可能地附上歌词。最理想的办法是做一个带有语言学注释的语音学精准记谱，应当附上逐字并交织的翻译，有可能的话再附上一份表示韵律或节奏的通俗翻译。

即便记谱者非常了解语言学知识，也不可能仅靠录音就记出很精准的谱子。在歌唱的时候，很多音调都发生了巨大的改变。只有当丝丝声和摩擦声消失了，那些说话的词才能随着不同的音高和语言进行变化。而对于所谓的"未开化"的人们而言，他们很难单独朗诵出准确的单词。因为对他们来说，歌词和旋律是不能分割的整体，他们从未单独去朗诵过单词，而这样分开做是相当困难的。因此，那些直接通过录制者的语言交流而得到的歌词常常与录音中所听到的相矛盾。

我们用括弧（）来表示那些在录音中听不清楚或者不存在的歌词大意。

① 见 Carl Stumpf, "Tonsystem und Musik der Siamesen", Beiträge zur Akustik und Musikwissenschaft, No. 3, 1901。

用［］来表示在录音中有而在记谱（笔记）中却不存在的歌词。拖长的元音或是响音可以用——或者——表示。分开的单词最好用语音学的方法表示，而不是用语言学方法，因此：

La——mpe（当有一个清楚的拖长音 a）

Lam——pe（当有一个清楚的拖长音 m）

Lamp——e（当歌词很短）

12. 标题

在为一段已经记录完毕的谱例选择标题时，记谱者应尽可能避免自己的主观判断。标题应该体现音乐家自己的概念。如果这种方法行不通的话，则可参考作品的特定功能，如“舞曲”或是“劳动歌曲”。也有一些标题是取自于歌词，如“狐狸和鹅”，不应只给这种标题一个主观的解释，而应提供一份文学性的歌词。另外，标题可以包含几个当地语言或是翻译版本的最开始的歌词。可根据预设的文学或是音乐“民族气质”来理解歌词，因此不要用类似于“忧郁的”的描述。以上所建议的标题是没有经过分类的，有时可根据作品的音乐进行分类，如合唱、独唱或是长笛独奏，这种分类名称可以放在二级标题上。另外附上一份指南是十分必要的，或是至少能在所附的歌词中能找到这样一份指南，用于翻译或解释所有本地名称。这样做的原因是，即使读者受到比较全面的教育，也不一定能知道所有的国外术语。

13. 译谱整理

旋律在词汇上的安排，是我们一直要面对的问题，即使是面对欧洲民间音乐而言也是一样的。常规的分类方法，如“大小调”、“主音”的概念，并不适用于异国旋律，反而会增加译谱的难度。在大多数情况下，我们能得到的资料数量也不足以保证全部音乐类型分类。并且，对资料的科学审视是建立在大量的分类基础的变化之上的，而这会使我们确定每份谱子所属种类的工作变得更加困难。但是，有些分类是很清晰的，甚至是建立在音乐以外的原则基础上，能够大致体现出特定的音乐类型。

1. 从人种起源角度对来自大地理区域的材料进行民族学分类。族群的成员关系或是文化上的共性，而非地理界限、政治分割和体质特点，可成为分类的基本方式。

2. 根据作品的社会应用和功能进行分类，如宗教、战争、节庆、劳动、医疗、爱情、演奏（游戏）或是娱乐等等。①

3. 根据音调的媒体的分类：独唱、合唱、乐器独奏、管弦乐等等。

4. 当以上三个方法不适用时，可根据音乐的复杂性的不同程度分类。当一些特定的音乐元素受到特别关注，或是能对资料做下一级分类。只有在具体的每一个作品中才能决定什么因素可以作为评估音乐复杂性程度的标准，如，旋律音调、音调系统、旋律轮廓、复调、节奏或织体。

Ⅱ. 译谱技术

现在人们经常讨论留声机的优势②，因为它被广泛用于异国音乐的收集中③。但是，即使留声机能用来录音，我们也必须依靠耳朵和手来记谱，而不应该完全忽视这个方法，尤其是出于一些责任或是必要考虑时。最有效的方法是，研究者自己来学习演唱演奏歌曲或器乐片段，这样做能更好地再现受当地人肯定的作品。在这个时候，我们就需要根据当地最优秀的音乐家的建议来选择音乐，这些音乐家是在他们自己群体里面被认为的出色乐手。我们也要保证这种肯定不是出于礼貌或是对其失去兴趣而得来的。借此我们可以更加确定，在他们的音乐中什么才是最重要的，他们的看法常常和欧洲人的看法不一致。例如，北美印第安人对于表演的方式——声音的音色、滑音等——比标准的语调更为重要。

将学习和使用留声机录音结合起来的方法可以取得不错的效果。特别是当学习一些复杂的乐器技巧的时候，如鼓的节奏。只有通过上述的结合方法才能抓住表演以及乐器结构和音乐的关系特点。即使我们不能亲身去学习音乐，我们在

① 基于一定目的和功能的临时转换，例如，从战争歌曲到劳动歌曲，在分类时会出现一些问题。

② 译者注：参考圆筒录音机。磁盘录音机直到1930年才被应用于田野工作中。

③ 比较 Stumpf, op, cit; Abraham and von Hornbostel, "üher die Bedcutung des Phonographen für vergleichende Musiwissenschaft," Zeichschrift für Ethnologic, Vol, 36. 36, 1904; Gilman, op. cit; 和 Sh. S. Myers, The Ethnological Study of Music, Anthropological Essays presented to E. B. Tylor, October 1907。

田野中的记谱或是其他的提示也非常具有价值。前提是要用心，并善于自我批评和反复检查。但是，这种方法要求研究者拥有超常的音乐才能以及出色的旋律记忆力，也需要花费很多时间和经费。

利用欧洲记谱系统进行的录音记谱，我们已经总结出以下几条程序：

1. 记谱前先听完整的录音。记谱者需对音乐的整体及各方面有一个总体印象，如节奏特点、简单还是复杂，最常出现的短小动机的重复，后面出现的变体等。另外，还需提前评估录音的技术质量。

2. 在圆筒录音机上选择一个适中的速度①，这个速度能对一些较快的段落进行准确的分析，但也不至于慢到影响我们对音乐整体、部分和连续性的理解。为了避免因使用太多临时变音记号而形成的复杂记谱（见第一部分，2、3），记谱者需在这个时候将音高全部考虑进去，他必须用这种方法去调节留声机的速度，直到能听到所有的主旋律音以及带最轻微变化音的音高。

3. 记谱者应当避免对一些特殊旋律段落的预想。这种预想会影响到记谱者对资料的理解，以至于他很难从之前预设的记谱印象中解放出来。我们发现，先记录没有骨干的音高，再记音的时值是不可行的。最好的方法是先记时值，因为对节奏的进行或者分类的理解有助于对音高的认识。

因此，记谱者从一开始就要有针对性，才可能达到预期的结果。另外，对节奏群的分类工作应当在记谱结束后才做。当录音一部分清晰，另一部分模糊的时候，最好的方法是从最突出的旋律或是最清楚的力度那部分开始记。对一些复杂的音乐片段，我们很难有充分的感知（特别是节奏部分），这时候最好能中断该段的工作。经过相似段落的反复观察后，我们会对其有更为准确的概念，困难也会随之消失。（见下面的第 8 条）

4. 如果没有听到一些音程，或是其中有些不清楚，可以放心地拨快回放唱针，随后忽然打断音乐的流动性，这样可以孤立那个困难的音。

5. 当面对一些独立的、快速的或很多装饰的音乐段落时，要放慢回放的

---

① 译者注：蜂蜡圆筒录音配备手动速度控制，但在使用过程中没有标准的 rmp（每分钟转速）。

速度。

6. 复杂节奏应配合节拍器放慢速度检查。但是，记谱者应该用一个正常速度来检查某一段落，并以此来制定一个遵循的规则。放慢播放的速度会产生旋律上的误差，这会产生与正常速度所听到效果不相符的感觉。那些完全听不清楚的节奏段落，可能与主观的时值测量完全不一致，这种情况可以通过节拍器来听辨。节拍器的速度应设定成能使拍子和旋律最大程度吻合的状态。当多次出现力度重音记号伴有复杂旋律的时候，如拍手和打击乐乐器演奏，可先描绘出节奏伴奏的草图，然后通过加音高记谱。

复调部分也可采用同样的办法。这里要说明的是（见以上的第3条），我们不用分析同时发音的声部，可先特别关注一个特别的声部，如音色最特别的以及声音最清楚的那个声部，然后在整段音乐中跟随这个声部。另外一个声部也是同样的步骤。在这种情况下可能需要记谱者根据第一个声部的组织来写另外一个声部，或是独立听和记一个声部，最后不断重复和控制检查，将所有声部汇总到一个谱子上去。

7. 可在记好的歌词旁边附加一份旋律记谱，用来显示一些经常被忽略的细节，如迅速经过的短小音符，微弱的律动，等等。如果录音中某些段落的歌词不清楚，最好是先把最为突出的音写出来。只有在这种“听觉记谱”记录后，才能去找最原始的歌词文本，这时候“听觉记谱”中的错误会立刻显现出来。有时候，设备也会导致辅音字母或是元音字母的嘶嘶声和摩擦声，如“d”“t”代替“s”，“a”代替“i”。有时候这种错误也可能是由表演本身而引起的，比如有些歌词可能会被“吞掉”或是被歌唱时的音高所扭曲。最后，这些错误可能会受到记谱者的坚持或是同化心理作用而强加的影响①。

8. 难以记录的段落应该在没有参考第一次记谱的情况下重新单独记录。如果这个工作能由第二个人完成，效果会更加理想。记谱时不应在特别困难的地方耽搁太久，因为这样很容易形成与第一次记谱完全不一致的感觉。最好是

① 持续：当听到一个辅音字母后，这个特殊的声音会在记忆中一直持续。同化：在一个相似的声音结构中，人们可能会听到一些与自己语言相似的词语或是音节。

能经过一段长时间的停留后再继续，这样做会感觉更加新鲜和清醒，而且能从一个完全不同的眼光看待问题。

Ⅲ. 测音

为了在某个音乐体系中获得最为准确和客观的音高，并要控制或是成为能直接代替靠耳朵测量，记谱也要依靠测音分析。这种测量方法主要适用于音调系统相对稳定的乐器，如排笛、六孔竖笛和木制或金属键盘乐器。这种方法也可用于弦乐的测量，特别是那些有琴格或者固定音高的乐器。对于有些变化音调的乐器，测音是唯一可靠的方法。

声乐，特别是无伴奏声乐，会在音调中出现摇摆的倾向。这时测音法只在检测不同乐段中的“相同音调”中有效，因为该音调在音高上是不变的。尽管音调体系是源于那些被测量得完全确定的音——那些声音最大，最为突出，或是持续时值最长的音——最好是能单独测量每个音。测量那些在语调中波动的音调旋律会带有相当多的音乐心理学兴趣，我们不应将音调之间的音程距离的变化视为贫乏的语调而忽略它，而是要符合旋律风格的要求，即使这并非是演唱者有意识的要求①。

现今市面上出现了各种测量在每秒发出音的频率和周期的仪器：

1. Appuo 的音调计：这种仪器可以区分出频率的细小差别，从每秒 2 到 5 个周期。工作的原理是将经过定音和校准的簧片置于一个普通的风箱中进行操作。

优点：在还原音高方面具有高稳定性，不易受温度、湿度和风压的影响，每秒周数（cps）即时可读。

缺点：音调的顺序没有连续性②，声音刺耳，机器笨重昂贵。

2. Stern 的变化器：在该装置中，空气在一组瓶子中震动，每个瓶子的空气容量根据活塞的沉浮而变，形成空气箱底部的振动。

---

① 见 Gilman《霍比歌曲》。

② 这个问题可以通过计算要测量的音调以及随后的在音高中最近的簧片之间的拍数来解决。译者注：这种装置不仅可以发出一个特殊顺序的音高。也可以精确地配对唱片上听到的所有音高。

优点：便于测量连贯的音调，并能自由脱离节奏测量，音色较为理想。

缺点：易受温度、湿度和风压的影响，所以测量结果不精准。机器昂贵笨重。

3. Hornbostel 的风力音调器：置于簧片管中的簧片的摇摆长度随着可移动的棒而改变，棒是在簧片上滑动的。

优点：音调具有连贯性，不受温度影响，造价便宜。

缺点：由于依靠的是风压，会导致音高不持续，因此需要重复测量，声音刺耳。

4. 单弦音响测定器：

优点：音调具有连贯性，方便定调。

缺点：操作仪器时容易扭曲所测量的音调。所产生的音的持续性短，音质也与平时所测量的很不一样。

5. 带滑动砝码的定音叉：

缺点是很难操控，所发出的音强度很低。

6. 图表法：测定音高方面很精确但过于细微，技术操作比较复杂。解释曲线图具有一定的困难，也没有时间可信度。但是这个办法对于某些特殊的研究非常重要。

在比较各种测音仪器所录制的音方面，应遵守以下几条规则：

留声机的旋转速度必须完全不变，在测量时要尽量使时钟装置保持最大的张力。

为了方便测量，最好能尽可能独立所测量的音。方法是在听到后来的音之前忽然举起留声机的头①。举起时要避免增加留声机向一边倾斜，否则会破坏磁轨②，也容易损坏圆筒。因此，尽量不要使用原始的圆筒，而是用硬材料制

---

① 这可以通过手动或是 Myer 的踏板装置做到，去掉全部的螺帽也可以帮助。译者注：圆筒录音机的头是通过旋转在圆筒上螺丝钉沿着圆筒的头从左向右转。这个头是通过一个手从螺丝钉悬下来，把手是被绑在它的上端的底部到一个半的螺丝帽，这个螺丝帽控制着螺丝。螺丝钉可以被解开，这样头就能朝着两个方向中的一个独立运动了。

② 译者注：几乎所有早期的圆筒录音机都配备“悬浮头”。这个装置可以极大地改进所发出的音。但是，这个悬浮头允许相当多的横向取代，从圆筒中抬高这个头的时候要小心，要避免不要弄坏凹槽之间的脊。

成的拷贝来代替①。这样，被测量的音调和测量的音可以连续比较。这比同时发生的比较更具可靠性。另一方面，当放慢录音时，这种同步的比较是有用的，这时可以通过调节到听不到拍子的方法来测音。

在用测音装置时应将之前记录号的谱随时放在旁边，所测量的音的每秒周期（cps）应该用相应的记号做标记。通过这种方法用来确定那些控制音调变化的旋律环境。

Ⅳ. 计算

1. 音分计算

使用测量仪器得出的绝对频率不能清楚地显示出音程数值，也不易于比较。例如，423∶34.5 和 756—1134 都可简化为相等比例完整的五等分 2∶3。为了便于比较不同的音程，我们通常会对其进行移调至相同的低音上。这样只要用小数来表示音程就足够了，如 1.5 是一个精确的五等分。即使是对单个比较的音程或是要考虑到细微差别的情况下，这种方法可同样可行。它的优点在于可以用一个确定的测量标准来比较音程。

十二平均律中的半音是一个特别有效的测定设计。为了避免使用小数点和分数来表示数字比例，埃利斯（A. J. Allis）选择了“音分”的概念，即将十二平均律的半音分为 100 等份作为测量单位②。这样，便可将十二平均律中的一个八度被分为 12 个均等的几何数值，而“音分”表示的不是细微差别的频率而只是频率的比例。例如，七个半音的总和的五分之一等于 700，这个系统不仅利于欧洲音乐的音程测量，也能精确地表示音程之间最为细微的差别。但是，我们要警惕不要高估音分作为细微测量的重要性。如果习惯用频率来计算的话很容易被误导③。在一个完整的八度内，一音分表示的是近 0.2—0.3cps。

音分可以和表示音程的具体数字同时使用。这些数字的总和及之间的差数

---

① 译者注：重复的回放很容易损坏蜂蜡圆筒录音机。我们经常用电镀铜板塑料来做复制品，这是一种比普通蜂蜡混合剂更加耐磨的坚硬物质。

② 《论诸民族的音阶》（《艺术协会杂志》1985 年 3 月 27 日第 33 卷）。

③ 如果可以接受一些小的误差，使用小数点来表示音程就可以了。

也可以用来表示音程。这种方法在计算音阶的时候特别有用，因为音程是由任意两个连续的音构成的，我们可用简单的加法来计算这两个音①。

下例是将频率比率转成音分的换算过程。通过测音得到的频率是 n_1 = 527cps，n_2 = 344cps. 因此 527 ∶344 = x cents. 因为半音是一个半音的 1/100，十二平均律的半音 = $\sqrt[12]{2}$. 进一步推算出 1 cent = c = $\sqrt[1200]{2}$，同样，x cents = c^x = $\sqrt[12]{2^x}$。因此，我们可以计算出以下音程：

$$c^x = \frac{527}{344} \text{ and } \log. c = \log. 2 : 1200 = \frac{0.30103}{1200} = 0.000251$$

$$x \log. c = \log. 527 - \log. 344$$

$$x = \frac{\log. 527 - \log. 344}{\log. c} = \frac{2.7218 - 2.5366}{0.000251} = \frac{0.1852}{0.000251} = \frac{185200}{251}$$

$$\log. x = \log. 1852000 - \log. 251 = 5.2676 - 2.3997 = 2.8679$$

$$x = 737.8 \text{ cents}$$

为了避免不必要的计算：c^x = $\sqrt[1200]{2^x}$ 表 5 中给出了 x = 1 – 9，10 – 90（10 个），100 – 1200（100 个）。为了计算方便和获得有效的数值，我们将不相关的尾数删去。

表 5　对数到音分的转换

对数（log）	音分（cents）	对数（log）	音分（cents）	对数（log）	音分（cents）
251	100	25	10	3	1
502	200	50	20	5	2
753	300	75	30	8	3
1003	400	100	40	10	4
1254	500	125	50	13	5
1505	600	151	60	15	6
1756	700	176	70	18	7
2007	800	201	80	20	8
2258	900	226	90	23	9
2509	1000	—	—	—	—
2759	1100	—	—	—	—
3010	1200	—	—	—	—

① 记谱者计算的音分有利于音程的测量，但显然不够充分。如果研究者有足够的技术和心理学上的感受，他们应进一步带着音阶和音程的理论框架来倾听音乐表演。

以下规则适用于表格中的计算，计算的过程已经在上面的例子中演示了。

（1）从大频率数中减去小频率数的 log 对数①（不用考虑尾数）

log. 527　. . . 7218
log. 344　. . . <u>5366</u>
　　　　　　1852

（2）从表中的对数余数中减去（该对数是下一个最小的数值），或是从新的余数中减去，等等。

1852
－1756　. . . . 700 cents
　　　96
－75　. . . .　30 cents
　21
－20　. . . .　8 cents

由于音分的十进制并无实用价值，可忽略最后的余数（1）

（3）像对象表一样，给音分加值

700
30
＋　8
738 音分

① 四个数字对数足矣，S. Schubart（Sammlung Göscben）做的这张表格十分方便。

为了便于比较新计算出的音程或是那些已经很熟悉的音程，我们新建了一个表格，在表中已经给出了十二音律、标准音程（包括七度音程①），毕达哥拉斯定理，最后是三味线七声音律、爪哇五声音律的音分值。

有两个例子可用来说明音分的便利性。众所周知，当一个音通过毕达哥拉斯所产生的纯五度音调开始的基本音会越来越偏离标准的或是自然音。通过这个原则的音分计算，如下所示，是在一个八度内进行的纯五度移调。

c = 0（根）

g = 702（纯五度）

d = （2 × 702 = 1404）- 1200 = 204（大二度）

a = 204 + 702 = 906（大六度）

e = （906 + 702 = 1608） - 1200 = 408（大三度）

经过五度循环中 12 级后可得到一个音调 B^1 和超过一个八度的 c^1，通过毕达哥拉斯音差：702 × 12 = 8424 - （1200 × 7 = 8400） = 24 音分 = 毕氏音差。

第二个例子是：三味线的音阶包含了七个在几何学上一个八度内相等的值。因此，一个单音的值可用表示。用音分计算的话是 1200 : 7 = 171.4 = 一个三味线的单音数值。其他三味线音阶音程的音分值可以用 2，3，4，5 和 6 来乘以 171.4（在表 6 中用音分值比较）。

表 6　重要音程的音分值

	十二音律	标准	毕达哥拉斯定理	七声音律（三味线）	五声音律（爪哇）	比例
		70				24 : 25
			90			
小二度（半音）	100					
		112				15 : 16
				171		
		182				9 : 10

① 这些可用一个 x 表示。

（续）

	十二音律	标准	毕达哥拉斯定理	七声音律（三味线）	五声音律（爪哇）	比例
大二度（全音）	200					
		204	204			8∶9
		231[x]				7∶8
					240	
		267[x]				6∶7
小三度	300					
		316				5∶6
				343		
		386				4∶5
大三度	400					
			408			64∶81
					408	
		498	498			3∶4
四度	500					
				514		
		583[x]				5∶7
		590				32∶45
三全音	600					
				686		
五度	700					
		702	702			2∶3
					720	
小六度	800					
		814				5∶8
				857		
		884				3∶5
大六度	900					
			906			16∶27
					906	
		969[x]				4∶7
		996	996			9∶16
小七度	1000					
				1029		
		1088				8∶15
大七度	1100					
			1110			128∶243
八度	1200	1200	1200	1200	1200	1∶2

2. 平均值计算

我们可以用简单的算术方法推算出那些通过音调测量方法得出的单个音调

频率。但是，这种方法只能在这些“相同音调”偏离的情况下才能用——即在同一段落的不同重复中出现，并要孤立相邻的音调——这些音调很微弱，尽管我们不能怀疑 cps 变量的结果。在那些没有固定音高乐器伴奏的旋律中，音乐表演的心理学特征——旋律运动、重音、先来音等等——比音调系统的作用更大。在相同旋律部分中不同地方出现的同一音调能够显示出大量绝对音高，因而不太适合用算术方法推算频率。另外，很多情况下，我们可以在相似的音程中找到相似的音，因此可能“音分值”更适用①。

但是，在旋律上相似的音程也不尽相同，我们必须做到最频繁的（音分数）体现的是表演者最想要制造出来的那个音。我们也不太可能将几个相似音程距离的某一特殊频率比例的最大出现清晰表示出来，因此也不能在潜在的音调系统中得出任何结论。

3. 音阶计算

在建立起由测量器乐或是录制好的音高频率的音调系统，以及计算好在音分之间的音程后，我们要对这些音程进行相互比较，或是将其与其他相似音程比较，或是和音调系统中的更大音程进行比较。后者的规模可以通过指定的单音值的音分数的加法计算。计算总数顺序是很有用的，不仅是建立在最低的音调，也可以从任何出现的音调开始。原因有三：（1）最低的那个音并不总是最具旋律重要性的那个；（2）器乐中的最低音可能与音调系统毫不相关；（3）相似的类型可以在后面的总数顺序中得到，可能在早一些的偏音计算中并不清楚，等等。

我们在以下的一个大致图表中做了解释（表 7）。第一栏呈现的是研究者主观上听到的音高。第二栏是这些音高的音调测量频率。第三栏是这些音分值中的音程。下一栏是“总数顺序”②，可以看到 I 栏中的变量显示的是平均律音阶的数值，这个音阶近一个 3/4 音。可以推断出四度和五度近乎完美，三度

① 除了平均值，也应标示重量（用一个可以达到统一值的方法）和中间的变量（偏离平均值的中间点）。

② 这条从右向左的箭头方向显示的是降序总数顺序。

和六度中等，七度有点太大了。这个数字表格显示的是四个三味线打击乐器的测量方法①。

表 7　音阶计算示例

T	N	I	S_1	S_2	S_3	S_4	S_5	S_6	S_7	S_8
a_1	423		0							
		179								
$\overline{h_1}$	469		179	0						
		169								
c_2 - cis_2	517		348	169	0					
		171								
$\overset{+}{d_2}$	571		519	340	170	0				
		168								
e_2	629		687	508	339	168	0			
		177								
f_2 - fis_2	697		864	685	516	345	177	0		
		165								
$\overset{+}{g_2}$	767		1029	850	681	510	342	165	0	
		161								
a_2	842		1190	1011	842	671	503	326	161	0

Ⅴ. 数值对照表

排列旋律中的音时通常是从最低的音符开始的，包括那些超过八度的音。上面所设定的几条记谱符号的规则，如 + 和 - 同样适用。我们列出以下的数值渐变符号，表示的是具有不同旋律重要性的音：

o　主要的旋律音（从频率、持续值、重音等可以看出，最重要的音）——（旋律音调）

① 比较 Stumpf，op. cit.，p. 83.。

 主要旋律音但是第二重要（“主导的”）

 一般重要的音调

 辅助音、经过音、换音、花音或其他装饰音

我们在终止处用符号表示，段落终止（半终止）用符号表示，开始音用符号表示（此音在旋律上起决定作用）。有时候很难决定哪个音可看做是主导型的或是音调型的。在这种情况下可用若干个紧挨着的符号。花音若只是作为经过音出现的话，可用一条连奏线连接所属的音。如果一些音只在旋律上升或是下降的时候出现，则用符干来表示，如和。宣叙调（见第一部分，第9部分）用R来表示，标于五线谱的上方。当不同的音阶只属于某些旋律时，像移调或是转调那样，用小节线区分各部分的音阶（见例19）。为了能使音阶表现出不同的旋律而便于比较，必须用这些变换方法：（1）要用到记谱符号的最小单位；（2）同时，根据其主要音调对这些单位进行调整，在相似的类型当中使用尽量多的音阶。

例19

在做大量旋律比较工作时，出于技术原因的考虑，最好能用字母而不是音符来表示这些音阶。旋律重点的区分与以上提到的记谱符号相似，可用粗体、延音线、连奏线等表示①。

---

① 本文的目的是希望能使对该类问题感兴趣的学者之间达成共识，我们非常感激并接受任何批评和建议。书信形式的建议可直接邮寄至：柏林大学心理学研究所音响档案馆（N. W. 7，Dorotheenstr. 95/96）。

图书在版编目（CIP）数据

大音·第六卷/曹本冶主编．—北京：文化艺术出版社，2012.7
ISBN 978－7－5039－5413－9

Ⅰ.①大… Ⅱ.①曹… Ⅲ.①音乐学—文化人类学—文集 ②宗教音乐—文集 Ⅳ.①J60－05②J608－53

中国版本图书馆 CIP 数据核字（2012）第 154168 号

大音·第六卷

主　　编　曹本冶
责任编辑　郑向前
出版发行　文化艺术出版社
地　　址　北京市东城区东四八条 52 号　100700
网　　址　www. whyscbs. com
电子邮箱　whysbooks@263. net
电　　话　（010）84057666（总编室）　84057667（办公室）
　　　　　　　　　84057691－84057699（发行部）
传　　真　（010）84057660（总编室）　84057670（办公室）
　　　　　　　　　84057690（发行部）
经　　销　新华书店
印　　刷　国英印务有限公司
版　　次　2012 年 9 月第 1 版
　　　　　2012 年 9 月第 1 次印刷
开　　本　700 毫米×1000 毫米　1/16
印　　张　19.5
书　　号　ISBN 978－7－5039－5413－9
定　　价　38.00 元